岳書縦走

GAKUSHO JŪSŌ

雁部貞夫

ナカニシヤ出版

はじめに

本書『岳書縦走』には一三〇篇の書評を収めた。最終章の『ヒマラヤ行』以外はいずれも山岳雑誌「岳人」へ連載した文章で、それぞれ一回分が四百字詰め原稿紙で四枚半、ほかに小さな書影が副えられていた。初回から実名を記した一頁分の署名書評欄であった。当時（一九七九年）は他の山岳雑誌では、一冊の本を丸ごと一頁分取り上げたり、しかも執筆者の実名を使用することはなく、殆んどペンネームか，実名の頭文字、あるいはアルファベットの一字を当てただけの匿名批評であった。

誰がどんな書物を持っているかもおおよその見当がつき、本の著者たちとも種々の会合で顔を合わせる狭い「山」の世界で、果たしてどの程度自由な物言いが可能なのか、発足したての頃は不安もあった。しかし二回、三回と回を重ねて行くうちに度胸もすわり、結局、一九七九年から一九八九年の終わりまで、足かけ十一年に及ぶ連載を全うすることが出来た。

これもひとえに当時の「岳人」編集長の田沢重之氏の英断と、編集顧問格であった諏訪多栄蔵、高須茂両氏の励ましのおかげである。

田沢氏以後、百瀬和男、西山暉大、中園隆夫氏と編集長がかわったが、書評欄の発足当時からの「自由に、のびのびと書け」というモットーは変わることがなかった。このことが実に十一年という書評の長期連載を可能にした最大の理由であった。

もう一つの理由に当時の出版界の状況がある。毎月、何冊もの「山」や「自然」に関する新刊書が登場し、書評に取り上げるべき本が豊富に刊行されていたのである。出版不況が続く現在とは全く異なる状況にあったのだ。ハウツウー物や案内書ばかりが目立つ今の山岳書の世界に較べると隔世の観がある。

したがってその月にどんな書物を取り上げるかという選書の段階で、なるべく広い範囲に目配りする必要があった。純粋な登山記、紀行書以外にも、さまざまの関連分野にわたって、多くの良書が刊行されていたが、登山者の眼からこぼれ落ちる惧れがあった。それらを敢えて取り上げた点に私なりの工夫もあったと秘かに考えている。

例えば、黄冑の『喀什噶尓速写』や肖恵祥の『新疆人物集』といった中国版の西域画集や小田玉瑛女史の『神々の譜　シルクロードの印章』を取り上げたのも、その工夫の一つであったと言えよう。

本書所収の書評の対象となったのは、大部分は当時の新刊書である。まだ声価の定っていない本の価値を探り出す点にこそ、書評する者の歓びと不安が同居している。十一年にわたる連載の月々、私はそのスリリングな思いを味わったのだが、ここに取り上げた書物の多くが、現在でも別の形の単行本、特に文庫本として盛んに出版されているのを眼にするのは、原典の刊行時の書評者としての大きな喜びである。

それらの新書や文庫は現在、中央公論新社、平凡社、白水社、山と溪谷社、集英社、岩波書店などから多く刊行されている。

「山」がさまざまな面を持つように、「山の書物」もさまざまな価値を持つ。私がその時々に書いたことも、その一つの面を表現したに過ぎない。本書の読者諸賢が、それぞれの本から自らの手で新しい価値を再発見するよう期待して「序」に代えたい。

平成十六年　十月一日　北会津にて

雁部　貞夫

ヒマラヤを知るよろこびを教えてくれた
（故）深田久弥、諏訪多栄蔵の両氏にささぐ

日本山岳文学史
わが登高行
日本登山史
佐貫亦男のチロル日記
ぼくのワイルド・ライフ
山を遊びつくせ
ヒンズークシュ真っただ中
ヘディン 人と旅
樹海に生きて
なんで山登るねん
フーカー ヒマラヤ紀行
探検家ティルマンの生涯
北八ケ岳の黒い森から
秘境ムスタン潜入記
オクサスとインダスの間に
本多勝一
山の本
雲の中のチベット
桜の湖
西域列伝
シルクロード・キャラバン
カシン 大岩壁の五十年
山の写真と写真家たち 杉本誠
ネパール
トニー・ハーゲン
オーレル・スタイン
アレクサンダーの道

岳書縦走 ●もくじ

はじめに

1979 一

The Himalayan Journal Vol.1(1929)~Vol.15(1949)――K・メイスンのバランスのとれた編集――二
『世界山岳地図集成　カラコルム・ヒンズークシュ編』――登山者、研究者の拠り所となる地図集――五
SIVALAYA by Louis Charles Baume――L・ボウムによる八〇〇〇メートル峰の完璧な年代記――八
中野孝次『うちなる山々』――山へ駆りたてる原衝動はなんなのか――一一
細貝　栄『限りなき山行』「あるく　みる　きく一四七号」――極限に挑む男――一四
上田哲農『山とある日』――登攀への渇仰――山と有る日、山と在る日、山と或る日――一七
遠藤甲太『山と死者たち――幻想と現実の間』――「山」を媒介にした文学的エッセイ――二〇
瓜生卓造『日本山岳文学史』――古代から現代に至る紀行文、登山記を鳥瞰――二三
近藤　等『アルプスに光みなぎる時』――アルプスを楽しみ、アルプスと一体化する――二六
広島三朗『ヒンズークシュ真っただ中』――パキスタン北西辺境を軽妙に描く――二九

1980 三三

J・D・フーカー／薬師義美訳『ヒマラヤ紀行』――訳業に四年半の歳月、〝ヒマラヤ古典〟中の古典――三四
松本竜雄『初登攀行』――生活感あふれる青年のひたむきな初登攀の記録――三七

高橋　照『秘境ムスタン潜入記』――ネパールの自然、社会、人間、文化に好奇心と愛情をそそぐ――四〇
増永迪男『日本海の見える山』――山々の四季を抑制した筆致で抒情的に描く――四三
D・マーフィー／中川　弘訳『シルクロードを全速力』――新たなる体験への予感に胸おどらせ未知の世界へ――四六
三田幸夫『わが登高行』(上巻)――ケレン味のない素直な名文で日本近代登山の青春を綴る――四九
E・ラティモア／原もと子訳『トルキスタンの再会』――O・ラティモア夫妻の新婚旅行を妻が綴った中国辺境の記録――五二
S・ヘディン／金子民雄訳『ヘディン素描画集』――中央アジアの探検家が見つめるやさしい眼差しと温もり――五五
斎藤一男『岩と人――日本岩壁登攀史』――ユニークな視点で新しい登山史に取り組んだ労作――五八
加藤淘綾歌集『山岳頌』――歌と画業と山歩き、著者の第三歌集――六一
吉沢一郎『山へ　わが登高記』――K2隊総指揮者の自伝的回想録――六五
近藤　等『アルプスを描いた画家たち』――日本人による初めてのアルプス山岳風景画論――六八

1981

1981――七一
日本登山大系『槍ヶ岳・穂高岳・北海道・東北の山・谷川岳』――地方的な存在にとどまっていた山域も同じ土俵に――七二
瓜生卓造『桜の湖』――小説家が多摩川源流の山村を訪ねて綴ったルポルタージュ――七五
新岳人講座(全九巻)――一九六〇年代後半から八〇年に至る日本登山界の動向――七八
日本・中国共同出版『中国の高峰』――ヴェールをぬいだ中国の高峰群――八一
E・ウィンパー／新島義昭訳『完訳アルプス登攀記』――永遠の名著の新訳、原書と同じ判型・挿画で新たな感銘――八四
望月達夫『折々の山』――丁寧に自然を眺め味わうことが本当に「山を知る」ことに――八七

高橋　照『ネパール曼陀羅』――ネパールへの知的好奇心を満足させる――九〇
杉本光作『私の山谷川岳』――日本登山史の空隙を埋める貴重な証言――九三
『辻まこと　山とスキーの広告画文集』――人は勝手に自分の好きな時代を選んで――九六
手塚宗求『邂逅の山』――深山の渓流の如き気韻とさわやかさと慎しさ――九九
串田孫一『山と行為』――山は私たちに多くの登り方を要求した――一〇二
『図説百科　山岳の世界』(日本語版)――N・ディーレンファースらの科学的データに基づく手固い編集――一〇五

1982

一〇九

篠山紀信『シルクロード』(第五巻)――なによりも即物性、すこぶる即物的な映像――一一〇
太田愛人『辺境の食卓』――ルバーブの一茎で四色のジャムが作れる――一一三
五百沢智也『山の観察と記録手帳』――小さい容れ物の中は本物の中身がいっぱいだ――一一六
島田　巽『遥かなりエヴェレスト――マロリー追想』――日本人による初の外国人アルピニスト評伝――一一九
黄冑『喀什噶尔速写』(カシュガル画集)――ウイグル遊牧民の生活を大胆、自由な描法で活写――一二二
加藤九祚『ヒマラヤに魅せられたひと』――ニコライ・レーリヒの多面的な活動を伝える――一二五
風見武秀写真集『世界の秀峰』――大型カメラが把えたヒマラヤ、アルプス、アンデス――一二八
瓜生卓造『雪嶺秘話――伊藤孝一の生涯』――不遇な登山家、伊藤孝一への鎮魂。作家自らの遺作――一三一
柏瀬祐之『山を遊びつくせ』――下手は下手なりに、上手は上手なりに「湧く湧く」と登れ――一三四
上田茂春『山の本――収集の楽しみ』――蒐書の楽しみは、古玩を集め、愛でる境地にどこか似ている――一三七

金子民雄『西域列伝』と『ヘディン　人と旅』――シルクロードの舞台裏をのぞく――一四〇
J・アンダーソン／水野勉訳『高い山はるかな海』――ティルマンが遺した書簡と日記により陰の部分も照射――一四三

1983　一四七

佐伯邦夫『会心の山』――著者と故郷・越中の山々との篤実な対話――一四八
藤木高嶺『秘境のキルギス』――「ハッと驚け、感激を忘れるな」キルギス遊牧民の実態を描く――一五一
F・スターク／勝藤猛訳『暗殺教団の谷』――アサシンの舞台となったアラムート紀行――一五四
飯島　茂『ヒマラヤの彼方から』――ヒマラヤのタカリー族を紹介した人類学的ロマンス――一五七
N・プルジェワルスキー／田村俊介訳『中央アジアの探検』―ウスリー、アムール地方の魚や動植物の観察と旅の記録――一六〇
芸術新潮編集部編『ふるさと日本紀行』上巻・東日本編――「ふるさと」に媚びない潔さ「日本への回帰の旅」が楽しめる――一六三
藤原新也『全東洋街道』――殺伐とした風景の中にうごめく人間、その写真の色調――一六六
高田直樹『続々　なんで山登るねん』――柔らかで、しかもしたたかな京都弁の話体、流暢で達意の文章―一六九
R・カシン／水野　勉訳『大岩壁の五十年』――過度の自己陶酔や文飾がない名クライマーの自伝――一七二
佐貫亦男『佐貫亦男のチロル日記』――チロルの山や人とプロフェッサー・サヌキが交わすセッション―一七五
小松義夫『K2に挑む』――著者はカメラマンでC2のテント番――一七八

1984 一八一

烏賀陽貞子・恒正『山を愉しむ―六〇歳からの山登り』―残り時間はわずか、鳥や山には大いに精進せねばならない―― 一八二

C・W・ニコル／竹内和世訳『ぼくのワイルド・ライフ』――果てなき冒険・興奮・発見の道へと導いてくれた師との出会い― 一八五

薬師義美編『ヒマラヤ文献目録』――ヒマラヤ、チベット、中央アジアの山岳図書のデータ・バンク―― 一八八

脇坂順一『七十歳はまだ青春』――山歩きを満喫している老童の登山記録―― 一九一

M・ロフマン／平田・戸田共訳『フリー・クライミング入門』―クライミングの神髄は創造的な身のこなしにある―― 一九四

多田等観述／牧野文子聞き書き『チベット滞在記』――多田等観師のチベット滞在の模様とラマ教の真面目を―― 一九七

田中澄江『沈黙の山―私の歴史山歩』――山の中を歩きながら、山を下りながらいつも考える―― 二〇〇

牧野文子『イタリアの山を行く』――イタリアの山と、マライーニ一家と夫君のスケッチ―― 二〇三

みなみ・かずお『八千メートルの履歴書』――ヒマラヤのジャイアンツの登攀をソツなくまとめてはいるが―― 二〇六

J・ミルスキー／杉山二郎他訳『スタイン伝(上)』――『スタイン伝』の忠実な邦訳―― 二〇九

高橋延清『樹海に生きて―どろ亀さんと森の仲間たち』――富良野の東大演習林に三十六年、「森の熱中先生」の初エッセー― 二一二

M・スタイン／谷口・澤田共訳『アレクサンダーの道』――アレクサンダーが遠征したガンダーラなどの踏査紀行―― 二一五

1985 二一九

川喜田二郎監修／日本ネパール協会編『ネパール研究ガイド』――ネパールに興味を持つ人々に頼りになるネパール宝典―― 二二〇

P・アメント／平田紀之訳『ジョン・ギルのスーパー・ボルダリング』――ボルダリングは登山における詩――二二三
永井　博『ゆっくりヒマラヤ』――若手カメラマンがペンとカメラで辿った〝エベレスト街道〟――二二六
玉木昭子『檜原村の台所から――山の暮し、土の恵み』――脱都会の主婦が語るユニークな食物誌――二二九
小泉共司・奥田博共著『山スキーの本』――冬山の自然に触れて歩く滑る楽しみを堪能する――二三二
妹尾河童『河童が覗いたインド』――現代の絵師が手書き文字と細密画でインドを描き考える――二三五
田渕義雄『森からの手紙』――千曲川源流域の森に囲まれた、賢者からの報告――二三八
烏賀陽貞子・恒正『野鳥を愉しむ』――探鳥歴三十年のおしどり老夫婦が探鳥生活を紹介する――二四一
杉本　誠『山の写真と写真家たち』――「山岳写真とは何か」、的確でバランスのよい表現力で語る――二四四
平山郁夫・上原和・佐藤和孝『ふるさとガンダーラ』――写真と着彩スケッチ、縦横に論じた対談――二四七
王増元編『肖恵祥新疆人物集』――ウィグル女性たちの聡明さを描いた画集――二五〇
C・W・ニコル著／蔵野勇訳『野生との対話』――日本人よりはるかに日本の豊かな自然に浸り切っている――二五三

1986　二五七

島田　巽『山稜の読書家』――山の文章家が明るく暢びやかな文で岳人たちの姿勢を綴る――二五八
R・ショーンバーグ著／広島三朗訳『オクサスとインダスの間に』――辺境の風俗、習慣、民族、歴史などを紹介――二六一
椎名　誠『シベリア夢幻』――シベリアとそこに生きる人々の表情を描く――二六四
山崎安治『新稿　日本登山史』――近代以前の「山のぼり」から近代の「登山」へ――二六七
本多勝一『憧憬のヒマラヤ』――奥ヒンドゥ・クシュを全方位的に見た印象記――二七〇

磯野富士子『冬のモンゴル』——戦時下のモンゴル研究者たちによる踏査記録と日記——二七三
浅野哲哉『インドを食べる』——インドの大地を喜々として這いまわりインド人の舌に迫る——二七六
木戸征治『家族原点』——信州の過疎地でただ一軒になった一家の奮闘記録——二七九
水野　勉『ヒマラヤ文献逍遥』——山登りを除いたら何もない本など心から好きにはなれない——二八二
畦地梅太郎『山の目玉』——墨一色の挿画と、のびやかな文章で山男の目は——二八五
C・カーカス著／池上玲訳『さあ、クライミングに行こう』——なぜ、ぼくらは攀じるのか——二八八
恋沼　薫『丸太小屋格闘記』——東京ぐらしの青年が、八ヶ岳南麓に三間四方の丸太小屋を——二九一

1987　二九五

堀込静香編『深田久弥』——書誌作りのベテランが詳細、綿密、豊富に足跡を集成——二九六
戸井十月『熱風街道一〇〇〇〇粁』——天山南路とパミールを中心にオートバイで走行——三〇〇
周正／田村達弥訳『崑崙の秘境探検記』——中国・アメリカ合同隊の中国側代表による紀行——三〇三
大塚　大『北アルプスの湖沼』——高山湖は山々や樹林、草原を引き立たせる絶好の素材だ——三〇六
望月達夫『忘れえぬ山の人びと』——JAC生活半世紀の著者と交友を重ねた登山家たち——三〇九
C・チャンダル著／謝秀麗訳『ペシャワール急行』——難民を乗せ、ペシャワールからボンベイへひた走る列車から——三一二
C・W・ニコル／村上博基訳『勇魚　上・下』——鮫に片腕を奪われた太地のもり打ちの冒険ロマン——三一五
R・メスナー著／横川文雄訳『ÜBERLEBT 生きた、還った』——鳥人メスナーの八千メートル峰、十四座の完登記録——三一八

石川欣一『可愛い山』——自然の中に抱かれて、悠々として山々と戯れあう——三二一
松本徰夫・松原正毅共編『遥かなる揚子江源流』——学術登山隊による青蔵高原の横断と、グラタンドン雪山登頂——三二四
池部　誠『野菜探検隊世界を歩く』——野菜の原産地をたずねてそのルーツに迫る——三二七
高木泰夫『奥美濃——ヤブ山登山のすすめ』——西洋流アルピニズムから日本的登山（原登山）への回帰——三三〇

1988

三三三
本多勝一『五〇歳から再開した山歩き』——五十歳を過ぎてからの山行を、油彩、水彩、スケッチ画を入れて——三三四
L・ハックスレイ編／中田修訳『スコット　南極探検日誌』——悲劇の隊長スコットが淡々と率直に、日々の観察を綴った——三三七
山田圭一『空撮・世界の名峰』——未知のアングルから写し出された名峰の数々——三四〇
風見武秀『世界の山稜』——「バズー峠よりヒマラヤの眺望」「ダウラギリ峰夕映え」の他——三四三
C・ボニントン／田口・中村訳『現代の冒険　上・下』——「人はなぜ冒険するのか」、謎に満ちた命題に挑んだ——三四六
千坂正郎『北八ヶ岳の黒い森から』——上智大八ヶ岳小屋の誕生から半世紀の物語——三四九
石井良治『湖がきえた——ロプ・ノールの謎』——ロプ・ノール問題を平易に正確に現代の科学の目で——三五二
色川大吉『雲表の国——青海・チベット踏査行』——「もう一つのシルクロード」を求めた壮絶な紀行——三五五
向後元彦『緑の冒険——砂漠にマングローブを育てる』——灼熱のアラビアの砂漠に森を育てた元ヒマラヤニスト——三五八
A・フィリップ／吉田・朝倉共訳『シルクロード・キャラバン』——第二次大戦直後に、若いフランス人女性が広漠の大地を描く——三六一
西岡直樹『インド花綴り　印度植物誌』——インド亜大陸の花、木、草、果実にまつわる豊富なエピソード——三六四
小田玉瑛『神々の譜　シルクロードの印章』——篆刻家が専門的に収集したシルクロード、オリエントの古印——三六七

1989　三七一

小林静生『山の本屋の日記』――一古書肆の主人が本、客、古本屋、山行などについて綴る――三七二
池上正治『西域縦断歌日記』――TV番組の取材に同行した著述家の異色紀行――三七五
佐伯邦夫『スキー・ツーリングに乾杯』――スキー・ツアーの楽しさと醍醐味を体験にもとづいて伝える――三七八
白籏史朗『THE GREAT HIMALAYA ネパールヒマラヤ写真集』――巨大サイズの迫力と、日本人の持つ感覚のこまやかさ――三八一
T・ハーゲン／町田靖治訳『ネパール――ヒマラヤの王国』――「ランタン谷解明」のパイオニア、ネパールの百科全書――三八四
A・ガンサー他／薬師義美監訳『ヒマラヤ――自然・神秘・人間』――ヒマラヤ広域の自然、人々、生活、文化の諸相を編集――三八七
C・アレン／宮持優訳『チベットの山』――カイラスとそこから流れ出す四つの大河の水源を明らかに――三九〇
P・セロー／別宮・月村共訳『古きアフガニスタンの思い出』――ピートの香り高く、切れ味のいい、ややドライなモルト――三九三
橘　瑞超『中亜探検』――大谷探検隊の一九一〇～一二年に及ぶ三年間の旅行記――三九六
絵　山田純子／文　純子・俊一『ヒンディ村』――フンザのヒンディ村に定住した夫妻が描いた画文集――三九九
薬師義美著・撮影『雲の中のチベット』――三十数年のヒマラヤ研究の成果と実地踏査――四〇二
大場秀章『秘境・崑崙を行く――極限の植物を求めて』――若手の植物学者が、極限の植物を求めて歩いた――四〇五
鹿子木員信『ヒマラヤ行』覆刻・日本の山岳名著・解題――ヒマラヤに挑んだ最初の日本人――四〇九

あとがき　四一三

1979

K・メイスンのバランスのとれた編集

The Himalayan Journal Vol.1（1929）～Vol.15（1949）ヒマラヤン・ジャーナル復刻

昨年（一九七八年・昭和53）初めに復刻を予告され、待望していたヒマラヤン・ジャーナル誌の創刊号（一九二九年）から第十五号（一九四五年）に到る豪勢な一セットが、十一月に入って配達されて来た。頒価は八万五千円とかなりな値段だ。元版が、どこか海外の古書店のリストに出るとすれば、価格的には、そう変わらないと思われる。しかし、その入手ということになれば、宝くじを当てるよりもっと難しいのが現状である。筆者の知っている例では、アメリカ、ロサンゼルスのドーソン書店のリストに五年程まえに四百米ドル（当時の為替レートで約十四万円）で、最新号までの揃いが出たことがあった。直ちに注文したが、売り切れましたと返事が来てひどくガッカリしたのを覚えている。また昨秋、イタリアのアルピナ書店から、第一巻から第六巻までの六冊があるが買わないかという手紙をもらったが、すでに今回の丸善版が出るのを知っていたので、これは断った。六冊で十四万リラ（邦価約四万二千円）はちょっと高いのではないかと思った。もっとも、山の古書は日本でも莫迦ばかしいくらいの高値がついているのだが。今回の丸善版には、サービスとして国会図書館編

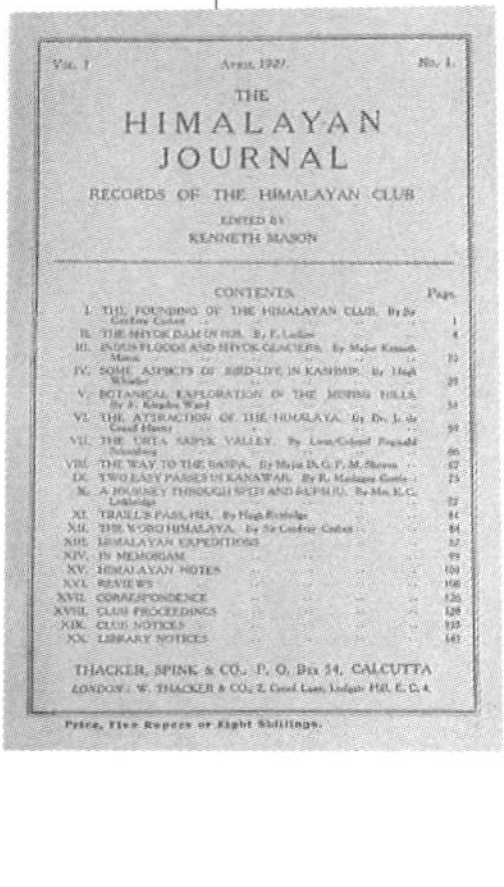

ヒマラヤン・ジャーナル Vol.1（1929）～Vol.15（1949）復刻　一九七八年、丸善刊。

ケネス・メイスン
一八八七～一九七六年。イギリスの地理学者でヒマラヤ研究家。長くインド測量局に務めたヒマラヤの生き辞引き的な存在。主著『ヒマラヤ―その探検と登山の歴史』（田辺主計・望月達夫共訳、一九五七年・白水社刊）は最良のヒマラヤ登山・探検史として知られる。

『深田久弥旧蔵書目録』（昭和51・丸善刊）が一冊付けられているのは親切である。

　近年のH・J誌は、インドで編集されており、二年分を一括して発行するという方針らしく、発行された頃には色あせたものになってしまい、アップ・トゥ・デートなものになり得ない。再録ものが甚だ多いのも興をさく。オリジナリティの欠如が目立つ。

　さて、今回復刻された分は、H・J誌最良の部分である。創刊号から第十二号（一九四〇年）までの十二冊。H・Jを編集したケネス・メイスンの厳正かつ、バランスのとれた編集感覚は、同誌にひとつの風格さえ与えている。メイスンの『ヒマラヤ』（昭和28・望月、田辺共訳・白水社刊）の中に「ヒマラヤン・クラブの成立」という一章があり、参考になるが、その中で彼はH・Jを編集するにあたって「アルパイン・ジャーナルに範をとった」と記している。

　まず創刊第一号は、G・コルベットの「ヒマラヤン・クラブの創設」に始まり、F・ラッドロウの「一九二八年のショーク・ダム」、K・メイスンの「インダスの洪水とショークの氷河群」と続き、R・ショーンバークも「ウルタ・サリクの谷」を引っさげて登場。これら一連の主要論文の他、毎号ほぼ同じスタイルで連載される「ヒマラヤ各地の探検速報」、それに「追悼録」――これは勿論ヒマラヤン・クラブに関係の深い人々を中心に扱い、この誌上でしか見られぬ追悼記も多い。更に「書評」についてもタイムリーにヒマラヤ、中央アジア関係の書を選び、その方面に造詣の深いメンバーたちが書いているので、今日でも充分参考になる。現在、日本で訳書が刊行されるヒマラヤの書物の解説にはH・J、A・Jの書評を下敷にしているものも多いのである。ヒマラヤの書物が百花斉放という感じで現れたのが、一九二〇年代、三〇年代である。その頃出版されたものは、日本でも現在盛んに訳書が刊行されており、H・Jの「書評」はその指標として貴重な存在である。「ヒマラヤン・ノーツ」は、本欄に盛り切れなかった各地の探検報告を編集者が手際よく要約したものをのせている。会員がその住地から編集者に宛てた手紙を採録した「諸家寄稿」の欄とともに良い意味での雑報的な味わいがあり、思いもかけぬような「発見の喜び」を与えてくれる。

かつて田中、薬師両氏の苦心作『ヒマラヤン・ジャーナル、内容と索引』（昭和35・京都・私家版）を手にして、先駆者の目ざしたテラ・インコグニタの数々を夢みたが、それから約二十年経った今、彼らの生々しい記録そのものを味読できることになったのである。

（一九七九年二月）

［追記］　第二次大戦後もしばらくH・J誌はイギリス人の編集陣により発行されていたが、その後、インド人による編集に変わり、しばらく低迷が続いたが、H・カパディア編集長の時期に入り、隔年発行だったものが、年一回の刊行となり、内容も改善された。ヒマラヤ登山の実践も、未登峰の多い東カラコルムへの登山隊が、カパディア氏の主導により、次々に送り出され、七〇〇〇《メートル》峰の初登頂も多く行われた。氏は日本をはじめとする各国との合同隊を組織して、未知の解明につとめ、二〇〇三年、イギリス地学協会からゴールド・メダルを授与された。アジア人としては、パンディット・ナイン・シン以来百二十五年ぶり、二人目の受賞である。

登山者、研究者の拠り所となる地図集

『世界山岳地図集成　カラコルム・ヒンズークシュ編』

世界山岳地図集成カラコルム・ヒンズークシュ編　一九七八年、学習研究社刊。

地図集、『カラコルム・ヒンズークシュ編』が昨年の暮れに、豪華な一冊にまとめられた。三七センチ×二六センチのサイズ、三五〇ページから成る大冊である。

今回の地図集は、この前の『ヒマラヤ編』（昭和52）より、要望の強さ、利用度が上回るものがありそうだ。ネパール・ヒマラヤを中心とした地域には、すでに各種のカムカルテ（稜線や山座の所在を簡単に示した地図）をはじめ、主要山座については近年の詳しく測量した等高線入りの地図などが存在し、その入手も不可能ではなかったからである。

それに反し、今回の対象山域となったカラコルム、ヒンズークシュを網羅する地図は、しばらく前まではその入手もはなはだ困難であった。

近年に至り、従来のクオーターインチ・マップに基づくアメリカの軍用地図（二十五万分の一）が、イタリアの古書店を通じて入手できるようになった。しかし、山岳地帯のオリジナル（多色刷り）の図幅は品切れとなり、墨一色のコピーが売られているが、墨の色が強すぎ、見にくいのが欠点である。

そのほかに特別な山座、山域については、主として、ドイツ、オーストリア、イギリスの登山隊、探検隊の作成した多色刷りの美しい地図が目につくくらいだ。ヒンズー・クシュ一帯のカムカルテではリンスバウワー、スタム、ワラなどによる一連のシリーズがあり、これは実際の登山の場で役立つ実用度の高いものである。

次に本書の内容を具体的に紹介してみよう。まず巻頭に「カラコルム探検時代の地図」と題して、「ビアフォ氷河」（ワークマン夫妻）と「ビアフォ氷河とバルトロ氷河」（コンウェイ）の多色刷りの地図が紹介され、次いで「カラコルム、ヒンズー・クシュ全体図」（二百万分の一）の折り込みがあり、「カラコルム全体図」（百五十万分の一）と続きカラコルム各山域の地図となる。それらの地図の多くは、見開きの見ごたえあるものばかりで、配列は次のようになっている。

(1)サセール山群とチュルン・グループ、(2)シアチェン山群・リモ山群、(3)サルトロ山群・マッシャーブルム山群、(4)スカルドゥとその北東部、(5)バルトロ山群、(6)パンマー山群、(7)ヒスパー山群、(8)ラカポシ山群、ハラモシュ山群、(9)フンザとその周辺、(10)バトゥーラ山群とつづく。次いで「ヒンズークシュ全体図」（百五十万分の一）のあとに、(11)チアンタール山群、(12)ガクーチ周辺、(13)中部ヒンズー・ラジ、(14)東部ヒンズー・ラジ、(15)東部ヒンズー・クシュ、(16)ハイ・ヒンズー・クシュ、(17)ティリチ・ミールとブニ・ゾム周辺、(18)チトラル南部、(19)中部ヒンズー・クシュ（一）(20)中部ヒンズー・クシュ（二）となる。以上二〇面のうち、(19)、(20)のアフガンヒンズー・クシュ図幅は高木泰夫氏が作成し、それ以外はすべて宮森常雄氏の労作である。縮尺の表示はないが十八万分の一と思われ、そのスケールに統一されてい

7 —『世界山岳地図集成　カラコルム・ヒンズークシュ編』

るので、すっきりした印象を与える。各図に「インド測量局の地図及び各種カラコルム、ヒンズー・クシュ登山隊の調査資料を参考にした」旨の注記がある。

本書の主要部は以上であるが、そのあとは(21)ナンガ・パルバット（十八万分の一）、「パミール・天山全体図」（二百五十万分の一）、(22)パミール、(23)天山、ポペーダで終わる。この部分は田村俊介氏が作成した。

これらの地図の出来栄えは見事なものであり、現在得られる資料を駆使してまとめられ、多くの登山者、研究者の拠り所となるものであるが、山の標高（高度）、地名などの表示には問題を含むものも散見する。特に標高については、基準となるインド測量局のもの、ワラ、グルーバー、ディーレンフルトによる数値が混在しており、この混在は、ますます拡散されてしまうのではなかろうか、各山域の解説文についても、地形や、地図そのものの研究史的な叙述を主にしてもらいたかった。

（一九七九年三月）

[追記]　この地図集が出てから二十三年後の二〇〇一年に、その間に日本の登山隊がもたらした厖大な写真・資料を駆使して、宮森常雄氏が再び当該山域の新しい地図を作成し、これを刊行した。『カラコルム・ヒンズークシュ登山地図』（二〇〇一年・ナカニシヤ出版刊）である。B全判の大判の地図（五色刷・十五万分の一）十三葉のほか、三八五頁からなる『カラコルム・ヒンズークシュ山岳研究』（宮森常雄・雁部貞夫共著）も収めた大著となった。二〇〇二年度の秩父宮記念山岳賞を宮森氏が受賞した際、最大の業績とうたわれた著作。

L・ボウムによる八〇〇〇メートル峰の完璧な年代記

SIVALAYA by Louis Charles Baume

昨秋（一九七八年・昭和53）、ガストン山岳書店店主、L・ボウム氏が“Sivalaya”と題するヒマラヤの八〇〇〇メートル峰の登攀史を中心とした一書を出版した。ガストン書店は、古くから山岳古書を扱う良心的な古書肆として、日本のヒマラヤニスト、ビブリオマニアの間でもファンが多い。このボウム氏、唯の古書店の親父さんではない、彼は古くからのアルパイン・クラブ会員であり、彼個人の書斎に所蔵するヒマラヤ本の数も相当なものらしい。薬師義美氏の『ヒマラヤ関係書目』（初版・昭和42）の出る以前、私はガストン書店から年に二、三回送られてくる古書目録を眺めるのが何よりの楽しみであり、ヒマラヤの書冊を中心とする売立て書目のそれぞれの本に簡潔に記された紹介や、解説のみごとさにひそかに舌を巻いたものである。

私は古くからこの著者と文通をしており、この本についても「二年がかりの仕事であり、そのため、この一、二年は古書目録作りがおろそかになる」旨の書信をもらっていた。隠れたヒマラヤ通である著者が商売をお留守にして書き上げるヒマラヤ本とはどんなものなのか

SIVALAYA　一九七八年、ガストン山岳書店刊。

ルイス・C・ボウム

一九一九〜一九九二年。イギリスの古書店であるガストン山岳書店の店主として早くから、日本の山書ファンにも知られていた。特にヒマラヤやアルプスの古典を多く収集し、年に数回発行していた古書目録に記された解説は、読み応えのあるものだった。死後その収蔵本は、ロンドンのオークション会社により売り立

てられたが、その際に発行された「売り立て目録」には多数の貴重本が収載された。

と、実は娯しみにしていた。

ヒマラヤの八〇〇〇メートル峰をテーマにした本は少なくない。中でもわが国では深田久弥の『ヒマラヤ登攀史』（昭和32・岩波書店刊）、西欧ではG・ディーレンフルトの『ヒマラヤ―第三の極地』（昭和31・朋文堂刊、原題はDer Dritte PolでZum Dritten Polとは別著）、M・ファンテインの『ヒマラヤ巨峯初登頂記』（昭和39・あかね書房刊、原題はI Quattordici “8000”）などが代表的なものである。右の三つの著作はそれぞれユニークな書であり、深田久弥の物語性に富む叙述、ディーレンフルトのヒマラヤ自体をよく知る学者として、全力投球した観のある地域と年代記の両面を浮き彫りにした腕前、ファンティンが八〇〇〇メートル峰十四座それぞれに、観点の異なる著者たちの文章を集め、登頂ルートを示す見やすい概念図や山姿図を付した編集技術など、鮮やかな特色を示している。では、今回のボウム氏の書の特色は何か。それは、それぞれの八〇〇〇メートル峰の開拓期から一九七七年までの完璧な年代記を簡素にまとめ上げた点にある。いわば物語的な叙述の持つ贅肉を削ぎ、骨格だけを示した書である。本の題の意味は「シバ神の住む所」という。

まず第一部は「ヒマラヤ」と題して、地理的位置、地名解、測量、山名の正綴法、登山などの面を三三ページにわたって述べている。なかでも、測量や地名の正綴法の箇所はかなり詳しく書いてあるのでいい参考になろう。Ｋ２の標高について、「一九七六年の夏以来パキスタン測量局は八六一一メートルではなく、八七六〇メートルと公告している」という紹介も出ている。

第二部は、この本のメインでヒマラヤ八〇〇〇メートル峰十四座が東端のカンチェンジュンガに始まり、西のＫ２で終わる各峰の年代記である。二一一ページを費やしているが、各山座は次のような順序で叙述されている。まず位置、経緯度、標高（カンチについて見ると、主峰 8595m 中央峰 C.8496 m 南峰 8476 m ヤルン・カン＝西峰 8420 m と示される）、山名解などを簡明に記したのち、山座の特徴を記し、地図に言及する。例えばカンチの場合では、「シッキムとカンチェンジュンガの秀れた地図は初期のこの地域についての著作、特にリースレイの『シッキム総覧』やフレッシュフィールドの『カンチ周遊』に見出せる。次のような現代の地図は概して入手可能であり、その中の推奨に足るものには＊印を付しておく」として、

1/506,880 Nepal East Sh. 3rd Ed. GSGS, 1969. ＊

1/250,000 Kanchenjunga Sh. NG 45-3, 1963. AMS. ＊

1/150,000 Sikkim Himalaya. 1951. SSAF. ＊

などをあげている。次いで本文のクロニクルが入るが、この部分は主要部であると同時に非常に読み易い文章に工夫されており、辞書を必要としない程である。ボウム氏のこれまでの目録作りの経験はここにも良く生かされており、この書の存在理由を示すものであろう。この要約のしかたは、自己のヒマラヤ山行報告を英文で作成しようとする人にはいい手本となるにちがいない。

（一九七九年六月）

山へ駆りたてる原衝動はなんなのか

中野孝次『うちなる山々』

うちなる山々　一九七九年、東京新聞社出版局刊。

中野孝次
一九二五〜二〇〇四年。千葉県生まれ。東京大文学部卒。国学院大学教授としてのかたわら、小説、評論、随筆、翻訳に多彩な著作活動を続けた。主な著書に『ブリューゲルへの旅』『実朝考』『本阿弥行状記』『清貧の思想』『リラの僧院』などがある。

さきに、一種の自伝的試みでもあった。『ブリューゲルへの旅』や小説『麦熟るる日に』で好評をもって迎えられた中野氏が、昨年（昭和53）一年間、本誌『岳人』に連載された「わが月歴画」十二篇に近作の「山小屋の雪」十一篇を加えて一つにしたものが本書である。

本書の帯に「自然の懐に抱かれることは、ついに、一時的な現実逃避でしかあり得ないのか？　不動の自然の中に身を置き、人の生を問い続ける著者の清澄な世界！」とうたわれているることでも察せられようが、「山」を一種の存在論の対象としてとらえたエッセイ集である。

ひと昔まえ、アララギ小僧であった私には、中野氏の文学的出発の頃の一成果『実朝考』（近年復刊された）の方がはるかに印象が深いのだが、あの頃のやや苦味のある文章が、いまは時を経てすっかり達意の文章になっているのに驚いた。勿論、論じられている対象のちがいはあるが。

現代の登山者は、登山はスポーツと割り切って山へ入って行くようだが、「人はなぜ山へ向かうのか」という問いかけが、登山者自身のものとして自己の内側に向けられることも少なくなっているのだろうか。登山という行為の「原衝動」(中野氏のことば)を抜きに山を語ることはできないと思うのだが。

かつて、「こころの山」という類の本や文章がしきりに目についた時期があった。そこにはかなり感傷的ニュアンスがてんめんとしており、「こころの」という言葉が、軟弱なるものの代名詞であるかのような匂いを付与してしまっていた。同じく「心」を問題として『うちなる山々』は、そうした甘さをきっぱり拒絶したところに成り立っている書物である。

次に本書で印象に残ったところを具体的にいくつか取り上げてみよう。まず、冒頭の章「うちなる焼ヶ岳」(一月)で、著者は「山」(自然)へ駆りたてるもの、その一番奥底にある「原衝動」はなんなのだろうと問いかける。先に述べたように「山」を語るとき、避けては通れぬ根源的な問いなのである。中野氏はその自らの声に、自らの答えを与えている。即ち、「人境以外のあらあらしい剥き出しの自然へと人を駆りたてるものは、外部にではなく、むしろその人間の内に潜むデーモンの如きものではあるまいか」としている。中野氏のいうこの「原衝動」を、かつて深田久弥さんは「動物精気《エスプリ・ザニモ》を充たすため」に山へ行くとした。登攀という行為そのものを熟知していたユニークな画家、上田哲農さんも、「登山」を追求して行けば、ある意味で反社会的にならざるを得ず、その故に「登山家狂気説」を論じた。根ざすところはみな同じである。一度は口にしてみたかったことをピタリと言い当てられたという気がその時々にしたのだが、現代の登山者諸氏の感想は、どうなのだろうか。

次の「雪中の狩人」(二月)ではブリューゲルの絵に出会った時の感動が追想されている。

「人間は決して自然を越える勇者ではない、……いま自然は雪と氷と寒気によって、人間にそのはかりしれぬ無力の面を示し、生の惨苦に耐えることを教える」という指摘から、逆に現代人がいかに自然を虐げているかという問題も照射されよう。

「物の見えたる光」（四月）では、ジャベルの『あるアルピニストの回想』が取り上げられている。尾崎喜八の名訳がなつかしく思い出される。ジャベルの持つ瑞々しさがよみがえってくる。この章では、登山の一回性、山頂にある至福の一瞬と芭蕉の語録の中の一節「物の見えたる光いまだ消えざるうちに言ひとむべし」が重ね焼きされる。

私に一番なつかしかったのは「幻の乗鞍岳」（十月）だった。私が年少の頃口ずさんでいた長塚節の「乗鞍岳讃仰」の歌十四首を、死の予感のなかで見た山の姿ととらえたのは正解であろう。生命の危機を自覚した歌人と対峙する山が切り結んだ一瞬の光芒があざやかに語られている。

さきに深田久弥、上田哲農両氏を失い、近くは辻まことというユニークな個性を失った我々にいま新たに、『うちなる山々』とその著者を迎え得たことは、大きな喜びでもある。

（一九七九年七月）

極限に挑む男

細貝 栄『限りなき山行』「あるく みる きく一四七号」

加藤文太郎の再来を思わせるようなスゴイ男が都立大にいるという噂を聞いたのは何時のことだっただろうか。そのうち本誌「岳人」に「日高山脈全山縦走」の記録が掲載されたのを読んで、思わず唸った。突如として当のご本人が自らの手で噂のベールを取り払ってしまった。三月の日高の全山縦走（楽古岳―芽室岳）を僚友とただ二人で敢行し、三十三日間も四五キロの重荷に耐えながら、連日のラッセルを克服した強靱な肉体と精神力の持ち主に興味を持つなといわれても無理な注文である。没個性的なもので覆われている現代である。登山の世界もまたしかり。華々しいアクロバティックな登攀が出てくるわけではない彼の日高行に、苦行僧が比叡全山の回峰行をなしとげた後に感ずるであろう清涼の気を感じたのであった。

民俗学者の宮本常一さんが主宰している日本観光文化研究所から、ユニークな小冊子「あるく みる きく」が創刊され十年ばかりになる。ボクの友人の向後元彦君夫妻もここの同人で、同誌の海外特集を何冊か編集した。この小冊子が今年（昭和54）の五月にほぼ全ページ

『限りなき山行』一九七九年、近畿日本ツーリスト刊。（「あるく みる きく一四七号」所収）。

細貝 栄

一九五二年～。茨城県生まれの登山家。日本各地の山地で、数十日をかけて、数百キロに及ぶ「大縦走」を行う。一九七九年にネパールのタムセルク（六六二三メートル）南西壁ルートを初登攀した。

（四一ページ）にわたって、細貝栄の特集を組んだ。そこには、彼の故郷、常陸の八溝山（昭38・3）に始まり、第二一九番目の山行にあたる富士山（昭53・12）までが詳しくリストアップされている。そのリストの合い間で特に印象的な山行を彼自身が詳しく語っているという体裁である。

　加藤文太郎は神戸の勤務地から兵庫県の日本海側に当たる故郷へ帰る際、何日か歩き通してしまったことが何度もあったようだが、わが細貝君も、その膨大な山行リストのうち、半数以上は単独行で、しかも二〇〇〇キロ、三〇〇〇キロに及ぶ「大縦走」を何回も経験している。この辺も文太郎によく似ている。前にも述べた日高山脈での三十三日間の「大縦走」もそうだし、四十八年五月の越後駒ヶ岳―平ヶ岳―上州武尊山の縦走もしかり。四十九年五月～六月にかけては、那須岳―尾瀬―谷川岳―白根山―浅間山をカバーする地図上の平面距離だけでも二九〇キロに及ぶ「大縦走」をやってのけた。しかもノン・デポ、ノン・サポートである。

　右の大縦走の折りは、五〇キロ近い重荷をかつぎ、方々で藪こぎを強いられている。しかも単独行。その苦しい中でも彼は巧まざるユーモアを発揮する。曰く、岩登りにもグレードがあるのだから、藪にもそれが必要だというわけである。「Ⅰ級は自然にできた踏跡で歩きやすく、Ⅱ級は両手を使い始める。Ⅲ級は本格的な藪で、Ⅳ級になると非常にきつく、藪をこぐ気力を失うようなところ。Ⅴ級は自分が過去に体験した中で最もひどい部類の藪で、中に入ると身動きできなくなるような所」と記している辺り、彼の面目躍如たるものがある。その並はずれた担荷力もこうした経験の蓄積が物をいっているのだろう。この記録を読んでとっさに思ったのは、彼はカラコルムやヒンズー・クシュの登山にぴったりな男ではないかということだった。ベース・キャンプから上は、一切自分の力ですべての荷を運び上げる必要があるこの地域の登山で、彼のような心身ともに頑健な男が三、四人揃っていれば、もっと彼の地における日本人の登山もバラエティに富んだものになっていただろう。独、墺から来た連中は、一度入山すると、連続登攀的なタフな登り方をするものが多いが、日本人の登り方では、ひと山かふた山が精々である。連続登攀は細貝君の得意とする所であり、ヒマラヤ（広義）ではほとんど未開拓の分野である。近年、カラコルムやネパール・ヒマラヤに目を向け、彼の地へ渡って二、三の峻峰を試みた細貝君には小手先の技術の錬磨でなく、全人的な「登山」を求めてもらいたい。

多くの点で、かつての加藤文太郎と比較される細貝君だが、文太郎になかったものが彼にはある。それは、彼が冬のルンゼやスラブの登攀に長けており、谷川岳の一ノ倉沢を中心とした難ルートを何本もこなしている点だ。これは、海外の山々に夢を駆けめぐらせ始めた彼に大きな武器となろう。「あのヒマラヤの山々よりも、極限に近い生活を営んでいる人々に僕は深く感銘を受けた」と書いている細貝君である。現代の商業主義とは貧欲なものだ、それに振り回されず、しかもしたたかな強靱さを持続して、現代の「登山」に新境地を開いてほしい。

本年四月二十八日、ネパールの難峰タムセルク（六六二三メートル）の南西壁ルートから登頂に成功した二人の日本人のうち一人は細貝君だった。報道に誤りがなければ、彼の年齢は二十七歳。これから何をやってのけるのか、刮目して待とう。

（一九七九年八月）

登攀への渇仰——山と有る日、山と在る日、山と或る日

上田哲農『山とある日』

上田さんの画文集『山とある日』が、最近、中公文庫の一冊として復刊された。しばらく前に画文集『日翳の山ひなたの山』も出ているので、著者生前の山の著作は出そろったことになる。

復刊といっても、小さな判型になってしまったので原著の余白の部分のゆとりがなくなっている。原著を飾った色刷りの口絵「星とチンネ」「コーカサスの韃靼人」は省略され「CAUCASUS」と同じ画想のものがかろうじて文庫本の表紙に転用された。

省略といえば「剣岳のまわり」の項の挿画がすべて省かれたのをはじめ、原著にあった多くの挿絵を省いてしまったのは、画文集という性格上からも、上田さんの画文を愛好する者にとって残念なことだ。

ただし、原著の入手が困難な現在、上田哲農というすぐれた個性に、はじめて接する若い読者に大いに迎えられることだろう。

上田さんの文章は、何度読んでも読みあきることがない。その文章の本質は散文詩に近い

『山とある日』(中公文庫)
一九七九年、中央公論社刊。(原著・一九六九年・三笠書房刊) 書影は原著。

上田哲農
一九一一～一九七〇年。京都府出身の画家、登山家。日本登高会の設立者の一人。戦後はRCCⅡの同人として活躍した。登攀の実際をよく知る画家として知られ、最初の画文集『日翳の山日なたの山』(一九五八年・朋文堂刊) 以来多くの熱心な読者を集めた。晩年、カ

ためでもあろうが、カチッとした硬質の文章だからである。上田さんに「氷斧」という一文があったが、その文体は切れ味のよいピッケルを思わせる。ご自身は中国の天津生まれだそうだが、育ちはお江戸の山の手の良家の子弟という感じで、下町の素封家の育ちだった安川茂雄氏とは好一対であった。私はこのご両人が酒酌み交わし、談論風発しあう場面に何度も同席したが、その気質、嗜好は江戸っ子そのものであった。

　私が上田さんに初めてお目にかかったのは、志賀天狗ノ湯の深夜の静まり返った大きな浴場であった。やはり、安川さんと一緒であった。一九六七年（昭和42）五月のことで、前年ほぼ時を同じくして上田さんはカフカズへ、安川さんはアフガンへ、私はその背中合わせのチトラールへ出かけていた。五十歳近くになって、往年の日本登高会の名クライマーは岩登りを再開した。上田さんの後半生としては最も充実した時であり、ＲＣＣⅡの活動がピークに達した時期でもあった。私がＲＣＣⅡの末席に列したのも、もとはといえばこの天狗ノ湯の一夜に発する。その四年後には八方尾根で猪突してきたスキーヤーを避けて転倒したことがもとになって急逝された。その文業も画業も完成の域へ歩を進めているさなかの出来事だった。

　上田さんの文体はスカッと切れ味がいいと先にも述べたが、それは上田さんの「酒」と共通のものであった。私は焼酎の味を上田さんに教えられた。このあたりは、深田久弥さんの酒とは好対照であった。深田さんのは、飲むほどに春風たいとうたる大人《たいじん》の酒、上田さんの酒はスカッとした江戸っ子の酒であった。焼酎を熱い番茶で割って飲むのもいつものことであった。文が人なら、酒もまた人なりである。

フカズやパミールへ登山隊々長として遠征。

奥沢の上田邸へは、安川さんに連れられて四、五度訪れた。安川さんは私の大学の先輩であり甚だ個人的なことを申せば、月下氷人をつとめていただいた方なのである。奥沢には、アララギ発行所があり、若年の頃アララギ小僧で毎月あの辺りを徘徊していた私にも懐かしい所であった。アララギの編集責任者であった五味保義先生ご一家をご存知とあれば、私たち三人だけの席では、話が山そのものより、文学の話に近寄ってしまうのも止むをえぬ仕儀であった。多くの場合、話のリード役はにぎやかな酒の安川さんがとった。時には、当時のＲＣＣⅡの若手クライマーの代表格だった松島利夫、佐内順といった人たちと一緒になった。上田邸の玄関には焼酎をストックした木箱が置いてあるのが常であった。

この本には、岩登りを五十歳近くになって再開した上田さんの「山」への志向、覚悟がよく現れている。「登攀」への渇仰は、戦前の加藤泰三の画文の流れをくむものでありながら、はっきり別のものである。若さやあまさを超えた大人の画文である。

「『山とある日』、これは三つの意味をもっている。〝山と有る日〟、〝山と在る日〟、〝山と或る日〟——である。……この三つはぼくの日常を支配するもので、——そのはてにこそ〝山〟あるごとく——といいきたかったのである」（「まえがき」より）によって本書成立の事情は明かであろう。

（一九七九年九月）

「山」を媒介にした文学的エッセイ

遠藤甲太『山と死者たち――幻想と現実の間』

暑い！　東京の七、八月の暑さはひどいものだ。ここ幾夏かを過ごしてきたヒンズー・クシュ山地のオアシスのチナールやポプラの大木の緑陰が何ともなつかしい。このままでは、毎晩酔いどれ船と化し、沈没するのがおちである。かくてはならじ。断乎、南アルプスは三伏峠、悪沢岳、二軒小屋、転付峠、新倉といったクラシックなコースを久しぶりに辿ることにした。悪沢岳は中学時代の恩師が遭難死を遂げた地である。この四、五日の山旅に、本書を携えるのも何かの縁というものであろう。

本書は「山」を媒体にした文学的エッセイである。「幻想と現実の間」という副題がついている。全体で四つの章から構成される。

第一章「頸城の秋」は、⑴海谷《うみだに》の高地にて、⑵雨飾山、⑶海、⑷夜汽車、(付)海谷山塊の岩場とその登攀者たち、という内容で、海谷山塊の開拓に関わって来たこの著者の体験や海谷という特異な登攀の舞台、さらにそこで逝った友、高距四百メートル、垂直の岩塔「お駒のヒシ」の初登攀にまつわるクライマーたちの物語である。読者が、頸城山地の登山のドキュメント

山と死者たち　一九七九年、草文社刊（新国民社発売）。

遠藤甲太
一九四八年〜。東京生まれの登山家。詩作もよくする。一の倉沢の冬期登攀や海谷山塊の開拓で知られる。主著『山と死者たち』。最近『登山史の森へ』（二〇〇二年・平凡社刊）を上梓した。

や登攀史をまともに予想すると当てはずれになる。著者の意図はそこにはなく、「文学的」な表現を目ざしたものだからである。

この山域は、著者積年のハイマートであり、たとえ「死」という「闇」の世界が描かれているにしろ、読む側にもある程度の安堵感やまとまった印象といったものが得られる。ところが、第二章「書物の死（死の書物）」の中で(1)死と性、(2)「書くこと」と体験の間、(3)「書くこと」を書くことについて、(4)ジャンル、ということになれば、こちらも身構えざるを得ぬ。ここでは、バタイユの『死者』、『仏典』などが語られている。「死と性《セックス》」という難しい議論も出てくる。(3)の中で遠藤氏は、「拍の搏《う》たぬリズムを基底に、次第にクレッシェンドしてゆき、頂点に達した自《おの》れの爆発によって断ち切られ、やがては沈黙へかえってゆく壮絶な作品」を「夢想」すると書いているが、この本自体を一つの作品と見ると、この第二章は無用の不協和音であり、ない方がよかったのではあるまいか。著者へは甚だ失礼な申し分になるかもしれないが、「読む」ことと「書く」ことを論ずる豊かな経験があったのだろうか。そんな種あかしはせずとも、自らの創作、文章の底に沈めておけばよかったものをとボクなどは思ってしまうのだ。第三章は「雪と風の棲処で」、第四章は「死者の果実」これは一種のメルヘンだ。

遠藤氏は、この本の末尾で、「この本は何について書いてあるのですか」という問いに対して「すくなくとも、『山』についてではありません。山を媒介にはしていますが」と答えている。要するに「文学」的な表現だといいたかったのだろう。しかし、この「文学的表現」は豊かに結晶しているのだろうか。ボクにはむしろ、否《いな》としか映らない。文学的な一習作に終わっているというのがボクの感想である。人は「二十歳のエチュード」を四十歳で書くわけにはいかぬ。画家や音楽家たちの年少の頃のエチュードが偶然の機会に世人の目にとまり、フットライトを浴びるのと異なり、文筆家のエチュードが大手を振って歩くことはまずあるまい。エチュードは一回かぎりのものでよい。何年も前にこの著者が「山—陶酔と失墜」という文章を公にしたのをボクは覚えている。その中で「私の登山とは生きることと同義である。歌うたうことである。誰もがおのおのの歌をそれぞれの言葉でうたうであろう。私も私の言葉で、私のしらべでうたいたい」と覚悟のほどをのべていた。その想いを、「幻想」などという不透明な世界で歌って欲しくなった。「死」についても同様である。津村信夫が「戸隠」を歌い、山口耀久が「北八つ」におのれのハイマートを見出し、それぞれの音色や表現法で、おのがじしの生を歌ったように、次の機会には、遠藤甲太も「海谷山地」というハイマートに思いのたけを率直にぶっつけて読者の精神に何等かの衝撃を与え得る作品を歌い上げて欲しいものだ。

蛇足ながら、文章を書き、それを公にすることは、読む者の心に何等かの衝撃、刺激を与えることにほかならぬ。日本の現代文学にそのような活力がないことは、月々に発行される文芸雑誌をちょっとめくって見ればはっきりわかる。どこを開けても蕪雑で意味をなさぬ文章、貧困をきわめる想像力があるばかりだ。この不毛の大地にも似た世界に、何かキラリと光るものを探しに遠藤甲太は旅立とうとしているのだろうか。書くことの彼岸にあると、かつての彼の語った「登攀」の場に今しばらく、彼をとどめておくことはできぬのだろうか。

（一九七九年一〇月）

古代から現代に至る紀行文、登山記を鳥瞰

瓜生卓造『日本山岳文学史』

何よりも先に、「岳人」に連載すること四年半、原稿用紙にして千五百枚の労作が見事な一本にまとめられたことを慶賀したい。恐らく、今年度（昭和54）出版された書物の中では、屈指の収穫であろう。細部においてはいろいろな問題が含まれると思うが、日本の古代文学から現代の紀行文、登山記に至るまでを網羅し、鳥瞰した最初の大著である。初めに労作と評した所以である。

戦前に好著と謳われた鳴神克巳『日本紀行文芸史』（昭和18・佃書房刊）があるが、今では神保町の古書街へ行っても、たやすく見つかる本ではない。これは紀行文学の様式、精神、展開、時代区分などを体系的に論述した史的研究であり、その作品（古典）の国文学史的な位置付けを考える上で、極めて便利な本なのだが、読んで楽しむという書物ではない。そうしたものに比べて、本書は「文学史」とうたっているものの、作品の内容を分類したり、系統立てているわけではない。いわば、「山岳」に出入し、「山岳」に関わる文章を著した人々の「列伝」と見ることもできよう。従って、読む側にとっては、どのページから読んでも楽

日本山岳文学史　一九七九年、東京新聞出版局刊。

瓜生卓造
一九二〇～一九八二年。札幌生まれの小説家。戦後の早い時期に安川茂雄と共に山岳小説の分野を拓いた。晩年は奥多摩の自然と人をテーマに、ルポルタージュ文学に新生面を拓き、『檜原村紀聞』（一九七八年・東京書籍刊）は読売文学賞を受賞した。

しめるという利点がある。勿論、巻末には書名および人名索引がついているので、それらを駆使すれば、「山岳文学辞典」的な機能も果たせる。井上靖氏の推薦文に、「役小角から昭和にいたる千年の山岳文学の歴史を語っていく」という箇所があるが、本書に登場する人物と書名の数はおびただしいものがある。読者それぞれが、日頃から親しんでいる山岳書を探し出し、どんな評価を受けているのかを知るのも本書の楽しみ方のひとつではあるまいか。著者と読者との間で、同じ山岳書を読んでも評価の食いちがいは諸方で起こって来よう。また読者の全く気づかなかった人物や書物の価値について新鮮な見方を示されることも多いにちがいない。読書の醍醐味とはそうしたところにも存在するはずである。

本書は次の九章に分かれる

(一)山岳文学の母胎、(二)文人墨客の旅、(三)明治の黎明、(四)山岳探検時代、(五)新しい文人墨客、(六)スポーツ登山の隆盛、(七)山のモダニズム、(八)探検家の系譜、(九)紀行家の種々相。

右のほかに「序章――筆を起すまで」と「終章――あとがきにかえて」があり、瓜生氏と山の本の出会いや、本書の成立過程が述べられていて興味深い。

さて、第一章で著者は、いわゆる国文学の領域に入る上代から江戸期に至る約千年の紀行文学を概観した。「山岳文学」の「歴史」を辿るうえで避けることの出来ぬ問題であり、誰が書いてもその処理に苦労の多い部分であろう。この導入部では、どうしても叙述は説明調になりがちで、瓜生氏の口調もまだほぐれない。それが、第三章の「明治の黎明」に至り、ウェストンを語り、志賀重昂を論ずる段になり、生彩を帯びてくる。ただ後者の『日本風景論』については近年そのオリジナリティを疑われているので、その点にも触れてもらいたかった。

第四章に登場する小島烏水とその文章については、「彼は常に窮屈な姿勢で山にとり組んでいた。プロ意識にも似たものである。彼は山にはじめて政治を持ちこんだ人でもある」と指摘し、木暮理太郎を「東京市の役人と、平々凡々の勤人と、かなり病膏盲の奇人と、どれもが木暮理太郎なのである。相反する二人の木暮が一つの文章のなかに角突き合わせている」と語り、『山岳渇仰』（昭和19・生活社刊）の画家中村清太郎の文章「大井川奥山紀行」については、「まぎれもなく山岳紀行史上の最高の文章として残された。また寡作の彼の紀行はこの雄篇がすべてといっても過言ではない」という評言があり、そこにも瓜生氏の作家としての眼が光っている。以下の文章にそうした評言を探し出して、読者各自が自己の考えと照らし合わせて行くことも本書を読む楽しさのひとつであろう。

瓜生卓造氏と安川茂雄氏（故人）はともに小説家として出発し、その後は小説以外の分野にも歩を進めた。安川氏はよりジャーナリスティックで、ソツのない才筆を振るった。恐らく、氏はどんな場所でもペンと紙さえあればスラスラと文章を書き進めることが出来ただろう。瓜生氏からは対照的に気のきかぬ無骨な昔気質の「文士」という印象を受ける。その「文士」の無骨さと作家魂というべきものが前著『檜原村紀聞』や本書のなかで見事に息づいている。

（一九七九年一一月）

アルプスを楽しみ、アルプスと一体化する

近藤　等『アルプスに光みなぎる時』

本書は、著者にとって四冊目のアルプス紀行で、『星空の北壁』に次ぐものである。先き頃まで、「岳人」に連載された一九七五年（昭和50）から一九七八年までの彼の地における山行が収められている。著者は「あとがき」で、「わたしの本は、山行記録というよりも、あくまでも印象記である」とことわっているが、各章の末尾にはそれぞれの山行時の参考タイムが記されており、私のようなアルプスを本と写真でしか知らぬ者でも、具体的なイメージを走らせることができる。著者のたしかな足どりを読者もまた辿りうるのである。

著者の風貌に接したのは、はるか二十年前のことである。当時、私は早稲田の学生であったが、ちょうどその頃朝日新聞社の招きで、ガストン・レビュファが来日し、映画と講演会が催された。近藤氏はその会で通訳されたが、実に流暢そのものであった。レビュファ氏の話が一段落すると間髪を入れずという感じで通訳されるのである。映画の印象は残っていないが、その名コンビぶり、レビュファ氏の独特の風貌、近藤氏の端正な風貌や淀むことを知

アルプスに光みなぎる時
一九七九年・東京新聞出版局刊。

近藤　等
一九二一年〜。京都生まれの登山家。フランスの山岳書の翻訳で知られる。特にM・エルゾーグの『処女峰アンナプルナ』（一九五三年・白水社刊）は、多くのヒマラヤ・ファンを開眼させ、戦後はじめてのヒマラヤ・ブームを現出させた。また、G・レビュファの著『星

らぬ流麗な話法を私は今でも思い出す。

それから十年の歳月が流れた。一九六八年（昭和43）の夏に私はヒンドゥ・ラジ山脈の最高峰コヨ・ゾムを試み、生涯忘れられぬ出来ごとに遭遇した。同行の友二人をコタルカシュ氷河で失ったのである。失意の帰途ホンコンへ辿り着いたのは九月の終わりで、勤務先との約束は一か月もオーバーし、そこに私の席は無くなっていても文句をいえない状況だった。一夕、私は九竜側のペニンスラ・ホテルのあの広々としたロビーにいた。ただ呆然と茶を喫し、タバコを吸っていた。一両日中に迫った帰国が重くのしかかっていたのである。

その時、背後のテーブルに久しぶりに日本人の声を聞いた。懐かしさの余り、ふり返るとそこに近藤等氏の端正な風貌があった。氏はアルプスからの帰りらしく、やや陽灼けされており、ご一家で談笑中であった。その頃RCCⅡ同人たちの課題は何よりもアルプスを克服することであり、近藤氏はその若い同人たちの良きアドバイザーであった。同人のはしくれたる私は、うっ積した感情をだれかに向かって語りかけたい思いがしきりにしたが、近藤氏のテーブルに割って入る非礼をまぬがれ得たのは、何か月か伸び放題の蓬髪、すっかりダブダブになってしまったズボンにサンダル履きという流氓さながらのわが風体を憚る分別をわずかに残していたためであった。この時の何やら切ない感情や光景は、時としてまざまざと蘇ってくるのである。

さて、本書にもどり、内容を紹介してみよう。第一部は「アルプスの先蹤者」（一九七五年夏）と題し、ツール・ノアールとグランド・ジョラスでの登攀が語られる。前者はジャベルの、後者はウィンパーの足跡を追慕しての山行である。第二部「アルプスの日々」（一九七六

と嵐』（一九五五年・白水社刊）など多くのアルプス登山の書物を翻訳。自らも毎年アルプスでレビュファらをパートナーとして、多くの登攀を行った。

年夏）ではモン・ブラン山群中のクルー針峰やグルノーブル南西のゼクラン山群中のディボナ針峰南壁直登ルート（五級）のすっきりとした登攀記録が収めてある。第三部は「アルプスのプレイグラウンド」（一九七七年夏）として、ワリス・アルプスの名峰モン・コロン（三六三九メートル）やゼクランの最高峰パール・デ・ゼクラン（四一〇一メートル）の登頂、完全なイタリア領内の最高峰グラン・パラディーゾ（天上の大楽園四〇六一メートル）北西壁の登攀などがある。第四部は「風の一夏」（一九七八年）という章題でベルナー・オーバーラントの名峰ヴェッターホルン（三七〇一メートル）、ドロミチのいつくかの岩峰の登攀などバラエティに富んだ山行が描かれている。

いずれも夏の山行であり、冬の三大北壁にいどむ生死をかけたような登攀ではないが、心ゆくまで著者はアルプスを楽しみ、アルプスと一体化する。しかも、確かな登攀技術を駆使して、ある時は盟友レビュファと、また、アンセルム・ボーやアンドレ・コンタミヌといった腕達者たちと対等のザイルを組んで。氏の登攀には若々しさがある。

今、書名の拠ってきた一文を引いて結びに代えよう。

「知らず知らずのうちに暗闇が消え失せ、周囲が明るくなり、やがてアルプスの雪嶺がモルゲンロートに染まり、光のファンファーレが高らかに鳴りひびく瞬間こそ、アルピニストのみが知る陶酔のひとときなのだ」

（一九七九年一一月）

パキスタン北西辺境を軽妙に描く

広島三朗『ヒンズークシュ真っただ中』

本書が刊行された直後、著者から例の特徴のある書体の署名とともに一本恵送にあずかった。前著『K2—幸運と友情の山』（昭和53・実業之日本社刊）では、書評のチャンスがなかったが、今回はこの欄で感想を述べることにした。

私が広島君を知ったのは、第三回ヒンドゥ・クシュ会議（H・K・T）の頃だから、もはや八年前のことになる。彼がネパールのガンガプルナやローツェシャール登山を経験し、一転して、西の乾燥地帯であるパキスタン北西辺境に姿を現したのは、一九七一年（昭和46）のことである。その夏に彼は、チトラールからシャンドゥール峠を越えてギルギットへ出た。この行を第三回H・K・Tの席上で語ったわけである。

その時に一筋縄ではいかない辺境の旅を彼流のやり方で押し通した最大の武器が「フレンドリィ」精神であった。彼のこの言葉は拓大隊の「グジュル」（本書参照）とともに、H・K・Tでは一種の流行語となり、「フレンドリィの広島三朗」は一方の旗頭となった。物にとらわれぬ率直さ、明快さと旺盛な好奇心に基づく行動力が彼の身上である。

ヒンズークシュ真っただ中　一九七九年、講談社刊。

広島三朗
一九四三〜一九九七年。東京生まれの登山家。初めはネパールのローツェ・シャール登山などに参加してヒマラヤ通いを体験。その後フィールドをパキスタン北部山域へ移し、カラコルム登山を活発に行う。一九七七年のK2登山隊に参加して、登頂者の一人となったが、一九九七年夏、カラコルその頃のH・K・Tには、一種異様な熱気があり、その熱気の中からK2登山計画も生まれたわけだが、ここでその頃の広島君を物語るエピソードをひとつご披露しておこう。会議の熱気は深夜の飲み会にまで延長されるのが恒例であり、酒豪の誉れ高かったのは、長崎大の松本徰夫博士で、酒と議論の両刀遣い。対する関東勢で一人対抗しえたのが広島君だった。飲むほどにますます舌鋒冴える広島君には、さしもの松本博士も辟易し出すのが常であった。金沢で、京都で、八王子で、何度われわれはこの愉快な「みもの」を共有したことだろう。今にして思えば、日本人の海外登山の熱気が横溢していた「楽しかりし」一時期だったのだ。その後のK2計画でも、彼のバイタリティが一枚欠けていたら、恐らくあれ程スムーズに事は運ばなかったのではあるまいか。

長々と広島君とその人について記して来たのは、実は本書がそうした著者の性格をそのまま現わしているからだ。彼の専門である「地理」の分野での観察、例えばヒンドゥ・ラジ山中の氷河活動への注目のしかた、地形の特徴、森林や植生への観察が的確に取り上げられている。また、回教圏という比較的つかみにくい文化圏の中で生きる人々への目のくばり方にも彼らしさ、がよく伺える。登山隊の記録では「山」しか語られず、「人」が欠落してしまいがちで、地域性というものが脱け落ちる例が多い。本書には、一般にはわかりにくいパキスタン北西辺境の特徴がよくとらえられ、文章も的確である。彼が行動の人であるばかりでなく、本質的に怜悧な頭脳の持ち主であることを示すものである。

こんなことばかり書いていくと、この一文は著者へのオマージュ（賛辞）ばかりで埋まってしまう。そんなことを著者も望んではおるまい。次に私は、本書のあき足らぬ点、しかも

ムのスキル・ブルム峰（七三六〇メートル）に登頂後、僚友原田達也らと氷雪崩により遭難死をとげた。

重大な欠陥を二、三指摘せねばならない。

まず第一に、観察したものに、余りに単純に結論してしまう癖が目につく。例えば「塩味のミルクティ」（トルップ・チャイ）の問題がある。著者は「パキスタン以外で塩味ミルクティーのことを報告したものには、ついにお目にかかれなかった」としているが、チトラールも少し奥へ行けば、これがごく普通の飲み方であるのと同じ様に、アフガンのパダクシャンやワハンでは一般的である。モンゴルの「スー・ティ・ツァイ」も塩味を加えることが多い。いわば、チベットを含めた、中央アジア一帯の文化と考えられる。挿入された分布図は再版の時に訂正してほしい。誤りが誤りを増幅させてしまうからだ。

本書一七三ページの「ハッシーシ」の記述にしても、本多勝一氏の『情憬のヒマラヤ』（昭和47・一九七二年）の付録に今川好則氏が詳しく書いている。「夏小屋」の記述その他でも、広島君は、本書全体で、本多氏の処女作『知られざるヒマラヤ』（昭和33・角川書店刊）の影響を強く受けたはずだ。各章の見出しの付け方、その他によって、私は直ちにその跡を指摘できるが、自分の観察と他人の観察のプライオリティ、換言すれば、先蹤者と後続者のプライオリティの問題は、はっきり区別しなければならない。本書の帯に「学術的にも大きな価値ある記録」と謳われているが、プライオリティをいい加減にして「学術」は成立しない。ついでながら、同じ帯に「これまで日本はもとより、他の外国人も踏み込むことのなかった地域」と平然と記しているが、宣伝文句とはいえ呆れてしまった。本書が真面目な本であるだけにそうした点が余計残念なのだ。われわれは「山の怖さ」だけでなく、「文を書く怖さ」を知る必要があるのだ。

（一九七九年一二月）

課長職捨ててＫ２に行きしかな花のごとほほ笑む妻を家に残して（原田達也氏）

息絶えむばかりテントに倒れ込む高みを踏みて還り来し友（広島三朗氏）

1980

訳業に四年半の歳月をかけて成った〝ヒマラヤ古典〟中の古典

J・D・フーカー／薬師義美訳『ヒマラヤ紀行』

ジョセフ・ダルトン・フーカーは、その父W・ジャクソン・フーカーとともにロンドンのキュー植物園を創り上げた植物学者として有名である。彼は今から百三十年前にヒマラヤのカンチェンジュンガ峰の間近に迫り、当時としてはきわめて正確な紀行を著し、今日その『ヒマラヤ紀行』(Himalayan Jounals) はヒマラヤ古典中の古典としても知られている。

この秋、訳者の薬師氏が四年半の歳月を費やしていた本書の訳業を了え、古典たるにふさわしい形で送り出された。インスタントな出版物の多い中で、本書の出来ばえは原著をしのぐかとも思われ、永く記憶に残るものとなろう。

薬師氏は、かつて「カンチのふところに抱かれること」が願いだと吐露されたことがあり、十数年前には、フレッシュフィールドの『カンチェンジュンガ一周』を翻訳している。その正確、懇切な訳業、考究ぶりは定評のあるところだ。氏の『ヒマラヤ関係書目』には、世界中のヒマラヤニストが信頼を寄せている。

一八三九〜一八四三年にJ・ロスの南極探検に参加したフーカーが、ヒマラヤにフィール

ヒマラヤ紀行　一九七九年、白水社刊。A5判・五六一ページ。上製本。折込地図、カラー石版画一二葉。

ジョセフ・ダルトン・フーカー　一八一七〜一九一一年。イギリスの植物学者、探検家。父のジャクソンとともにロンドンのキュ植物園を作り上げた人物として知られる。

グラズゴー大学を卒業後、J・ロスの南極探検に参加。さらにC・ダーウィンの種の起源を求め

ドを求めたについては、当時のインド副王オークランド卿の尽力によるものだそうだが、植物学徒である彼には、ヒマラヤの南北を分けるこの地域、特に蘭科や石楠花《シャクナゲ》属の豊富なシッキム地方は殊の外に興味深かったものと思われる。後に見事に着色された大版の『石楠花図譜』も刊行している。

フーカーは一八四八年の一月にカルカッタからダージリンに向かい、十月には同地を発し、東ネパールのタマル河を溯り、ワルン峠（五一〇七メートル）、ヤンマ峠（四一一五メートル）を越えてシッキムに入った。翌年の一月にカンチへ向かったが、ジョングリで雪のため前進を阻まれた。後の鹿子木員信（一八一ページ参照）の舞台である。

同年五月、再度ダージリンからティスタ谷を上り、ゼムー渓谷をさぐり、カンチェンジャウ（六八八九メートル）を試み、ドンキャ・ラ（峠）を越えた。この辺りは、後年日本でもおなじみのF・マライーニが会心のワンデリングを行い『ヒマラヤの真珠』（牧野文子訳）という珠玉の一書を残した。さて、フーカーはパウフンリ（七一二八メートル）にも試登し、その年の暮れダージリンへ戻った。情報の少ない当時に、これだけ広くヒマラヤに足跡を残し、正確な情報を伝え得たのは、誠に異例のことといわねばならない。その頃でもヒマラヤの書は存在するが、記述がかなりあいまい模糊としたものが多い。その中にあって、フーカーの著作は群を抜いて正確である。「ヒマラヤ学の原点」といわれる所以である。

いかにも、自然科学者らしい緻密な観察ぶりであり、要所要所にちりばめられたヒマラヤの風物の図版が入っている。原点には十二葉の着彩石版画が入っているが、本訳書の口絵として再現されている。

る調査に協力した。一八四八年から研究のフィールドをヒマラヤに移し，シッキムや東ネパールを探検した。ヒマラヤの初期文献として有名な『ヒマラヤ紀行』（一八五四年）を刊行。怪峰ジャヌーの紹介者である。

この当時、アルプスはまだ登山の黄金期を迎えておらず、ウィンパーによるマッターホルンの初登攀は十五年後の一八六五年に行われている。それだけにフーカーのシッキム行は、エポック・メーキングな出来事であった。今、訳書から一文を引き、この偉大なパイオニアの足跡をしのぼう。ちょうど、アルプスのマッターホルンと、怪峰ジャヌーを比較しているところがある。

「北を見れば、円錐形のジャヌーの頂上は、ちょうどその雪の肩から霧雲をたな引かせていた。それを眺めて立ち止まると、これまで見たこともないほどの、本当に素晴らしい、雄大な光景だった。ジャヌーはすぐそばにあり、この地域のどんなピークよりも急峻である。あたりの高度四八〇〇〓《メートル》の山々から、なお二七〇〇〓《メートル》も抜ん出ていた。片側に狭い肩があり、やや丸味を帯びた尖峰となって屹立し、肩からは断崖が急激に落ち込んでいる。（中略）リッフェルベルクからのマッターホルンはチューンジェルマ峠からのジャヌーを連想させる」

なお、原典にも付いていないが、これだけ浩瀚《こうかん》な書物だけに、索引はぜひとも必要だったのではあるまいか。登山プロパーの読者だけでなく、動植物愛好者がこの書を多く手にすると予想されるので、そのことが余計惜しまれてならない。

（一九八〇年一月）

生活感あふれる青年のひたむきな初登攀の記録

松本竜雄『初登攀行』

初登攀行（中公文庫）一九七九年、中央公論社刊。

松本竜雄

一九三一年～。東京生まれの登山家。戦後日本の代表的なクライマーとして知られる。谷川岳の多くの登攀ルートを初登攀した。特に厳冬期に於ける連続登攀の実践が注目される。RCCⅡ同人。主著『初登攀行』（一九六六年・あかね書房刊）。

昭和三十年代は、日本の登山界にとって《シュトルム・ウント・ドランク（疾風怒濤）》の時代であったろう。本書の著者、松本竜雄氏もまた、その疾風怒濤の時代を生き抜いたすぐれた登攀者である。松本氏の先輩にあたる望月亮氏の言葉を引けば「スーパー・アルピニズム始動期」の牽引車の一人ということになる。松本氏は第二次RCC結成期の同人である。これも望月氏の言葉だが、「古典的な初登攀時代の終焉」に遭遇した、青年のひたむきな初登攀の記録が綴られている本書が面白くないはずがない。

第二次RCCの結成期には、上に藤木九三、深田久弥をいただき、仕掛人に岡部一彦、奥山章、安川茂雄といったタレントにもことかかず、熱気にあふれていた。私が同人の末席に列った頃は、その熱気が一段落し、ヒマラヤやカフカズへの実践が実を結びつつあった。現在のRCCⅡは第三世代にあたると思うのだが、かつての熱気も活気もどこかへ飛び失せてしまい、ただの〝登山研究団体〟みたいになっているのは残念なことだ。

本書のもう一つの特色は、生活感にあふれている点にある。著者が大学山岳部などの出身ではなく、いわば街の登山者から登山を錬磨していったことにもよろう。殊にこの筆者が下町に生まれ育った人であることが、本書の成立に大きな特色を与えている。最近の登攀者の記録からは得られない手ごたえ、存在感がこの本にはある。

本書の初版は、すでに昭和四十一年(一九六六)にあかね書房から刊行されたものだが、新しい読者のために、内容の若干を紹介していこう。三部から成っている。

第一部「高みへの序曲」は、五篇の文章から成るが、最初の章「岩と雪に憑かれて――丹沢から一ノ倉沢へ――」には、青年前期に始めた山登りから、一ノ倉沢への本格的登攀に至る松本竜雄の登山における精神発達史のようなものが語られている。この著者の人柄や登山の背後にあるものを知る上でも重要な文章となっている。

第二部「初登攀行」はいうまでもなく本書の白眉である。特に氷雪の谷川岳一ノ倉沢に次々とルートを切り開く物語は迫力がある。「氷雪の城砦に挑む――谷川岳一ノ倉中央稜」「一ノ倉沢〝最大の壁〟への挑戦」と好篇が続く。次の「魔の壁に初登攀を競う――一ノ倉沢コップ状正面岩壁――」こそ、本書中最大の雄篇であり、もし「谷川岳アンソロジー」を編むとしたら、必ずその巻頭にすわるべき価値があろう。

この登攀は「埋込みボルト」を駆使して、難ルートを克服した日本人で最初の記録であり、新しい登攀用具を日本人が使用開始したデータが明確に残されている珍しい例ではあるまいか。その辺の事情を望月氏は次のように解説する。「第二次RCCに登山用具研究会があり、その理事である大江幸雄氏が初めて、日本に埋込みボルトを持ち込んだ。本文にあるように、私が国産第一号の数本を製作し、松本君がそれを初めて使って、その年の最もセンセーショナルな初登攀、コップ状岩壁正面の登攀に成功した」とある。

右の事情を本書によって、もう少し詳しく跡付けてみよう。

「五月（昭和三十三年）の春山合宿が近づいた四月のある日曜日、戸山ハイツの旧陸軍学校跡の《人工岩場》でＲＣＣⅡの同人たちによって、埋込みボルトのテストが行われた。

　藤木九三先生や、尖鋭的なクライマーたちの注目するなかで、大江幸雄氏と望月亮によって製作された改良型のエキスパンション・ハーケンは予想外の強い支持効果と使用にあたっての簡便さを立証した」

とあり、新しい登攀用具に触れた登攀者の心理を「はじめてこの種の用具の実用化に立ち会ったことに対しての若干のうしろめたさを感じていた」と語っている。

　後日、望月氏製作の「手造りの芸術品のような重厚な気品」を持つ「ボルト」を手渡された松本氏は、コップ状岩壁正面の登攀を緑山岳会と競い合い、同時にその初登攀をわけ合うことになる。センセーショナルな登攀であっただけに、ジャーナリズムのやかましい論議の的にされ、「人工登攀」の限界や、登山のモラルの問題がクローズ・アップされたわけである。

　新しい登攀用具の開発と登攀技術の進歩は、永遠のテーマであり、その時代時代で論議がくり返されるところだが、本書は、その典型の一つをはっきり示した貴重な記録でもある。最後になったが、登攀の実況の描写も活き活きとして、臨場感にあふれたものであることを書きそえておこう。

（一九八〇年二月）

ネパールの自然、社会、人間、文化に好奇心と愛情をそそぐ

高橋　照『秘境ムスタン潜入記』

世間の人は、「潜入記」という書名から、場当たり式のキワ物を予想するかも知れないが、本書に関する限りそれは全く誤りである。

この本の成立の背後には数十冊に及ぶフィールド・ノートの蓄積と、ネパールの自然、社会、人間、文化に対する熾烈なばかりの好奇心や愛情がある。

テルさんこと高橋照《あきら》氏（ぼくらのヒマラヤ仲間で高橋さんとか、あきらさんと呼ぶ人はいない。吉沢一郎老くらいの年配の人はテルとか、おテルと呼んだりする）は、現代日本有数のネパール通である。ぽっと出のトレッカーやフィールド・ワーカーや大使館員などの知識では、彼と同じレベルの会話をすることすら難しく、専ら聞き役に回るだけだろう。そもそも、「元手」のかけ方がまるで並の人とはちがうのである。そのことは本書の到るところに如実に示されている。

ビッグ・ホワイト・ピーク（七〇八三メートル）登山は、社会人チームによるヒマラヤ登山の成功例としては、元祖になるといってもよいだろうが、テルさんはその時の隊長であった。一

秘境ムスタン潜入記　一九七九年、東京新聞出版局刊。

高橋　照

一九一四～一九八六年。東京生まれの登山家。家業は神田のボタン問屋。戦前から穂高山群の岩壁登攀を行っていたが、戦後ネパール登山を盛んに行う。一九六二年のビック・ホワイト・ピークへの登山隊を率いて初登に導く。一九七一年にはマナスル西壁登山隊長として、この難ルートの初登

九六二年（昭和37）のことである。それからネパール通いは十数回、年数にすればその間二十年に近い歳月がかかっている。

テルさんの家（彼は神田のボタン問屋のあるじであった）へ行ったことのある人なら、千や二千の単位ではないネパールの山のスチール写真やフィルム、おびただしいフィールド・ノートの量に瞠目したことだろう。

したがって、今回のムスタン行も昨日や今日の簡単な思いつきではない。一九七一年（昭和46）にマナスル西壁登攀というビッグ・イベントを成功に導いたテルさんの次の目標は、ドゥラギリ主峰の柱状南岩稜（サウス・ピラー）の登攀であった。「この地域の民族や習慣、宗教、農業、経済などの知識を得る必要」上、ドゥラ山群一周とムスタン王国入りが好個の標的として設定された。

すでにネパールに深入りしていた観のある著者にとって、単なる登山は物足りないものになっていた。その心境を彼は次のように述懐する。「政府派遣のお目付役に監視されながら、職業ガイドのシェルパに助けられて登る。これらの山は観光資源であり、私達はその中で大金と生命をかけて、スポーツ的冒険心を満足させているだけではないか」という疑念である。八千《メートル》峰へいどむ大登山隊をBCにいて指揮することにも、それなりの喜び、多分プロデューサーとしての喜びがあるにちがいないが、それに満足し切れないテルさんの気持ちはよくわかる。ぼく自身が一つの地域に通いつめるタイプであるから。甚だ困ったことに、そういうタイプの人間にとって、その地域で何か一つでもわからぬことが出てくれば、それを捨ておいて他へ目を向けることはできなくなる。自分のうちに、百科事典的なものが備わらなけ

攀を成功させた。ネパールの人と自然を愛し、晩年は専らネパール通いを続けた。

れば満足できなくなるのだ。これは厄介である。

さて、「ムスタン」のことである。著者によれば、「ムスタン(チベット名はロー・マンタン)」という名は、外国人のつけた英語的な呼称であるという。古くからこの小王国は特異な存在であった。今でもネパール西北部のこの地域は半独立的色彩が強く、住民もそこの文化もチベットそのものといってよい。小チベットと称される所以である。

これまでにこの特異な小王国をつぶさに知った人はいない。本書中でも述べられているが、河口慧海、M・ペイセル、トウィッチ博士、薬草採集を行った伊藤和洋(最近『ネパール』という著書を出版)などごく少数の人たちがかかわりを持つにすぎない。

なかでもペイセルは、ムスタン王城に何日か滞在し、『ムスタン、禁断の王国』(一九六七年)という分厚い本を書いた。近く日本でも翻訳されよう。面白い本だ。このペイセルなる人物だが、CIAとのつながりが云々されている。CIAのヒマラヤ広域での妙な行動は、時に新聞などで暴露される。ここに至って、ヒマラヤは唯一至高の神の座ではなく、妙に生ぐさい『黒いヒマラヤ』(陳舜臣)の舞台となった。この舞台は本書にも詳しく論じられている。特に「風雲児ガイ・ワンディ」(一二一ページ)のくだりなど、一篇のドキュメンタリー小説が書けそうな素材ではないか。とにかくこの本はスリリングである。

今年、テルさんは六十五歳。次には肩のこらぬ楽しい「ネパール夜話」的な本を出して、そのうんちくを傾けてほしい。テルさんでなければ書けぬことがまだまだ沢山ある。

(一九八〇年三月)

山々の四季を抑制した筆致で抒情的に描く

増永迪男『日本海の見える山』

増永さんは、最初の本『霧の谷』（昭和50・北陸通信社刊）のあとがきに「私の山登りは昭和二十二年の白山に始まりますが、昭和四十二年に、アフガニスタンの山に行ってから少し変わったように思います」と記している。恐らく、日本の山、つまり、ふるさとの山のしっとりとした味わいを再確認されたことを意味している。後続の『霧の谷Ⅱ』（昭和51）も、本書もその延長上にあるといってよい。

深田久弥は、かつてヒマラヤ体験ののちに日本の山河の持つ味わいを、「瀟洒なる自然」と規定し、同名の一書をものした。今日、多くの人々が「日本の山を知らずして、何のヒマラヤか」とヒマラヤ登山の流行を批判する。この言葉の持つ意味はよく理解できるが、ヒマラヤを実見した眼《まなこ》に、日本の山々の持つやさしさが際立ったものとしてクローズアップされるのも真実なのである。これは単なる知識ではなく、実感としてとらえられるのである。人は自分にないもの、欠けているものを他に求める。山といえども例外ではない。ヒマラヤの恒雪の輝きと途方もないスケールの氷河、荒々しいむき出しの自然は、日本の自然とは全く

日本海の見える山　一九七九年、北陸通信社刊。

増永迪男

一九三三年〜。福井生まれの登山家。早くから故郷北陸の山々に親しんでいた。長じて広島大学の山岳部で活動、一九六七年、アフガンのヤジュン峰（六〇二四メートル）への登山隊長として成功に導いた。帰国後は日本の山々、特に住地北陸の山々へ四季を通じて足繁く通い、多くの山行記、エッセイを発表。それら

異質なものであり、そこにこそ恐らく永遠に日本人がヒマラヤに魅かれるモメントがある。

深田久弥は、「瀟洒なる自然」を求めて日本のそこかしこの山々を訪れ、多くの紀行を残した。『日本百名山』は後世への最大の贈り物である。増永迪男は「瀟洒なる自然」を自分の生を亨け、現にくらしている福井の山々に求める。彼の歩き、書き記した山々はいわゆる名山ではない。彼が書いた山の中で、名山の部類に入るのは「白山」くらいで、あとは地元の人たち以外にはなじみのうすい山々である。わずかに「荒島岳」や「能郷白山」などが山好きに知られているだけである。

そのひそかに息づく山々の四季を増永さんは極めて抑制した筆致で物語る。そこには清冽な抒情が湛えられている。これが増永さんの文章の基本的なトーンではないかと私は感じている。

本書は、大小十六篇の独立した文章で構成されている。その中で、冒頭の「流れ雪」は七四ページにわたる力作であり、全体の三分の一以上の分量を占めている。本誌（「岳人」一九八〇年二月号）に紹介されているように、広島大山岳部山ノ会会員である著者が、針ノ木で起きた同大の遭難事故の捜査行の顚末を丹念に記録した体裁を取っているが、単なる記録ではなく、それ自体一つの文学作品を意図しているのである。抒情的ともいえる自然描写と「会話」の表現に独特の調子がある。この作品では、それに先立つ増永夫人道子さんの昭和四十九年五月の八ヶ岳での遭難死がオーバーラップされる。私に一番はげしい印象を与えたのは次の箇所である。

「出発の前夜に妻はインドサリーを着て、—記念写真を撮って—といった。青と金の玉

は『霧の谷』など多くの著書にまとめられた。『福井の山150』（一九八九年・ナカニシヤ出版刊）はその集大成。

虫のサリーはアンナプルナ旅行で買ったものだった。その時の妻の表情が普段と違っていた。何かに身構えている、といったらよいだろうか。目が違っていた。そこで私は、よし、という気持になり金屏風を出して、青いサリー姿の妻を、何枚も写真に撮った」

ここの所をよんで、私は何か鬼気迫るといった感じを受けたのであった。

道子夫人といえば、私は一度だけお目にかかったことがある。金沢でのヒンズー・クシュ会議の終わったのち、深田久弥先生の墓参をすませた諏訪多栄蔵さんと私は、福井の増永さん夫妻の書斎を訪れた。壁面を埋める書棚に囲まれた部屋は、よく整頓され、神経が行き届いていた。曽宮一念画伯の大きな油絵が数枚かかっていた。そのうちの一枚は夏雲湧く八ヶ岳を描いたものだったが、何故か、その時夫人のいれてくれた香り高いコーヒーがいつまでも思い起こされる。

夫人の死後、その小説集『日曜日には』（昭和50・青娥書房）が出版された。書中の「ゆずり葉の章」はつとに「文学界」にも転載され、将来を嘱望されていた矢先の死であった。『霧の谷Ⅱ』の中の「カケスの青い羽根」で増永さんは、夫人の遭難の模様を描き、自ら五月末の八ヶ岳杣添川上流で物言わぬ夫人のなきがらに巡り合われたのであった。

本書所収の作品は、すべて夫人歿後のものである。私には、『霧の谷』時代よりも作者の筆力はたくましさを加え、一種のゆとりさえたたえているように思える。今西錦司氏と同行する文章にそのことが表れている。

はなはだ残酷な言い方になるかも知れぬが、作者はひたすら書くことと、日本海の見える山を歩くことで夫人の死をのり越えたのではあるまいか。

（一九八〇年四月）

新たなる体験への予感に胸おどらせ 未知の世界へ

D・マーフィー／中川　弘訳
『シルクロードを全速力――女ひとりの自転車旅行』

シルクロードを全速力
一九七九年、社会思想社刊。

デルヴラ・マーフィー
一九三一年生まれ。アイルランド共和国のウォーターフォド州リスモア出身の旅行家。一九四五年に故郷のウルズラ修道会の学校を卒業。探検、旅行記を読みふけり、しばしば長期間の自転車旅行を試みる。
一九六三年にヨーロッパから長駆してインドへの自転車旅行を行い、そ

とにかく愉快な本である。D・マーフィー女史は、一九三一年にアイルランドに生まれた旅行家であるが、一九六三年正月にイギリスを自転車で出発。ヨーロッパを通って、イラン、アフガン、パキスタンを経てインドへ向かった。丁度半年後の七月七日、ニューデリーへ到着するまでの日々の経験を率直、かつユーモラスに綴っている。

ユーモアのセンスは、心の余裕あるところに生まれる。マーフィー女史の通った国々の大半は回教国だ。いつ、どこででも旅を楽しむことのできる人が、回教圏を旅する有資格者になる。とくに日本人にとって回教圏の文化は異質なものに映ずる場合が多いので、カルチャー・ショックに陥りやすい。カルチャーなどと言えば聞こえはいいが、一種のヒステリックな状態である。夏のパキスタンを遊弋《ゆうよく》していると、登山者の群れに必ず行き当たるが、その中には、この状態の若者が何人もいる。ヒステリーは女性の専売特許ではない。鬱の状態になると宿所のベッドに寝転がっているだけで外へ出ようとしないのである。わがマーフィー女史は、このカルチャー・ショックとは無縁の人である。彼女は、日々新たなる体験への予

47 — D・マーフィー／中川 弘訳『シルクロードを全速力—女ひとりの自転車旅行』

感に胸おどらせて、未知の世界へ身を投ずる。

彼女の旅の伴侶は愛車ロジナンテ号、通称ロズ号である。自動車にあらず、アームストロング・カデット社製の男性用自転車である。自重一七キロのロズ号に彼女は約一五キロの装備をのせた。そのリストが巻末にある。よく考え抜かれたリストの中には、〇・二五口径自動拳銃まで入っていた。こいつは、東欧のある山地でオオカミならぬ野犬の群れにおそわれた時に火を噴いた。また、イランのアゼルバイジャン地方で、そこの警官に迫られた時、役立った。彼女はこう書いている。「私はポケットに拳銃をしのばせ、ここで発表したら困るようなやり方で、彼を一瞬たじろがせた。彼がひるんだすきに、それまで床の上に置いてあった彼のズボンをわしづかみにして部屋の途中まで逃げ、鍵を探しだし、ドアの錠をはずした」とある。

さて、ロズ号は八〇年来の寒波のさなか、ダンケルクから七一五二キロ彼方のペシャワールを目がけ走り出した。一〇歳の誕生祝いに自転車と地図を贈ってもらった時に決心した自転車によるインド旅行の大望が、二十一年後に実現するわけである。

冒頭のヨーロッパ、中近東の部分は、ごく簡単に記述してあり、「三月二十六日テヘラン」の部分から日記風なスタイルで毎日の出来事が記される。「回教徒の宗教上の義務の一つに、キリスト教徒の場合と同様に、貧者への施しがある。ぼう大な数の回教徒は、宗派を問わず、その財力に応じて一様にこの義務を実行している。回教国の市民が気前よく同胞を扶養しているのは、〈福祉国家〉の納税市民の場合とまったく同様である」などという記述もある。

四月九日にアフガンへ入る。ヘラートでの感想。「アフガン人は、自己表現をしないイラ

の長旅の経験を『シルクロードを全速力』で著し、好評を得た。他にチベット難民との交流を描いた『チベットへの足がかり』などがある。

ン人とくらべると、大変はっきりとした個性の国民というのが、私のうけた印象である。私の知りあった人たちは、だれも強い個性の持ち主である」これはパキスタン人も同じようだ。もっとも北西辺境はパターン人の住地だから、彼らは両国にまたがって住んでいるわけだが。

四月の下旬、カブールからバーミアンへ入る時、シバル峠へ登った。勿論、ロズ号で。「今までの暖かい肥沃な渓谷から、見るからにひややかなすばらしい雪線へと、次第に高く登るには、それだけの価値があった。ヒンズークシュの高峰がまわりの地平線上に群がっている。その峰々の頂に神々が住んでいると信じている人々がいるが、今私にもその理由がわかるような気がした」

五月十一日パキスタン入り。六月はギルギットで過ごし、騎馬による旅を楽しんだりしている。ここでの見聞は、山岳旅行者にも充分参考になる。

七月初め、彼女はニューデリーへ行き、熱暑の続く七月から十一月までをチベット難民のキャンプで奉仕活動をすることにしたところでこの旅行記は終わる。

中川弘氏の翻訳は滑らかで快調。ただ地名表記に不安な所が散見する。頻出するスワトーはスワートが正しい。また、ムレー（Muree）はマリーとすべきだ。バター（Butter）をブターとはいわないように。

われわれ山岳宗徒はピークにばかり目を向けるが、「文明のひ弱な羽毛をかなぐりすて、大地を素足で踏みしめる」（R・L・スティヴンスン）心地よさを、この本は教えてくれる。

（一九八〇年五月）

ケレン味のない素直な名文で日本近代登山の青春を綴る

三田幸夫『わが登高行』（上巻）

登山の生活半世紀をこえる三田さんの、山に関する文章を総覧するにふさわしい重厚な本が出ている。題して『わが登高行』。「登高行」は、三田さんを育んで来た慶応義塾大学山岳部の機関誌の名でもある。

本書は慶大山岳部を中心とした積雪期登山の記録、戦前の画期的な海外登山の記録であるアルバータ登攀にかかわるいくつかの文章、さらにもう一つの柱となる著者のヒマラヤとの馴れそめ、ロータン峠や、シッキムへの紀行、この三つで構成される。

かつて、山岳書の古典と称えられた三田さんの『山なみはるかに』（昭和29・白水社刊）からも、「マウント・アルバータ遠征記」、「冬のロータン峠とクル渓谷その他」等十編が採られているが、すでに二十五年前に出版された本なので、本書で初めて読む人も多かろう。これらの文章は、三田さんのアンソロジーから省くわけにはいかぬ重要な文章だ。

本書の第一部は「青春の山々」と題されている。巻頭の「僕の少年時代」は、本書のための書き下ろしで、横浜に生まれ育った著者の気質、気風を知る上で重要な文章である。特に

わが登高行（上巻）一九七九年、茗溪堂刊。

三田幸夫

一九〇〇～一九九一年。横浜生まれの登山家。慶応大経済学部卒。槇有恒の後輩、同大学山岳部の創設期のメンバーとして、槇の補佐役として長く活躍した。第十一代日本山岳会々長をつとめ、一九五三年の第一次マナスル登山隊々長。戦前の山行、一九二三年の槇と板倉勝宣と同行した立山の厳冬期登山に於いては、板倉

神中（横浜一中）時代の回顧は興味深い。進歩的な面があったこの中学が、「名著『日本山水論』を著わした小島烏水氏、あるいは隠れた探検家等をよんで少年の冒険心を湧かせてくれたこともあった」と記している。

「春雪の立山と劔岳」や「涸沢の岩小舎を中心としての穂高連峰」も、日本の近代登山史を考える上で忘れることの出来ない大切な文章だが、圧巻は、大正十二年一月の立山、松尾峠へのスキー登山での遭難をかえりみた一文「松尾坂の不思議な幻影を思い返して」であろう。死に瀕している僚友板倉勝宣をリーダーの槇にゆだねて、松尾峠から立山温泉へ救援を求めにスキーを走らせた時に不思議な体験や幻影に悩まされながら、やっと立山温泉の近くへたどりついた時にことを三田幸夫は次のように記している。

「私は一番下に着ている上衣の内かくしから手帖をとり出した。手帖の面は見えなかったが、非常に努力をして手帖へ鉛筆を走らせた。（中略）後になってその手帖面には、『自分は死の世界にいるのか生の世界にいるのかわからぬ。煉瓦の建物によって行手を遮られてしまった。槇さんと、板倉とは松尾の上部ですでに凍死しているだろう』と、文字は滅茶苦茶でその上へ上へと書き重ねてあった」。

同行の槇有恒の『山行』にこの立山弥陀ヶ原行の詳細な記録があり、ともに充分知られている文章だが、痛切な青春の山を描いて忘れられない記録である。登山者個人の青春の苦しみと、日本近代登山の青春とが出会った稀な例となっているからである。

第二部は「アルバータ遠征」と題して五編の文章を収めた。冒頭の「マウント・アルバータ遠征記」は七〇ページを占め、当時の写真やスケッチも貴重なもの。文末の、アルバータ山頂

の遭難に際し、立山温泉へ救助を求めて下山した時の幻影を記した文章は有名である。『山なみはるかに』（一九五四年・白水社刊）以来、滋味あふれる随筆が多い。

に残した細川護立のピッケルを巡るJ・オバーンら（第二登）との後日譚が面白い。

第三部は、「インド時代とその回想」。十五編の文章が入っている。冬のロータン・パスやクルのこと、ダージリンの生活やシッキム行、シンガポール滞在時代のオフィア登山のことなどとりどりに面白い。

三田さんは、戦前にヒマラヤ山地のバンガロー生活を楽しんだ数少ない一人だ。現代のトレッカーは余りこうした生活の面白味を知らないようだが、ヒマラヤの各山域で、三田さんの時代とそれほど変わらない軽快な山岳旅行が工夫次第で実現可能なのだ。私自身の経験でもパキスタンのスワート山地、マリー高地などでしばしば十日くらいの小旅行が楽しめた。朝夕、暖炉のそばのソファでパイプやウイスキーを楽しみつつ、ヒマラヤ杉の樹林の彼方に恒雪の山々を眺める気分は、ちょっといいものだ。私はパキスタン北西辺境の友人と小屋から小屋へ泊まり歩いたが、これらの小屋は森林局が清潔に管理していた。

三田さんの文章は、ケレン味のない素直な名文である。そこには、槇有恒（明治27・一八九四年生）、大島亮吉（明治32・一八九九年生）、三田幸夫（明治33・一九〇〇年生）と続くほぼ時代を同じくする者に共通する何かが流れている。

（一九八〇年六月）

O・ラティモア夫妻の新婚旅行を妻のエリノアが綴った中国辺境の記録

E・ラティモア／原もと子訳

『トルキスタンの再会』

むかし、深田久弥さんは、「ヒマラヤを志す学生諸君へ」（『雲の上の道』所収、昭和34・新潮社刊）という文章の中で、山好きの若者たちに三つの忠告を与えた。

即ち、第一に、一流会社や中央官庁に就職するな。第二に現地語を学習せよ。さいごに、一番むずかしい注文かも知れないが、として、「佳人を娶ってはならない」とされた。愛妻を得ると、ヒマラヤ山中のでもその身の上が気にかかり、帰国に心が急がれるからだという。

昨今、結婚式の費用も高騰した。「佳人を娶る」儀式に、ヒマラヤへ三度や四度私だったら行ってこられるくらいの金額を、若いカップルは平気で支出してしまうらしい。

そんな無駄遣いをするくらいなら、山好きのカップルは、いっそ一か月、いや三週間でもヒマラヤン・ハネムーンを楽しんできたらいいのにと思うことがある。

さて、長い前置きだったが、今月とり上げた『トルキスタンの再会』は、五十年ばかり昔のスケールの大きな新婚旅行の記録である。

トルキスタンの再会（東洋文庫）一九七九年、平凡社刊。

エリノア・ラティモア
一八九五～一九七〇年。アメリカ、イリノイ州のエヴァンストン（シカゴ近郊）に生まれた。父はノースウェスタン大学教授（数学）で黒人教育に熱心だった。

エレノアは父の在職していた大学を卒業してから、教師として働いていたが、第一次大戦中にYWCA運動に加わり、野シベリア、トルキスタン各地、カラコルム山系の大きな峠をいくつか越えて、レーまで下ったアメリカ人O・ラティモア夫妻の若き日の感傷旅行《センチメンタルジャーニー》を妻のエリノアが綴ったユニークな記録である。

無論、夫のオウエンもこの経験を『トルキスタンへの砂漠の道』や『高地ダッタン』につぶさに記した。

書名でいう「再会」の意味は、全行程を夫妻が同行したわけではなく、中国の内戦（北伐）という困難な状況下で、旅の前半は別行動をとったことをいう。妻はシベリア鉄道と馬橇《ばそり》の旅で、夫はモンゴルから新疆《シンチャン》へのキャラバンルートをとり、二月二十三日、中国西北辺境の町チュグチャク（塔城）で二人は落ち合う。約六か月ぶりの「再会」なのであった。以後約半年間のハネムーンが始まるわけである。

後に大モンゴル学者となったオウエン・ラティモア教授は生涯にいく度もおそわれた人生の危機をエリノアの勇気や献身によって救われた。本書（東洋文庫版）へ寄せた教授の序文に妻エリノアの横顔を次のように記している。「エリノアのもっとも重要な特性は、ウーマン・リブが流行のスローガンになるよりはるか以前に、彼女が自由な女性《フリーウーマン》であったことだ、と私は思う。彼女は『解放された女性《リベレーテッドウーマン》』ではなく、自由な女性であった」

さて、夫との再会の地、チュグチャックへ近づき、エリノアは次のような感懐をもらす。

「チュグチャックのことを、私がいつも『旅路の終わり』と考えてきたのはばかげた話でした。ほんとうはこれが旅の始まりでしかないのに。（中略）でもかつて白人の女が行ったことのないこんどの私たちの旅行計画さえも、もはや『女の独り旅』ではないのだ、

外活動を組織、訓練に従事し、自らも有能な旅行家となり、自立した女性となった。

一九二五年、中国滞在中にオーエン・ラティモアと結婚し、新婚旅行として中国領トルキスタンを選び、北から新疆地方中西部を横断し、カラコルム峠を越えてインドのレーへ出た。この長い旅を綴ったのが、『トルキスタンの再会』（一九三四年）である。

第二次大戦後、アメリカをおおったマッカーシズム（いわゆる赤狩り）の嵐の中で、夫を支え続けた。なお、夫のラティモアの著書の中には、彼女の寄稿文も収められていることが多い。

と思うと、ほんとうに何でもないことのように見えてくるのです」

家僕モーゼ（本名李宝樹《リーバオシュ》）に先導された二人の旅は、「私たちはさすらい人のように旅をしたいのです。できるだけ簡素に人目に立たないように、生活物資はできる限り『現地調達《オフザカントリー》』して、土地の人たちのするとおりに暮らしながらこの地方を歩きまわりたいのです」という心構えで彼等は騎馬旅行を続けるのである。

天山山脈では、テケス（特克斯）渓谷で遊牧民カザフ人の幕舎《ユルト》を訪れ、そこの生活を詳しく述べている。その後、オウエンの乗馬イスカンダーの死に遭い傷心したが、七月二十一日に砂漠を越える十五日間の苦しい旅のすえ、「全中央アジアで最も開けた文明のオアシス」カシュガルへ到着。ここで二週間、インドへの旅の準備を整える。

ヤルカンドからレーへ至るカラコルム・ルートは約一か月かかる嶮しい峠越えのルートで、峠のうち五つは一六〇〇〇呎《フィート》（約四八七〇米《メートル》）を越える。五大峠の最後の峠ハルドング（約五三〇〇米《メートル》）を越えれば、英領インド、ラダクの地である。

レーまで下ればもうこの旅は終わりである。そこには各国から来た観光客さえいた。結びに曰く、「私たちの継ぎはぎだらけの小さなテントを見て、いったいどこからいらしたのですか、とたずねました。でも、彼らはとても私たちの返事を信じはしませんでした。『北京《ペキン》から』と、答えたときに」。

中国辺境の紀行では本書の面白さは抜群である。一読をすすめたい。　（一九八〇年七月）

中央アジアの探検家が見つめる やさしい眼差しと温もり

スウェン・ヘディン／金子民雄訳『ヘディン素描集』

本書は中央アジアの探検家として、最大の存在であったスウェン・ヘディンの生誕百年を記念して、一九六四年(昭和39)にスウェーデンで出版された画集の日本語版である。編者のヨータス・モンテルは、訳者の金子氏によれば、「ヘディンの遺言で一切をまかされた門下」であるという。

本書の出版によって、ヘディンの作品の出るべきものは、すべて出版された観が深い。あとは、どこかの篤志家が、私財をなげうって、数十巻にのぼるエネルギーの塊のようなヘディンの学術探検の成果を出版することであろう。それから、彼の書簡集も出版されてよいものの一つだと思う。

ヘディンの著書の多くは、写真とスケッチが併用されている。この点が、彼のライバル的存在であったもう一人の中ア探検の大立物、M・A・スタインの著書との違いである。

ヘディンが何故にスケッチを多用したか、いや多用せねばならなかったのかご存知だろうか。

ヘディン素描画集　一九八〇年、白水社刊。

スウェン・ヘディン　一八六五〜一九六二年。スウェーデンの生んだ世界的な中央アジア探検家。地理学者。F・リヒトホーフェンに師事した。一八九三〜九七年にかけて第一回中央アジア探検し、タクラマカン砂漠を横断した。第二回（一八九九〜一九〇二年）はゴビ砂漠を横断して、チベットを経てタリム川とロプ・ノール（湖）の地形を明それは、写真の乾板を節約しなければならぬ苦肉の策でもあったのだ。もっとも、「私はずっと幼いころから、絵を描くことに非常なよろこびを見出していた。私の父はすばらしい製図家で、たのしい水彩画を描いた人であったが……」（序章）と記しているヘディンである。生涯に描いた四千枚にのぼるといわれる（金子氏のあとがきによる）スケッチは、困難な旅を克服する毎日の楽しみでもあったのだ。

本書の前半はヘディン自身の解説文で、後半はスケッチという構成である。読者には常にその両方を見くらべる楽しみもある。

初めの方に出てくる数枚の絵は、まだ十代の半ばに描いたもので、ジュール・ヴェルヌの『海底二万マイル』のある場面に取材している。私は、はじめに解説を参照しないで、パラパラとページを繰っていたので、SF小説の挿画かと思った。

少年の頃に描いた地図も入ってる。この探検家は年少にして、すでに後年進むべき道をかぎ取っていたらしい。「一八八一年の十六歳の年に私は世界地図を描き始め、二年後に数百図の六巻からなる大冊を完成させた」とある。

一八八五年八月、彼はロシア領のバクーへ出かけた。「この長い鉄道の旅は、すっかり待ちくたびれていた私のスケッチ・ブックに初陣の機会を与えてくれるものだった。私が人生でスケッチを始めたのは、実にこのときからである」と述懐している。そのスケッチ(11)～(14)図あたりは、まだ大したものではない。だが、翌年のペルシャ旅行のスケッチ、特にペルセポリスの廃墟で描いたダリウス王の浮き彫りなどは出来がいい。

一八九三年、ヘディンはオルレンブルグからパミールを経て、ロプ・ノールへ入り、北シ

らかにした。多くの紀行書をはじめ、尨大な量の学術報告書を出版。スケッチにも秀れ、自著の多くに挿画として使用。

ナを横断し北京へ抜ける大旅行を敢行した。この画集でも目につく秀作〈タシュクルガンのシナ人司令官〉（48図）はこの旅中の収穫である。

ヘディンは、廃墟や建物よりも、「人間こそはこの地上で見られるもののうちで、もっともすばらしいものなのである」と語っているが、この画集のうち、大多数は、タジック人、キルギス人、チベット人、中国人、ペルシャ人などの男女の肖像やスケッチである。このアジアの高地人たちの風ぼうに、われわれがそれぞれの知友の面かげをなぞられることができるのも、中央アジアに寄せる日本人の格別な親しみ方のあらわれである。恐らくヨーロッパ人には、こんな親しみ方は縁がないだろう。

写真には、何でも克明に写し取ってしまう一種のおどろおどろしさがあるが、そこへ行くとこの素描集には、手仕事がかもし出す特有の温もりや、対象を見つめるヘディンの眼差しのやさしさが感ぜられる。六八〇〇円は気軽に手が出せる値段ではないが、紙質、印刷、内容、とも文句のつけようのない立派な本だ。

（一九八〇年八月）

ユニークな視点で新しい登山史に取り組んだ労作

斎藤一男『岩と人——日本岩壁登攀史』

「世界はいま大転換期の只中にある」という認識は、なにもハーマン・カーンの専売特許ではない。登山の世界とて、その「転換期」を避けられぬさだめにあるようだ。その巡り巡って行き着く先はどこで、そこには何があるのか。「明日できることは明日やればよい」をモットーにするチトラール高地人に共感している私の眼に遠い先のことなど見えようはずがない。

しかし、そのおぼろげな眼《まなこ》にすら八〇年代は、登山の世界でも大きなターニング・ポイントを迎えるのではないかという予感がする。この予感は悪いものではない。なにやら明るさを伴っているような気もする。広義のヒマラヤに例をとれば、外的な要素として、中国での登山解禁やネパールの登山許可範囲の拡大。内発的には、カラコルム登山に端的に見られるアルパイン・スタイルによる登攀方式の定着。わが国では、一言でいえば、より純粋な、より自由な登攀への志向が、私にそうした予感をもたらす。

さきに瓜生卓造氏は、『日本山岳文学史』（二二三～二二五ページ参照）で「山と文学と人」の関わ

岩と人——日本岸壁登攀史　一九八〇年、東京新聞出版局刊。

斎藤一男

一九二五年～。東京生まれの登山家。山岳同志会を創立し、多くの秀れた後身を育成した。日本山書の会やＲＣＣⅡの設立にも深くかかわり、多くの山岳書を出版している。登山思潮の変遷にも詳しく、その方面での立論も多い。

りを文学者の側から立論した、今、この本で、斎藤氏は「岩壁登攀史」というユニークな視点で新しい登山史に取り組んだ。ともに厖大な資料の山との格闘を必要とする力わざである。ご両人とも、八〇年代がやってくるという思いが胸の底にあったはずである。

このユニークな登山史、『岩と人』は次のような内容で構成されている。「クライマーの系譜」（序章）、「学校山岳部の全盛」（第一章）、「社会人たちの活躍」（第二章）、「より困難を求めて」（第三章）、「見果てぬ夢をいだいて」（第四章）。

第一章では、藤木九三、板倉勝宣、大島亮吉その他の先駆者の軌跡を追っているが、有名な登山家ばかりでなく、四高山岳部の藤田喜衛といったほとんど一般には知られていないクライマーにも筆を割く。著者の文献博捜には定評があるが、その熱意の一端が伺われる。またこの章には、「学校山岳部」による積雪期登山やヒマラヤ志向への始動が語られている。

ただこの部分で、極地法について、「ヒマラヤ遠征のための高度順化問題についていささか重点が置かれ」と記しているが、これは誤りであろう。極地法は高度順化のためというより、積雪期のトランス・ポーテション（荷上げ）の問題が、ほとんどその全てであったからだ。

第二、三章は、本書の中でも充実している。前者は著者の若い時代と同じ時期の出来事であるためか、生気がある。ここで語られている谷川岳や北岳の登攀報告は著者自身にも身近なものであったろうし、RCCⅡ創設期に起こった数々のエピソードにも、時代の証言としての価値がある。

第四章即ち、最終章は本書の意図である「岩登りを軸とした発達と展望」（あとがき）のうち「展望」にあたる部分だが、迫力がもう一歩不足しているようだ。この部分で、著者は近年のエベレスト登攀などを中心としているのだが、内容が一般にもよく知られていることなので書き方が難しい。ヒマラヤ登山にまで事柄を拡散しない方が、よかったのでないかと思われる。国内のところで、ピシャリと止めておく方が、はるかに密度の濃い内容になったと思う。

文章については、人名の前の形容として重鎮、巨匠、逸材、奇才、エースという言葉が頻出することが気になった。また、張り扇調の文体で語る箇所もかなり目についた。「後立山一帯の積雪期登攀が登山者の蝟集によって殷賑の度を高め、猫も杓子もヒマラヤへの夢に酔いしれている頃、（中略）汚濁と虚飾に満ちた人の世から隔絶していたのは、鹿島槍荒沢奥壁であった」というような調子の文体は、却ってマイナスだったのではないか。

現在を的確に把え、論ずるのは難しい。アメーバーの動きのように把えどころがないから。山の世界も似たところがあるようだ。この労多い仕事に敢えて踏み込んだ著者の企てに私は敬意と同情を捧げる。

（一九八〇年九月）

歌と画業と山歩き、著者の第三歌集

加藤淘綾歌集『山岳頌』

加藤淘綾《とうりょう》さんは、島木赤彦、斎藤茂吉に師事した古くからのアララギの歌詠みである。本業は安田靭彦門の日本画家で、何十年間も山を描き続けて来た。本格的な山歩きは五十歳を越えてからのことであり「二十余年を高山を歩き、スケッチすることも出来たのは、思えば何ともよい人生だったと感謝して居る」（後記）とある通り、歌と画業と山歩きは淘綾さんの生活の全てを形成する要素である。

本歌集は『霧苔』、『雪線』に次ぐ第三歌集で、千百二十一首（昭和36〜50）という大部な作品群が収められている。山岳書マニアであれば、画文集『山海畫帖』、『信濃畫帖』の著者ということも記憶していよう。

淘綾さんは山村民俗の会々員でもあり『岳人』誌上でもその方面の文章（向山雅重さんや岩科小一郎さんらの執筆したもの）に挿画を時々発表された。森本次男が亡くなった時、次のような追悼歌を作っている。

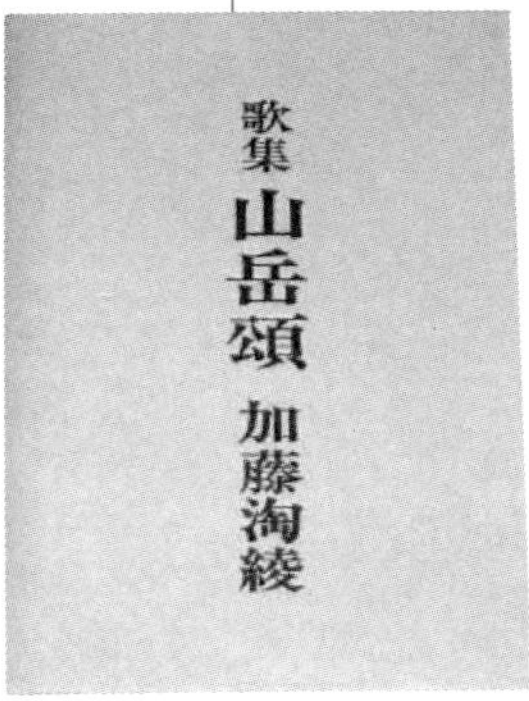

山岳頌　一九八〇年、白玉書房刊。

加藤淘綾
一九〇〇〜一九八七年。神奈川県大磯生まれの日本画家。安田靫彦門下。五十歳前後から北アルプスの双六小屋をベースに長期間にわたったって滞在して多くの山岳画を残した。歌集に『霧苔』（一九四三年・八雲書林刊）『雪線』（一九六二年・白玉書房刊）がある。画文集『信濃画帖』、『山海画帖』が白玉書房から刊行されている。

○山の友にただ一人うへの君逝きて心はさびし昨日も今日も
○山に旅に楽しみ老いて独《ひと》りなりし君をおもへば菅江真澄にかも似る

二つの歌の下句は、いずれも万葉集の応用である。調べがそうなのだ。前に引いたように、作者は五十歳をすぎてから「高山」に登るようになった。北アルプスの槍、穂高の山塊、双六岳周辺、剣岳周辺は春夏秋冬くり返し登っている。殊に双六岳から穂高連峰の眺望や双六小屋の小池義清老の人柄に親しむこと深く、次の作がある。

○去年《こぞ》よりは石高く荒れたる秩父沢危ふく渡りひとり息吐く
○義清君六十九歳我七十二歳なほ健やかに山に会はむよ
○水上谷の雲をへだてて野口五郎黒部五郎の山相むかふ

書中に挿入された「穂高連峰朝景」と題する絵は、双六岳頂上から描いたもので、克明、端正な画風は短歌の作風と通い合う清潔さがある。

作者にとって山は生活の場そのものであった。四季の変化によって異なる表情を見せる山、一刻一刻移りゆく自然、点綴される山草や鳥や動物たち。長い歳月にわたり、山の表情を凝視し続けて来た画家の鋭い眼は、山の細部

『山岳頌』の見返し・著者画
「雲間の代馬」

の美しさを見逃していない。

○奥穂高のひろき雪ひだかげもちて夕づくに心せきて描《か》きつぐ
○大喰《おほばみ》より槍につらなる雪の線清しくて引く画紙の端まで
○唐沢槍のくろき巌《いはほ》をまく雲より散り来る雪かわが画紙の上
○霞沢の聳立つ岩壁《いはかべ》に湧き消ゆる雲描きつつ夕の刻《とき》惜し
○高き谷より押出しし雪われは踏む人のあとなき清し雪の上
○平かに雲海の層照りそむる月夜のはてに越《こし》の山なみ
○窓の夜霧にうかぶわが影ブロッケンの怪と立ち居り光輪もちて
○わが対《むか》ふもみづる山の高き崩所《くえど》石落としつつ猿わたりゆく
○子が描きしなんきんこざくらちんぐるま筆幼きに膠引きやる
○雷鳥沢のこごしき登るわが後《あと》に子は汗もなくただにつき来る

右に引いた作品に淘綾さんの歌風の持ついくつかの特徴がよく窺うよう。終わりの二首は娘さんと同行の中の作で、きびしい作品群の中にあって、ほのぼのとした感じの歌である。

少年期から青年期にかけて、いっぱしの歌よみ気どりでいた私は、二十歳頃にはアララギ学生会などというものを仲間と作って、歌は人事か社会を詠み込んだものでなければつまらぬと広言していた。そんなある時、月例の歌

『山岳頌』の口絵・著者画
「穂高連峯朝景　於双六岳頂上」

評会（アララギでは歌会《かかい》という）で、出てくる歌を「陳腐」、「月並み」、「新鮮味なし」とやっつけて得意でいると、土屋文明先生に「きみ、そんなきびしいことばかり言っていたら誰も歌など作らなくなってしまうぞ」とやんわり喩されたことがあった。きびしく自己を鍛えて行った赤彦に師事していた淘綾さんの若い頃も歌会の雰囲気は似たようなものだったのかもしれない。若者にとっては真剣勝負の場だった。終わりに先駆者ウェストン師を偲ぶ作を二首あげてこの稿を閉じよう。

○老いて日本を去るウェストンこの峠に穂高仰ぎつつ涙せしとぞ
○ウェストン蚤になやみし杣小屋のいづべぞ八十年前のこの道

（一九八〇年一〇月）

K2隊総指揮者の自伝的回想録

吉沢一郎『山へ　わが登高記』

山へ　わが登高記　一九八〇年、文藝春秋社刊。

吉沢一郎
　一九〇三～一九九八年。東京銀座生まれの登山家。東京商大山岳部で活発な山行を行い、一九二七年三月、平から室堂へのスキー横断、一九二八年八月の立山川東大谷から剣岳登頂などのほか、多くの記録を残した。海外山岳文献に詳しく、ヒマラヤ、アンデスへの遠征登山希望者の知恵袋として親しまれた。

デリーから、パキスタンのラホールへ行く飛行機のあまりにボロなのに驚く。フォッカーのプロペラ機で、ゴキブリが床を走りまわっている。ラホールへ着き、空港でピンディへ行く便を待つ。何たる偶然か、チトーラルのブルハーンさんがいる。なお驚いたことには、K2隊の総指揮、ミスター・ヨシザワがピンディ・クラブでブルハーンさんと同宿中だという。これは行かざるべからず。江戸のご無沙汰をピンディで……というわけである。

　常宿ミセス・デーヴィス・ホテルにひと落ち着きしたところで、近くのピンディ・クラブの吉沢さんを訪ねる。口髭もあご鬚もすっかり真白になり伸びたまま、体もなんだかずい分小さくなってしまったようだ。七十三歳という年齢で、K2のベースに一か月近くいたのだから無理もない。体重は四〇キロを割ってしまったという。克明なバルトロ日記を手に、私の友人でもある隊員たちの近況を話してくれる。「キミ、ああいう大変な所で暮らすと、その人間の持っている性格が明らかさまに出ちゃうもんだね。ボクは、氷河の中で毎日、この日記に克明に何でも書いておいた。この手帳をそのまま印刷したら、みんなびっくりしちゃうだろうな」とギョッとするようなことをおっしゃる。一九七七年（昭和52）八月五日、夕方の話である。

むかし流にいうと七十七翁になる吉沢さんの「自伝的回想録」が、文藝春秋社から刊行された。本邦岳人による回想録といえば、武田久吉『明治の山旅』、田部重治『わが山旅五十年』、槇有恒『わたしの山旅』、三田幸夫『わが登高行』（四九ページ参照）などがまず思い起こされるが、今回の吉沢さんの新著は、さきに挙げた人達の回想録とは趣を異にする。前述の人々の著作が、文学的香気や文章の格調を重要なポイントとしているのに対して、吉沢さんの文章は、無造作に物事の核心だけをつかみ出したという趣である。

ものにとらわれない人柄や人生がその文章にもよく表れている。よくも、わるくもこの点が吉沢さんの持っている個性なのである。

吉沢さんは、いまの日本で、外国の山岳文献を実際に読んでいることにかけて、第一人者だ。熾烈な知識欲が、この人の若さを今日まで支えている。私は吉沢さんから、ずい分ヒマラヤの本や論文を頂戴したり、借覧したが、要所要所に適切なアンダーラインが施してあった。

しかも、高価なヒマラヤ古典にじかに赤鉛筆やボールペンで記入しているのだ。いろいろな意味でふっきれた人というものが私の受けた大きな印象である。

本の冒頭の章は「K２への道」である。ピンディで吉沢さんと過ごした三日の間に聞いたことがだいぶ出てくる。アルファベットの頭文字でしか人名が示されていないが、メンバー

一九六一年、一橋大ペルー・アンデス隊、一九七七年、日本K２登山隊総指揮として、登頂を成功に導いた。著書『北の山南の山』（一九四〇年、三省堂刊）など多数。

の誰に該当するか、考えながら読んでみると面白い。K2のBCへ著者を迎えた隊員の一人が「『来たの――』といったきりだった。たの字にアクセントのあったのが妙に印象に残っている」と記したあたりには、かなりのニュアンスがこめられているのだが。

本書で特に面白いくだりは「家族でもびっくりするような腕白時代」（あとがき）から、「商大山岳部」で活躍する章や「谷を歩く」と題して、剣岳東大谷初登攀を記したあたりで、私たちの断片的にしか知らなかったことがヴィヴィッドに語られている。小谷部全助や望月達夫さんの若き日の姿が活写されているのが、私には興味深かった。

また、若いころスキーに熱中して、ハンネス・シュナイダーの映画を何度も見に行ったというくだりでは、今の吉沢さんからは全く想像もつかず、著者から「恋愛論」でも聞くような不思議な感じにとらわれた。

思えば、吉沢さんの人生は、実業界の第一線で活躍した多くの友人、知己に支えられ、好きなことが思う存分できた、うらやましいような人生である。

まことにグッド・オールド・デイという観が深い。そのゆとりを許さない現代とは何と不幸な時代なのだろうか。

（一九八〇年一一月）

［追記］吉沢さんの歿後、氏の蔵書は一括して関係の深かった山と渓谷社に寄託されていたが、そのうちの日本語の山岳書（雑誌を含む）は、二〇〇二年にA・カータ氏を通じて、アメリカ山岳会へ寄贈された。残る外国語の山岳文献、約二千点は、富山県の「立山博物館」に収蔵される見込みである。同館にはすでに、諏訪多栄蔵氏の蔵書が収められている。

未知の高峰を登るような情熱を傾けた日本人による初めてのアルプス山岳風景画論

近藤 等『アルプスを描いた画家たち』

先日、ある会で近藤先生にお目にかかった。その声をお聞きしたのは、一九六八年（昭和43）の九月、香港・九竜のペニンスラ・ホテルのロビーで接して以来のことなので、先生のあずかり知らぬこととはいえ、すでに十三年たっている（二六～二八ページ参照）。

今夏のアルプスの様子をうかがうと、風雪にたたかれ、「もう駄目ですね。膝がガクガクでしたよ」と言う。

さわやかな語り口と青年の如き風貌は昔と変わっていないが、もうすぐ還暦を迎えるのである。

アルプスを描いた画家たち 一九八〇年、東京新聞出版局刊。

近藤 等 二六ページ参照。

本書は、日本人による初めての、「アルプス山岳風景画」の展望である。著者も「アルプスと文学の関係を調べる以上に苦労したのは、わたしがたとえ美術好きでも、この分野では素人であることに加えて、資料がまったく不足していることだった」（あとがき）と述懐しているように、気骨の折れる仕事だったにちがいないが、「未知の高峰を登るような情熱を傾

69 — 近藤　等『アルプスを描いた画家たち』

け」て、新しい境地を拓くことに成功している。

　本書のテーマである「アルプス山岳画通史」を書くためには、二つの不可欠な条件がある。ひとつは、アルプスをよく知っていること、できれば登攀者として、高峻な山々の実況に接していることであり、もうひとつは、実際の作品そのものを数多く見ていることである。

　著者は、この二つの条件を兼ね備えた最適任者であった。恐らく二十年を越えるアルプス行脚と美術館通いが、本書を成立させた原動力となっていよう。

　本書は十六章から成るが、そのうち、はじめの四章は、山自体が絵画の中で主役ではなく、背景たるにとどまっていた中世からルネッサンス期を扱っている。

　古代ギリシャ人やローマ人にとって、山々は敵意の対象であり、人間にとって、とても親しい存在たり得なかった。

　中世に至って山と宗教が結びつき、山は宗教画の背景装飾として姿を現す。中国の山水画論とのかかわりから、著者が「山についての美学的な概念の発祥地は、ヨーロッパではなく、東洋であった」と指摘しているのは、興味深い。

　斎藤茂吉は、自己の文学の立脚するところを、「短歌写生説」として確立したが、その際「写生」という言葉をヨーロッパ風の「スケッチ」とせずに「生命」を「写す」こととした。その最大の拠りどころを茂吉は中国山水画論中の「写生」の用例に求めて悪戦苦闘したのであった。

　ダ・ヴィンチの山を「ドロミテ地方のさまざまの岩峰から受けた印象の結晶として誕生し

た架空の山だ」とする著者の指摘は、実地を踏んだ人の言として鋭い。

第三章では、「平野ばかりを見慣れていたフランドルとオランダの画家」がなぜアルプスを描いたかに言及する。その最大の存在が、ブリューゲルである。

第七章「十九世紀スイスの山岳画家たち」、第八章ではイギリスの画家たち、とくにターナーを詳しく論じている。第十章、十一章ではクールベ、コロー、モネなどにも言及し、印象派の巨匠セザンヌの「サント・ヴィクトワール山」の連作を分析した。

本書中の圧巻は、第十二章のセガンティーニと第十四章のホドラーによる新しい山岳風景画の創造の項であろう。ホドラーの作品は二千点以上のキャンバス画と一五〇〇以上の素描がのこされているという。数年前には、ホドラー展が東京で開かれ、その片鱗を知ることができた。

最後に或る書の挿話を紹介しよう。

名著『山に開く窓』や『山の千一夜』で知られる勝見勝氏は戦時中にアルプス絵画についての大冊を完成し印刷が終わったところを空襲のため焼失。わずか一部を印刷工が持ち出したという。何とかこの幻の書を見たいものだ。

（一九八〇年一二月）

1981

地方的な存在にとどまっていた山域も同じ土俵にのせたユニークなガイド・ブック

日本登山大系 『槍ヶ岳・穂高岳』『北海道・東北の山』『谷川岳』

日本登山体系（全一〇巻）一九八〇〜八一年、白水社刊。

W・ハズリットは、「私は新刊書を読むのが大きらいである」と本屋さん泣かせの箴言を吐いている。英国十八世紀の文芸批評家が、新刊につぐ新刊、創刊につぐ創刊といった現代日本の出版ラッシュを知ったら何と言ったろうか。

千坂正郎さんによると、知的生活者の読書生活には、八〇〇冊の枠があれば充分であり、山岳愛好者には、そのうち五〇〇冊が山岳書のために与えられた枠だという（「山と知的生活」岳人・一九八〇年二月号参照）。

目下刊行中の『日本登山大系』（全一〇巻）は徹底した編集方針——日本全国に存在する岩場、沢、冬期尾根数千にのぼるバリエーション・ルートを集大成している——に貫かれたユニークな山岳書である。千坂さんのいう五〇〇冊のどの辺に位置するかは、しばらく時の経過が必要だろうが。

山岳書といっても、本大系は実用書であり、ガイド・ブックである。一般的な読書の醍醐味を求めても、それはお門違いというものであろう。しかし、登攀の場を広い範囲に求めようとする若いクライマー（若くなくてもいいが）には、実にいい相談相手になる。もっとも、辞書を初めから終わりまで、しらみつぶしに「読む」本の虫も多い。かなり、その気《け》のある筆者にしても、第二回配本の『北海道・東北の山』の克明、詳細な案内ぶりに従って、いつか歩いてみたいと思っていた北の山への思いをしばし楽しませてもらった。今の私には、北海道はフンザやチトラールよりも、依然、はるかな国である。

ガイド・ブックというと莫迦にする人が多いが、それは徹底を欠く類型的なものを見てきているせいだろう。本当に知りたい事がなかなか出てこないのはもどかしいものだ。本大系の価値は、そうした類型を超えて、一つの典型を創り上げた点にある。

外国では古くから各種の立派なガイド・ブック、旅行案内の類があった。例えばバーソロミュー社の一連のもの。そのうちのスイス編などは、実に正確、詳細でコンウェイやスマイスのアルプス紀行を楽しむのに大いに役立った。自分の持っているアルプスの知識はすべてこのスイス案内によっているのかも知れない。

ヒマラヤにもこの手の立派なガイド・ブックがある。十九世紀末から三〇年間もカシミールで生活したA・ニーブの編んだ「カシミール、ラダック、スカルドへの旅行案内」は、その優れた典型である。辺境を旅する役人、旅行者の必携書だったらしく、今でも古本屋でみかける。いつの間にか、私の手許に五冊もたまってしまった。初版は一九二〇年刊、一九四二年版は第十七版というから大したものである。アルプスの登攀ガイドも、ザックのポケットに入れるに適した小形堅牢なものが多い。ガイド・ブックもこうなると文化や伝統の象徴と言えそうだ。

今回の白水社版は、有名山域に偏せず、これまで地方的な存在にとどまっていた山域を同じ土俵にのせた点でもユニークである。それぞれの山域で真摯な山行、研究を続けている人々の執筆によるだけに信頼感がある。

第一回配本の『槍ヶ岳・穂高岳』を読んで気づいた事を書く。奥穂北東稜末端壁の何本かのルート(約七〇メートル)に初登攀の名が明記してあるが、あの辺り一帯は、一九六〇年(昭和35)頃早稲田大学の夏季登山の実習の場であり、昼寝岩付近では何人もの山岳部員や学生たちが腕試しをしていたので、かなり以前に登られたふしがある。

また、前穂東壁の初登者として、伊藤新一、収二をあげているが、松高の今井田氏らに全く言及しないのは迂闊だったのではあるまいか。ともあれ、百を越える執筆者の原稿を均質の密度の高い水準にそえた編集スタッフの労をたたえ、続巻に期待したい。

(一九八一年一月)

小説家が多摩川源流の山村を訪ねて綴ったルポルタージュ

瓜生卓造『桜の湖』

京都の岳人が北山で、神戸人が六甲で山の手ほどきを受けるように、東京の山好きは、多摩川の渓谷の流れで洗礼を受ける。その源流は、武相甲信の境となる一大山岳地帯を形成する。東京の最高峰、雲取山（二〇一七メートル）を含むいわゆる奥多摩の山々がそれである。東北第一の名峰であり、同時に最高峰である鳥海山が二二三七メートルであることを思えば、東京人は二〇〇〇メートル内外の山に恵まれた奥多摩や秩父の山地があることに、もっと感謝を寄せてよいだろう。「近くて良き山」は何も谷川岳に限らぬのである。

明治生まれの亡父の大正期のアルバムを繰っても奥多摩に遊んだ写真が何枚も出てくる。古くから案内書も刊行されてハイカーにも親しまれているが、そこに生活する人々に取材した書物となると、これが案外少ないのである。ちょっとした東京の山好きなら、年に四、五度は奥多摩へ足を向けるはずだ。

私にしても小学三年生の時の高尾山や野猿峠（当時は立派なハイキングコースがあった）に

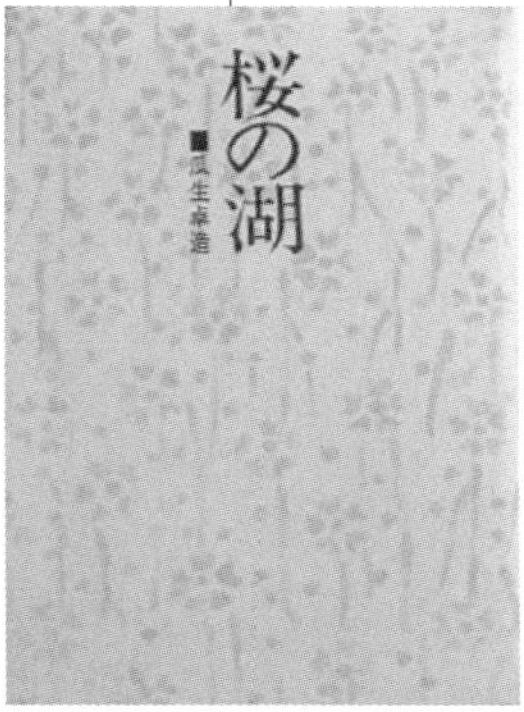

桜の湖　一九八〇年、東京新聞社出版局刊。

瓜生卓造　二二三ページ参照。

はじまって、五十回や六十回をはるかに越える数の山行がノートされている。それなら、奥多摩の山村に住む人々の生活をどれほど知っているかと問われれば、恥しい程何も知らないのである。何十年もの間ただただ尾根を歩き、ピークを踏み、谷を遡っていっただけのことになる。

先に『檜原村紀聞』(昭和52・東京書籍刊)で読売文学賞を受けた瓜生卓造さんの新著『桜の湖』は、多摩川源流の山村を訪ねた第二の書である。先の著で確立した一種のルポルタージュの手法は、本書でもゆるぎない方法となって結実している。小説家である瓜生さんは、ここにいたって、小説とは別の記録文学の達成を果たされたのではあるまいか。

全十九章から成る本書の冒頭は、「一雫の水」と題する東京の母なる河、多摩川の水源の探訪記である。ここでは、東京の水資源を涵養する落合地区の森林やその策定に力をつくした尾崎行雄を紹介している。著者はその水源、ミズヒ沢(水干)を訪ね沢の源頭をこう描写する「岩の基部から一雫また一雫と清澄な泉が絞り出されくる、まるで岩が胎内に泉を孕んでいるように見える」と形容している。

「数馬」では、古い名主の家柄、山崎屋を訪ねる。ソバやコンニャクに頼ったくらしが詳細に語られる。ワサビ田を守る苦労も多摩の山村には付きもののようだ。

「高橋雪景」では、今様にいえば脱サラの移住者、若い野尻さん夫妻が登場する。夫人はフランス人で公害と自然食がテーマで、山奥の高橋集落で日本人よりも日本人的生活を実践する。若い世代の奥多摩であろうか。

「丹波頌歌」では臼作りの泉正作老の生活ぶりと、材料の木々の紹介や、臼や杵にまつわる民俗が面白い。

三条の湯の木下孟一さんの聞き書きも興味深い。木下老は八十歳という。雲取山から三条の湯へ下り、翌日、サオラ峠を越えて鴨沢へ下るというのが、ひと頃私のおきまりのコースであったが。

「緑の対話」では山村の学校とそこに生きる教師たちの話が、「岩女魚《イワメ》降誕」では、小菅の酒井氏のイワナとヤマメから創り上げた新種開発譚が紹介されている。

「秋の川苔山」中の獅子口小屋の木宮丈助八十翁の話も面白い。ここのワサビは奥多摩一という。

「山上の御師」では、奥多摩で一番奥多摩らしいともいえる御嶽二十八御師を統べる金井宮司家の生活ぶりが興味深い。万葉集にも「武蔵野に占へ肩灼き」と歌われた太占《ふとまに》の神事が今も伝わる。

本書は、現代版『山の人生』（柳田国男）ともいうべき好著であろう。

（一九八一年二月）

一九六〇年代後半から八〇年に至る日本登山界の動向を把らえる

新岳人講座（全九巻）『アルピニズム2巻』『技術と用具2巻』『山と文学』『日本の山』『世界の山2巻』『山の科学』

新岳人講座（全九巻）一九八〇年～八一年、東京新聞出版局刊。

昨秋（一九八〇年・昭和55）から刊行の『新岳人講座』が順調に巻を重ね、全九巻のうち五冊までが出た。関係者のひとりである私が、手ばなしで礼讃するわけにもいかぬので、今回は解説、紹介ふうに述べてみよう。

昨秋「岳人」は創刊四〇〇号を迎えた。二〇〇号以降の二〇〇冊分（約十年間のバック・ナンバー）の「岳人」所収の紀行、記録、研究などからセレクトした諸編を「①アルピニズム、②技術と用具、③日本及び世界の山、④山と文学、⑤山の科学」の五つの内容で類別したものが、本講座シリーズである。

二〇〇号以前の分については十年ほど前に『岳人講座』として「春山」「夏山」「秋山」「冬山」というユニークな分類で世に送り出され、好評を博した。この分類法は、日本独特の四季を通じての登山の実践上に成立しているので極めて自然で、有効な発想であった。

しかし、その後十年間に見られる日本人による海外登山の隆盛、さらに登山人口そのものの膨張から生じる技術や用具の新しい開発への要請などにより、四季の登山による分類の仕方では、とうてい盛り切れないほど登山の内容は多様化してしまった。

多彩な内容を網羅するためには、今回の部立ては、先ずオーソドックスな方法とみてよいのではあるまいか。ちなみに、二〇〇号当時と比べると、二〇〇号台後半から現在に至る「岳人」は各号とも約五〇ページ増えている。

かつての『岳人講座』同様、多くの好論文を割愛せざるを得なかった。というのが、各巻を担当した監修者の本音である。

わが国で最初の本格的な『山岳講座』は、共立社によって登場した。全八巻（一九三五年・昭和10刊）の大冊で質量とも、その頃の最高水準を示している。四十年前の出版であるから、内容的には今日では古くなりすぎた面が多いが、中には、今でも充分傾聴に値する論文がいくつも入っている。

例えば、深田久弥三十三歳の執筆になる「山の文学」は五〇ページを越える大作で、彼のその後の山と文学に対する考えの基礎となった重要な論文である。松方三郎も「山岳に関する外国文献」で山の古典数十冊を取り上げ、適切な紹介、批評を行っている。こうした論説、エッセイが折に触れ、参照されることに講座としての存在価値がある。図書館や書斎の置き物と化してはもったいない。

戦後も、白水社（昭和29）、河出書房（昭和31）、山と溪谷社（昭和33）、東京新聞出版局（昭和

34）などから各種の「登山講座」が刊行された。白水社版は戦後初のもので、高校生あたりからを対象としたときく。穏健でバランスのとれた編集ぶりであった。さいごの二つは、それぞれ大部なシリーズでより網羅的、詳細なものであった。

その後、日本の登山が大衆化された頂点の時代に第二次ＲＣＣ編『現代アルピニズム講座』全七巻（昭和43・あかね書房刊）が出た。「現代」のクライミングにスポットを当てた点がユニークで、「岩登りとグレード」（第三巻）に現在のＲＣＣ体系と呼ばれるグレード問題の祖型が示されている。

ひるがえって、本講座シリーズの特色はなにか。それは、六〇年代後半から八〇年に至る日本の登山界の様々な意味における動向、趨勢を反映した文章の集積という点にあろう。それは、戦前の登山の世界から見れば、きわめて雑然としたもの、混沌としたものに見えるかもしれない。ここにはボルダリング（この用語は一九七一年刊『世界山岳百科事典』には、まだ登場していない）からヒマラヤ登山までが同居している。アルピニズムについての考え方もさまざまな「流儀」が同居する。

この混沌の中から、人それぞれに「山」という教科書を創り上げ得ると私は思うのだ。

（一九八一年三月）

ヴェールをぬいだ中国の高峰群

『中国の高峰』——日本・中国共同出版

広大な中国大陸の西半分、即ち、今様に表記すれば、新疆ウイグル自治区、チベット自治区、青海省、四川省、雲南省といった辺境の地に、今ほど日本の岳人たちの目が熱く注がれている時はあるまい。そして、今やわれわれの前に、未踏の高峰、秘峰が次々にその全き姿を現わそうとしているのだ。

この広大な大陸の広がりを実感するために、手頃な方法としては、AMS百万分一図（一九五〇年・初版）シリーズを開いてみるとよい。山の集まっている図幅だけ抜き出しても、畳二枚分ほどのスペースが必要である。チィエ・モ（チャルチャン・バザール）図幅にはアルカ・ターグ山脈の謎の高峰ウルグ・ムスターグ（七七二四メートル）があり、この山の東、西端をS・ヘディンは、一八九六年と一九〇〇年に越えており、そのルートが入っている。この図の南に続くチキテエイ・ツォ図幅には、八〇〇〇メートル級とかつて噂されたデュプレ峰がある。この山地は白抜きになっていて、ラフな等高線であるが、七五〇〇メートル以上のピークと記入されている。一八八九年ボンヴァロが東端をかすめるように通過、そのルートが記されている。

中国の高峰　一九八一年、東京新聞出版局・中国人民体育出版社刊。

これらの図幅を眺めているだけでも、一、二時間はまたたく間にたち、身内は壮大の気に満たされる。

今回、中国人民体育出版社と東京新聞出版局が共同出版した『中国の高峰』は、中国で八〇年現在解放されている八つの山座とその付近の山々のカラー写真を中心に編集したものである。部分的にはすでに知られている写真も入っているが、一九八〇年に撮影された写真が何枚も入っているので、今の中国で公開できる最新のグラフといってよい。

本書の構成は四つに分かれる。先ず(1)概観。井上靖、史占春両氏による。

(2)チョモランマ、シシャパンマ。三二ページに及ぶカラー写真と潘超、王富州、許競ら十四氏の登頂、調査記。ヤンジョオユン湖を前景にしたキエンカン峰のパノラマ写真が新鮮。バズー峠からチョモランマを中心に撮影したパノラマも南チベットの景観をよく伝えている。

シシャパンマの写真では、ヤポカンチャロ氷河側から見開きの写真がいい。左端には姉妹峰モラメンチン（七七〇三メートル）が写っている。主峰の北東は大雪原で、なるほどスキー滑降を考えつきそうなルートだと思った。

文章では、短いが「チョモランマ伝説と地図」が、山名解や、地図に触れて興味深い。登山と並行して科学調査が行われているのは、これまでの数次の報告書でわかっているが、本書の記述にも随所に生かされている。

(3)ムスターグ・アタ、コングール、コングールチュウビエ、ボコダ。この中ではコングール主峰（七七一九メートル）の近接写真に注目したい。昨年夏の撮影。またチュウビエ峰に登った袁揚女史の文に同峰を評して、「北斜面は峻険な岩の絶壁であり、南面もまた氷雪に覆われた複雑な地形である。……饅頭型のムスターグ・アタに比べると登攀ははるかに困難だ」とある。三つの七〇〇〇メートル峰の特色をよく現した言葉である。

(4)アムネマチン、ミニアコンカ。この中では、青海省、積石山脈中の八〇〇〇メートルを越える謎の山とかつて謳われたアムネマチンの何枚ものパノラマ写真が圧巻である。ここには十指を越える六〇〇〇メートルクラスのピークが指摘できる。『中国の登山運動』発刊の頃とは比較にならぬ程の質量を備えている。写真ではなだらかに見えるこの山も、実際に登頂した白進效隊長によれば「東側は垂直に近い峻険な岩壁であり、長年の風化で頂峰は鋭く尖り、鷹のくちばしによく似ている」という。

今夏、これらの大部分の山域へ、いくつもの日本隊が入る。彼らによって秘境のデテールが、更に拓かれるのは、思うだに楽しみだ。なお、本書巻末には、四〇ページにのぼる英文を併記している。

（一九八一年四月）

永遠の名著の新訳
原書と同じ判型・挿画で新たな感銘を得る

E・ウィンパー／H・E・Gティンダル編／新島義昭訳
『完訳アルプス登攀記』

E・ウィンパーは、いうまでもなく、アルプス登山黄金期の巨人の一人である。そして、本書はウィンパー一代の名著である。

玄人筋からは、この他に、後年の著作『赤道の大アンデス』（一八九一年刊）があげられるが、実際には、現在の日本人でその書を読んでいる人は二十人と居るまい。アルプス関係では、数種の案内書も出しており、筆者の手許にも"Valley of Zermatt and the Matterhorn"や"Chamonix and the Range of Mont Blanc"など著者自身の木版画入りの著書がある。

中学生の頃、国語の教科書にウィンパーの『アルプス登攀記』の一部がのっていた。山の本に出会った初めての経験である。多分、浦松氏の訳書のダイジェスト版ではなかったか。ともかく、下町育ちの少年にはまったく新しい世界との触れ合いであり、山との腐れ縁のきっかけとなってしまったのである。

なにが少年の心をとらえたのであろうか。物珍しい文化に接したということもあろう。し

完訳アルプス登攀記　一九八一年、森林書房刊。

エドワード・ウィンパー　一八四〇〜一九一一年。イギリスのロンドン生まれの木版画家、登山家。アルプス登山史上、黄金期の代表的な登山家。マッターホルン初登頂の栄光と悲劇を一身に集めた人として余りにも有名。代表作『アルプス登攀記』（原典は一八七一年刊、本邦初訳は浦松佐美太郎による。岩波文庫）。アルプス登山以後は、主として

南米のアンデス登山に足跡を残した。

かし、何よりもその大団円、すさまじいばかりの結末、つまり、積年の望みであるマッターホルンの初登攀の成功と、それに次ぐ下降時の遭難事件という運命の明暗が、少年の心に強い印象を刻み込んだのではなかったか。劇的といえば、これほどドラマティックな読み物は類がない。

もし、永遠の名著という型にはまった言い方が許されるなら、この書など、先ず筆頭に挙げられるべき本である。

今回の新島氏の新訳、戦前からの名訳の誉れ高い浦松訳（岩波文庫版）に劣らぬ出来栄えであり、他の訳本では略されてしまった原著者の注釈も補われており、良心的な出版物となっている。特に原書通りの判型でもあり、本書の特色の一つである挿画も元のままの大きさで収められている。文庫版とはまったく異なる迫力があり、新たな感銘を与えられた。造本、紙質、印刷なども丹念な出来上がりであり、定本たるべき書と思われる。

ウィンパーという或る意味では特異な人物については、著名なヒマラヤニストの一人であるF・スマイスの『ウィンパー伝』（吉沢一郎訳・昭和42・あかね書房刊）があり、ほぼその全容がつかめよう。この伝記には、ウィンパー自身の少年時代からの丹念な日記が駆使されている。

かつて、松方三郎氏はこの書を評し、「恐らくアルプス文献の中で前後を通じてこれ程広く読まれ、沢山の人を山に駆り立てた書はないであろう」と語った。この評言は昭和九年

（一九四三）発行の『山岳講座、第八巻』（共立社刊）所収のものであるが、今でも生きつづける言葉ではなかろうか。

アルプス登山黄金期の登山家は、それぞれが名著を残している。アルパイン・クラブの創期会員ウィルスは『アルプスでの漂泊』（一八五六年刊）、同じく初代会長J・ボールは『頂・峠・氷河』（一八五九年刊）を編し、T・ヒンチリフもまた『アルプスの夏』（一八五七年刊）を著した。その中にあって、本書は、数あるアルプスの書中で最高の文献、記録であり、今日いうところのノン・フィクション文学のはしりともいえる。

この著作や、ザイル破断事件は、一種の戯画化を生み、フランス自然主義作家の一人、ドーデーの『アルプスのタルタラン』（一八八五年刊）のような諷刺文学さえ現出した。ただ、このドーデーの小説はパロディにはちがいないが、アルピニストにとって後味の悪い本ではない。こちらも一読をすすめたい。ウィンパーの本、事件がなければ生まれなかった諷刺文学の傑作である。

なお、本書の終わりに訳者による丹念な解説「ウィンパーの生涯」や「『アルプス登攀記』について」があり、大いに参考になる。

（一九八一年五月）

丁寧に自然を眺め味わうことが本当に「山を知る」ことにつながる

望月達夫『折々の山』

高い山、嶮しい山を攀ずることに、若い頃熱心だった著者（望月さんは小谷部全助のパートナーである）が、いつの頃からか、翻然と人のいない山へ入るようになる。前著『遠い山近い山』に次ぐ本書はそうした「渋い山々」を訪ねた山行記である。いわば、深田久弥氏のいう「瀟洒なる自然」を求めた山旅の記録である。

モータリゼーションの発達や登山人口の増加で、山はどこへ行っても人だらけと決めつけるのは早計というもので、時期やルートの選び方次第ではかなりの程度まで静かな山行が楽しめるのは、われわれもよく経験するところだ。本書の著者の場合、そうした「避衆登山」に対する願望には強烈なものがあり、とりくみ方もすぐれて長期的、戦略的（少しオーバーないい方になるが）である。「六月の山」という文章（本書六二ページ）がある。尾瀬へ入るとき、長蛇の列を作るバスの客をしり目に、タクシーをつかまえて大清水へ向かう。そして、「諸君も時にはこんなタクティックスを用いたら、近頃の人混みの山でも楽しめるのではなかろ

折々の山　一九八一年、茗溪堂刊。

望月達夫
一九一四～二〇〇二年。東京赤坂生まれの登山家。東京商大卒業後、一貫して銀行、証券会社の要職を歴任。商大山岳部では小谷部全助とザイルを組み活動した。一九三五年秋、北岳バットレス初登攀（第四尾根）ほか多くの記録がある。

戦中戦後を通じて、日本山岳会の機関誌「山岳」を編集し、名エディター

うか」と語っている。古い味わいを求めながら、新しいものを利用するにも頑迷ではないのだ。

望月さんは、山の達人であるが、人生の達人でもある。本書の端々からそんな雰囲気が漂ってくる。かつて、著者のよき山仲間というか、むしろ老童たちという方がぴったりする深田さんや藤島敏男さんが、著者を評して「無ソツ居士」と呼んでいた。私もその「無ソツ」ぶりをとくと拝見したことがある。「荒島岳」（本書二二五ページ）のくだりでは、「三谷温泉特月荘で五人が夕食を共にしたときは、懸案解決の気分が漲って、愉しく語り合えたのは言うまでもなかった」と記されている。その席で、私は、望月さんのメモがかなり克明なものらしいのをちらりと目にいれてしまった。抑制の効いた、バランスのいい文章のかげには、この克明なメモがあった。

克明なメモのほかに、私はもう一つ大事なものを見た。望月さんが、日常の忙しい「ふつうの人」から、「山の人」へ変身する一瞬がある。社用の合い間の一日、二日がきわめて意志的に山行のために確保される。旅先で山支度する身のこなしは堂に入り、「手練の早わざ」といった感じだった。これを「達人」といわずして何と言おうか。

望月さんを始めとする老童の面々は、「大人《おとな》」が多い日本山岳会の中でも、本当の意味でクラブ・ライフを楽しんだ人々であった。老童たちがルームに集うのは、多く土曜日の午後で、「土曜会」と称していた。私の印象では錦町河岸と湯島にルームがあった頃の土曜会がなつかしい。藤島敏男老の精気あふれる毒舌（薬舌）を中心に談論風発していたせいもあろう。ワンショット五、六十円といったウイスキーをサービスしてくれるのが、伊倉剛三氏か

とうたわれた。主著『遠い山近い山』（一九六八年・茗渓堂刊）など。訳書も多い。

山崎安治さん。安治さんが姿を見せぬ土曜会はほとんどなかったろうし、彼がウイスキーのグラスを手放したのを見たこともなかったのだが。神保町で収穫したての山の本や出来上がったばかりの山の写真が披露される。藤島さんや望月さんのくゆらすパイプの煙が匂う。もちろん、パイプ党が圧倒的で、私などもご両所からパイプの手ほどきを受けたり、私製ハガキ（相手に何の図柄か考え込ませるのが面白い）作りのコーチを受けたりした。

望月さんの新著に所収の文章は十年くらい前の山行がかなり入っているので、私には「土曜会」の雰囲気と共通したものが感ぜられるのである。

本書の多くは、会津の山々を中心とする東北地方が舞台である。書中の「博士山」、「転石峠」、「会津朝日岳」、「窓明山」、「額取山と会津布引山」その他で描かれた豊かな自然がいつまでも損なわれずに残っていて欲しいものだが、所収の各文でもすでに人工による自然破壊のピッチの速さが指摘されている。

丁寧に自然を眺め、味わうことが、本当に「山を知る」ことにつながるのをさりげなく著者は語ってくれたのだ。

（一九八一年六月）

ネパールへの知的好奇心を満足させる

高橋 照『ネパール曼陀羅』

ネパール曼陀羅 一九八一年、東京新聞社出版局刊。

高橋 照 四〇ページ参照。

さきに、この欄で『秘境ムスタン潜入記』(四〇ページ参照)を取り上げ、その中で私は、「ネパール夜話」的な肩のこらない楽しい読み物も早く書いてもらいたいと希望していたが、その望みは思いがけぬスピードぶりで実現した。肩のこらない、という点についてはいくらか欠けるが、それは現在流布しているさまざまの誤謬、短見を排するという、ネパール出入二十年のキャリアがなせる業《わざ》であり致し方ない。「あとがき」の中で、今後ネパールで「晴耕雨読」の生活に入ることを宣言している著者〝テルさん〟のことである。これから肩のこらない類いの本はいくらでも書けそうな気配である。

「過去が生き続けている現代のネパール、宗教と混然一体をなした生活様式、そこに生きる人々のありのままの姿を、折あるごとに伝えたいという願いが、いつも私の心の隅にある」(「まえがき」)というテルさんのネパールに対する熱い思いが、この本のどのページからも伝わってくる。

いうまでもないことだが、現代の日本にもネパール人の生活を深く考えつつ調査した民族学者、文化人類学者、宗教学者、言語学者がいて、すぐれた業績を上げていることを私も知っている。また近年では、多くの若者たちが居心地のよさそうなこの国の街や村の生活の中にとけ込んでいる例もある。ただし、ゴマンと出ているヒマラヤやネパール関係の書物で、私たちのこの地域に対する知的好奇心（私はヒマラヤの本を読んで二十年を越えたが、まだ一度もネパールの土を踏んでいない）を本当に満足させてくれる本は、そう多くはない。私の好奇心を満たしてくれる本の最右翼に属するのが、テルさんの本なのである。さらにいえば、テルさんという人間自体もまた、私の好奇心をさそう存在なのである。

本書の導入部はまず、「カトマンドゥ四方山話」から始まる。首都カトマンドゥの現在の姿と今も残る古い姿の紹介である。かなりエロティックな話や、「ナラデヴィ寺の闇夜の怪奇」に出てくる人身御供の話など、人に面妖な印象を与えるかも知れないが、文中で筆者も指摘している通り、それは日常われわれが西洋的な常識につかり過ぎているせいであろう。「ナラデヴィでは年に一度、人間の首を切ってカリー女神に捧げる供儀が隠密裡に行われている」という話を聞いて、ある日テルさんはその寺で、現在でも続いているらしいその痕跡を実見する。私の友人のひとりは、ここのところを読んで、ネパールの国辱になりかねないことを書いて大丈夫なのだろうかと心配していたが、近代日本の生んだ知的巨人の一人、南方熊楠は「人柱の話」（全集第二巻）の中で、「こんなことが外国へ聞こえては大きな国辱という人もあらんかなれど、そんな国辱はどの国にもある」と軽くいなしている。ついでながら、この南方翁の一文は「建築、土工等を固めるための人柱を立てることは、今もある蕃族に行われ、その伝説や古蹟は文明諸国に少なからぬ。インドの土蕃が現時もこれを行う由時々新聞にみえ……」云々で始まり、古今東西の文献が総動員される興味深いものである。ショーンバーグもカフィリスタン山中でその伝説を採集している（『異教徒と氷河』昭和61・白水社刊参照）。

本書の「ダサインの祭」や「強盗の村と学者の村」、「謎の梟雄ガイ・ワンディ」、「今も残る鳥葬、チベットの習俗」など興味深いテーマであるだけに、一歩誤れば、興味本位に走ったり、物議をかもし出す種とされるところだろうが、確かなフィールド・ワークやインフォーマントに支えられたテルさんの裁断のしかたは、なかなか鮮やかだ。「岳人」誌所収時の文章に時をおいて冷静な目と材料をもって加筆訂正を行っていることも本書への信頼感を加えている。同じ癖《へき》のある私には、地名や山名、物名の解明に迫ってゆくテルさんの姿が何よりもうれしい。

（一九八一年七月）

［追記］二〇〇三年十一月現在、日本ヒマラヤ協会の機関誌「ヒマラヤ」に、高橋照さんの遺稿「ローマンタンの空、遙かなり」が連載中である。現在、連載第十五回、ゆうに一冊の単行本に匹敵する分量に達している。文章も資料（地図、写真）もしっかりしたものなので、生前すでに上梓するばかりに整えられていたものと思われる。ローマンタン（ムスタン）への踏査紀行である。

日本登山史の空隙を埋める貴重な証言

杉本光作『私の山谷川岳』

昭和五年（一九三〇）に当時のいちローカル線にすぎなかった上越南線（群馬県側）が水上まで延長され、翌六年一月十五日から上越スキー列車の運行が始まった。本書の著者、故杉本光作氏はそのスキー列車第一号の利用客の一人であった。その折、大穴スキー場から谷川温泉へ行った杉本氏は「山と山との間に朝日に輝いて怪しく光る白銀の鋭峰があるのに気づいた。風があるのか雪煙が上がっているのが見えた。私は目を見張って飽かず眺めた」と谷川岳との最初の出合いを記している。もっとも、近所の農家の主人は「谷川岳」とはいわず、「あれぁマナイタグラでさぁ」と著者に答えている。二か月後にもっと詳しい話をこの農民から引き出している。「耳二つはこの辺で一番高い山だ、……頂上は二つあって、湯原あたりから見ると兎の耳に似ているから耳二つというんだ。手前がトマノ耳、奥の方がオキノ耳、オキノ耳の方が少し高い。オキノ耳には浅間様の奥の院が祀ってある。昔は八月十五日が浅間様のお祭りで、月夜野、上牧、湯原からも大勢の人達がきて奥の院までお参りに登ったものだが……」という話を聞き、「測量地図にどうして谷川岳の山名を使用したのか不思議な

私の山谷川岳　一九八一年、中央公論社刊。

杉本光作
一九〇七〜一九八〇年。栃木県生まれの登山家。谷川岳登山の開拓者の一人として知られる。登歩渓流会の中心メンバーとして、谷川岳一ノ倉沢や幽ノ沢などで初登攀のルートを多く切り拓いた。当時は大学山岳部の全盛期だった中で、社会人の山岳会の地歩を確立するために貢献した事でも知られる。

気がした」と記している。

ちなみに、明治三十九年（一九〇六）二月に発行された大冊、高頭式編『日本山嶽志』は山岳百科事典の体裁を備えているが、どのページにも、谷川岳（耳二つ）に関する記述は見当たらない。越後の山を熟知していた編者（高頭式）にして、この山についての知見は皆無だったのだろうか。「清水山塊」の項でわずかに、清水嶺《タウゲ》―登路未詳として、三国嶺《タウゲ》についての記述が見られるだけである。

本書の冒頭は「初めての山　日光男体山」に始まる。お山参りの一団に従った十五歳の少年は、山頂から荘厳なご来光に接する。その時の感激を「橙色の中央から金色の光がさしてきた。山伏の吹くほら貝の音と祈祷の声が一段と高くなったような気がした。金色の光の中から真赤な太陽がのぞいた。それはぐるっぐるっと力強く回転して見え、その度にぐんぐん大きくなり、その上方にめらめらと炎が立ち上がっているのが見えるような気がした」と記している。大正十一年（一九二二）のことである。

男体山に登り、すっかり山の魅力にとりつかれた著者は、やがて「東京とぼける会」（のちの登歩渓流会）の創期会員として参加、そこで、生涯の僚友となる中村治夫、山口清秀と出会った。昭和六年上越線の開通によって、近代的な登攀の場にふさわしい条件を備えた谷川岳が、暇や金に恵まれぬ一般社会人たちの前にクローズ・アップされた。穂高や剣まで行かずとも、夜行日帰りで岩の洗礼を受けることが出来るようになったのだ。

単なる町の山岳会はここに、岩壁や積雪期の登攀に主力を注ぐ「山岳会」に脱皮する。その脱皮のしかたは、本書前半の随所にあらわれるが「町の山岳会」（二五一ページ）としてまとめられている。

その後の杉本氏らの谷川岳の開拓ぶりは、すさまじい勢いで進行する。特に東面の一ノ倉沢や幽ノ沢の各ルートに初登攀の足跡を記したのは、周知のことだが、本書に収められている「赤谷川溯行」（五九ページ）、「二月のヒツゴー沢」（一五一ページ）、「雪の西ゼン、東ゼン」なども見落とせない。杉本氏も「この本は私の長い間の山行記録、山行メモ、『登歩渓流会々報』『会報』などを元に綴った回想記である」（あとがき）と語っているように迫力という面からいえば、登攀の臨場感はやや失われているものの、無用な文飾もなく初登攀の功を声高らかに語るわけでもない。そうした落ち着いたトーンの語り口や文体にかえって説得力を感じさせる。

本の背帯に「遺稿となった不朽の書」などとことさらにうたわなくとも、本書全体が登山史の空隙を埋める貴重な証言となっていることは、誰の目にも明らかである。

なお、本書口絵の写真中、松濤明と一緒に撮っている人物を不明としているが、杉本光作編『風雪のビバーク』の口絵では、有元克己と明記してある。北鎌で共に逝った松濤明のパートナーである。

（一九八一年八月）

人は勝手に自分の好きな時代を選んで……

『辻まこと　山とスキーの広告画文集』

辻まこと

辻まこと　山とスキーの広告画文集　一九八一年、秀山荘刊。

辻まこと
一九一四〜一九七五年。東京生まれの画家、詩人。父はアナーキストの辻潤、母は伊藤野枝。一九二八年に父と共にフランスへ渡る。翌年帰国の後、日本の自然や山に親しむようになるが、そのきっかけは、金鉱さがしに熱中したためという。ユーモワと風刺の利いた画文は熱心なファンを得ていた。

すだれの下がったガラス窓の内側でその画家（あるいは詩人辻まことというべきか）は、病を癒しているらしかった。朝夕その窓を見上げながら、私は一歳になったばかりの子供を乳母車にのせて、わが3DKと保育所の間を往復していた。生活という「山」を登り切ることに危惧を抱いていた一時期であった。この画家の言によれば「東京とは名ばかりでボーダーラインすれすれの多摩の西山を切り崩してできた団地の片隅」に、私もまた「やっとひっかかって暮らしていた」わけである。同じ団地に何年も住んでいながら、このユニークな画文家に直接お目にかかることはなかった。辻さんは晩年の五年間、「岳人」の表紙を描いていたので、訪問の機会を作ることも不可能ではなかったが、何事にも腰の重すぎる私は、ついにそのチャンスを失ってしまったのだ。

登山とスキー用具の店、秀山荘をたまり場にしていた辻さんが同店のために永年（恐らく二十年以上）にわたって描き続けた「広告画文」を一本にまとめたのが、本書である。一運

97 —『辻まこと　山とスキーの広告画文集』

道具店のための「広告」が即《そく》みごたえのある画文集となるのは稀有の出来事であろう。

そのいちいちの場面を紹介することは、探偵小説の筋書きを書くのと同じく野暮なことである。ちなみに、わが高校時代の文学の師は第一回江戸川乱歩賞の中島肇（河太郎）先生。絵は他人の説明をきくよりも、自分で感じるものであろう。ここは、国語の時間にチェスタートンやクロフツを読んでくれた河太郎先生の教えに従って、絵の説明をする愚は敢えて省きたい。各ページに、辻まことの軽妙、絶妙な画と短文がふんだんにちりばめられているとだけ記しておこう。

私は前に、辻さんに直接お目にかかったことはないと記したが、遠くからなら一度だけ、その軽妙、洒脱な風貌に接したことがある。しかも、辻さんのギターと歌の調べも耳にしているのだ。多分、この詩人はいくらかアルコールをきこし召していたことだろう。……と書くと新宿うら辺りの安酒場でかな、と人は思うかも知れないが、辻さんは何と千を超える客席数を誇るある公会堂の舞台に立っていたこともあるのである。

種明かしをしてしまうと辻さんの絵と文章の魅力を存分に引き出した山の雑誌「アルプ」の催しの一場面だったのだ。「アルプの夕べ」というその催しは今でも続いているはずだが、そのはしりを私は拝見に及んだのだ。当夜の立て役者は、ブロック・フレーテの串田さんでも、純に山を語る深田さんでもなく、洒脱にギターをひき語る辻さんの独壇場であった。もっとも詩誌「歴程」のフェスティバルでは、台本作りから演出までやってのけたという辻さんにすれば、聴衆の面前でギターをひくくらい朝飯前の芸当だったろう。とにかく、無芸大食を誇るしかないわれわれに辻さんの姿は強烈な印象を残したのである。

特に山岳雑誌「岳人」の表紙画を最晩年の五年間描き続けた事でも知られる。歿後多くのエッセイ集、画文集がまとめられ、各種の評伝も刊行されている。

強烈な印象といえば、丁度その頃出版された辻さんの最初の著書『虫類図譜』（昭和64・芳賀書店刊）は、諷刺文学は日本には現れないと考えていたわたしを驚かせた。のちに、諸家によって、この本の重要性は等しく認められた形であるが、本自体の売れ行きは芳しくなかったようだ。神田の古本屋のいくつかの店頭では当時としてはかなり高い定価の半値程で平積みにされていた。私は自分の山仲間やそのシンパサイザーたちをせっせと神保町へ連れて行き、このユニークな書を買うよう強要した。

その後、世の山好きを楽しませた画文集の三部作、『山からの絵本』（昭和41）、『山の声』（昭和46）、『山で一泊』（昭和50）に辻さんの才能は遺憾なく発揮された。その没後も『辻まことの世界』（正続二冊）を始め何冊もの遺文集が編まれている。その最近刊となる本書の刊行を機に、書評ならぬ私的回顧を綴ってみた。

「人は皆〝この時代〟に生きなければならないと、あくせくしているようだが、考えようによっては、勝手に自分の好きな時代を選んで生きることだってできる」（辻まこと）

（一九八一年九月）

深山の渓流の如き気韻とさわやかさと慎しさ

手塚宗求『邂逅の山』

邂逅の山　一九八一年、筑摩書房刊。

手塚宗求　一九三一年、長野県松本市に生まれる。一九五一年に松本の長野県立県《あがた》ヶ丘高校を卒業。一九六五年に霧ヶ峰の車山の肩にコロボックル・ヒュッテを建設し、山小屋の主人として今日に至る。その傍ら、一九六〇年代から「アルプ」誌に多くの山の文章を寄稿した。『邂逅の山』には多くの清冽な文章が収録されている。

全十九編からなる本書の各文は、かつてその時々に「アルプ」誌に掲載されたものである。「アルプ」創刊時からの読者である私にも古くは一九六一年（昭和36）から、新しい稿では一九八〇年（昭和55）に至るこの著者の清冽あたかも深山の渓流の如き気韻の文章はなつかしい。文筆の才に恵まれた「アルプ」の人々の中でも手塚氏の文は最もよく信州の高原の気を伝えるものである。単に表面的な雰囲気を伝えるものではなく、その中に生活者の持つ勁いものが潜んでいる。

東京の下町生まれの山の先輩に、私が「アルプ」を読んでいることがバレたとき、一夕酔ったその先輩が「おめえはアルプなんぞ読んでるのか。あの連中は星菫派の末流じゃねえか」と、からんできたのに閉口したことがあった。

発刊当初からハイ・ブラウな感じが濃厚だった「アルプ」は、硬派野暮天の多い山ヤたちから、ある種の反感やことさらな無視を受けていたことも事実だった。私の周囲にも、「アルプ」を読んでいることを他人には秘めている連中が何人もいたのだった。山小屋《シャレー》生活を味わうにも縁遠く、重い綿のテントをかつぎ、兄貴から借りた兵隊靴に鋲を打った足ごしらえという時代である。そんな私たちに「アルプ」はかなりまぶしい存在だったのである。

本書の著者、手塚宗求氏はいうまでもなく、信州霧ヶ峰の「コロボックルひゅって」のご主人である。冒頭の章、「花のワルツ」で彼は自らの像を描く。

「ある日、私は一人の気まぐれな旅行者であり、ある時、私は一人のまずしい農夫であり、木樵《きこり》であり、また不器用な大工である。……しかし、私はなによりも一人のたくましい、無口で不愛想で、なにを考えているのかわからないといった仏頂面の山男で、それになんといっても世の中のことはあまりわからないが、飯炊きと洗濯は上手で、荷物を背負えば二十貫、それを背負う肩は広くあつく、その手は太くてごつい完全な小屋番でなくてはならない」

と。これだけ読んでも、この人がどんな考えで山小屋の主《あるじ》をやっているのか伝わってくるし、その主が作り育てた山小屋がどんなものか察せられる。次章「白い風土記」では「一人の家来も、一頭の馬ももっていない無冠の王」の冬の山小屋暮らしの奮闘ぶりが語られている。

「一本の樅」では幼な子の急病時の苦労が、「井戸」では小屋から三百メートル離れた水場を往復する毎日の労苦から解放された喜びが語られる。編中最も気魄のこもった一編は「平民、遠山某」の章であろう。昭和二十四年(一九四九)夏の剣沢で合宿した著者ら松本県《あがた》ヶ丘高校山岳部員たちが、その帰途、針ノ木の大沢小屋で暮らす一人の老人に世話になった。二十年近い歳月の後、老人の冬を過ごす家を鹿島集落のはずれに著者は訪ねあてた。すでに朽ちかけて無人の廃屋になった戸口に著者が見たものは「平民、遠山某」という表札だけであった。その結びを引用しよう。

「この昭和の四十年代に、平民という言葉を滑稽に思える人は笑うがいい。不自然にきこえる平民という文字を、わざわざ自分の姓名の上に冠した老人を、書かざるを得なかった老人の心を、私はその時ほど身近に感じたことはない。平民、遠山某を！」

本書の題名は編中の一文の章名を転用したものだ。「邂逅の山」といっても、山とのめぐりあいの喜びを描いたものではない。山の生活を共にした後輩の一青年が、その後消息不明となり、ある時何年ぶりかで鉢伏山中の寺に僧形となって現われるという内容であるが、人生の転変を語って哀韻が深い。深田久弥の一文に一高時代の友人、相良万吉が落魄して二人の子と共に路頭に乞う身になる巓末を記した「乞食俳人」（『きたぐに』所収）があるが、その哀切さに通う一編である。共にいい短編小説に結晶しそうな話なのである。

さきに本書には深山の渓流の如き気韻があると評したが、さらにいえば高原を吹く風にも似たさわやかさと慎しさがある。

（一九八一年一〇月）

山は私たちに多くの登り方を要求した

串田孫一『山と行為』

「おとうさん、雉子の鳴き声って枯れ木をこする音みたいだね」、子供の言語表現は時として妙を得てるものだ。木の葉が落ちつくしたうらの雑木林には、いつの頃からか、一つがいの雉子が住みついていて、冬から春にかけての明けがたに枯れ木をこすり合わせたような声で、ぼくら親子を目覚めさせる。階下からコーヒーの香りが漂ってくる頃、ラジオでは聞き慣れた串田さんの語りが始まる。バック・ミュージックのバッハやヴィヴァルディは、気の重い出勤前の精神安定剤といったところ。ひところ、ぼくの朝はこんなふうに始まったものだった。

今年の夏に出版された画文集『山と行為』で、久しぶりに串田さんの本に接した。巻頭に無題の詩句が揚げられている。

「山ではさまざまのものを見た／いずれも豊かな表情をしていた／清浄で輝きに満ち／敏捷で力強く　しかも軽快だった／山では花を見た　けものたちを見た／そして山を歩き

山と行為　一九八一年、同時代社刊。

串田孫一

一九一五年〜。東京の芝に生まれた哲学者。幼時からフランス語に親しみ、長じて東大哲学科に学び、フランス近代思想を研究した。中学生の頃から登山に親しみ、戦前から文筆活動を開始したが、戦後になって旺盛な筆力で、多くの著書が世に出た。『若き日の山』、『山のパンセ』以来、数百冊に及ぶ尨大な著作が刊ながら／最も多く／自分を見た」

柔和な、しかし、深いまなざしを感じさせる語り口で幕が開く。串田調というのか、串田節といったらよいのか、独特のトーンで全ての短章は統一され、不協和音は一切混入して来ない。そんな世界が次ぎつぎに展開する。

本書は四つの部分に分かれる。初めは「山に生きる」、次に「山と行為」、三つ目は「山の暦」、さいごに「山での思考」。はじめから三つの部分までが、各ページの見開きごとにエッセイと切り絵が配列されている。「山に生きる」では、鷲、狐、雷鳥……などの山に棲息する動物たちが対象となる。二十五年前に出た『博物誌』の系列に連なるものであろうか。あの創文社版の本は、もしかしたら串田さんの代表作なのではないかとふと思った。「岩魚」の項から一部分を引用してみよう。

「半ばは空を映し、半ばは深く淀んでいる静かな水を見ていると、大きな岩魚が一匹、その淵の主のように泳いでいるのが見える。このあたりは殆ど釣人も登っては来ない。渓流の泡立つ中には、恐らく若く旺んな岩魚も多いに違いないが、この一匹は、老いの夏の日々を、この青い淵に隠れて孤独に余生を送っている」

第二章「山と行為」では、串田さんの長い山での体験や思索が人間観察の眼にキラリとした輝きを与える。こんな章句がある。

「……どの山にも頂きがあり、そこを踏めばもう降りるより他に方法がないと判った時に登る行為が試みられる。失敗を計算に入れる者はいなかった。考えられるのは、ただ極めて単純な登るという行為の繰り返しだけだった。だがその行為を開始すると、山は私た

行され、各種の著作集も上梓。山の雑誌「アルプ」は東京外語大学の教授の頃、周囲の学生たちと共に創刊し、多くの読者に親しまれた。

ちに多くの登り方を要求した。まるで知恵くらべをしているように。そして音楽の主題と変奏に似たものが登る行為にもあった」(「登ることについて」)。

この章の一連のコラージュは、欧字新聞?を切り抜いて、登山者のさまざまな行為を造形したものが文章と対応するように置かれている。ただ、天衣無縫な植草甚一のコラージュをたくさん見てしまったぼくには、この本の切り絵の色も形も、少し大人っぽく思われ、そこが不満なのだが。

高校生時代によんだ串田さんの『若き日の山』や『山のパンセ』は、若いぼくに深い感銘を与えた。単独行や二、三人の山行が多かったが、東北や奥秩父の山々ではよく焚火をして、長い夜を過ごした。ぼくの気持ちの中に、いつも僻地、辺境への憧れに似たものがあるのは、串田さんの「荒小屋記」(『若き日の山』所収)を読んだせいもあろうか。少なくとも原型の一部となってはしないか。思えば、あの本の表記は旧仮名遣いであり、読む側のぼくには、それに対する抵抗がまったくなかったのである。久しぶりに串田さんの本を読んで、ぼくはいくらか感傷的になったようだ。ソフト&マイルドが串田さんのすべてではない。目下「創文」誌に連載中の清時代の文人の数十の雅印を論じた文章には、腰の強いハードなモルト・ウィスキーを思わせる一面があることをお伝えしておこう。

(一九八一年一一月)

N・ディーレンファースらの科学的データに基づく手固い編集

『図説百科　山岳の世界』（日本語版）

図説百科山岳の世界（日本語版）一九八一年、大修館書店刊。

最近の出版の傾向として、本が部厚く、豪華に、重たくなり、それに比例して値段もうなぎのぼりになっている。何とも不快な現象である。

とりわけ重量がありすぎる本が、どんなにそれを使う側に不快感を与えるか、それは本を製作する側には余りピンと来ていないのではないか。一例をあげる。この二年間、ぼくは或る仕事を与えられ、『世界山岳地図集成、カラコルム、ヒンズー・クシュ編』（学研刊）を何百回（より正確には千数百回）となく繰る必要があった。この書籍は今の日本で得られる最良の山岳地図の集成で、すぐれて有用なものだが、いやという程重くて、しまいには手首が痛くなるくらいだった。その中の解説のかなりの部分をぼく自身も書いていて、愛着も感じていたのだが、それでも、作業が完了した時、ぼくは思わず本を蹴とばしてやりたい衝動にかられたものだ。

今回出版された『図説百科・山岳の世界』を一見して、おおむね右に記した事柄と同様な感想を抱いた。日本語版（原典はドイツ語版、Die Welt der Gebirge. 1977）監修者は「ここで強調しておきたいことは、わが国で山岳書というと一般に登山好きの人々を対象として編まれているのに対して、本書がさらに幅広い読者層を想定して作られている」ことだとしているが、この意図と一万八千円という値段の間には、天と地ほどの隔たりがある。

本欄にこの本を選んだ時、これなら篠山紀信の『シルクロード』シリーズ三冊分と藤原新也の『全東洋街道』という秀れた写真集が一挙に買えるではないかと大いに迷ったものである。結論としては個人の書架に入るよりも、公共の場、つまり各種の図書館、図書室に収められるケースが多いのだろうと推定される。

本書の執筆陣は七人の西ドイツ人で固められ、そのせいかかなり緻密で手固い編集ぶりである。そのことは、アメリカで作られた類書、ライフ大自然シリーズ15『山』と比較すると明らかであり、記述に対する信頼度は『山』よりも数段上にランクされよう。

執筆者の中には、N・ディーレンファース（現在はアメリカに帰化）、T・ヒーベラーといった山の世界でもよく知られた人々がいて、前者は第六章「山岳の生活と文化」の中で山岳と神話、ヒマラヤ、ネパールの山岳文化などの項目で安定した記述ぶりを示す。後者は第五章「山岳の自然災害」でアルプスでの豊富な体験にうら付けされた登山者への警告には説得力がある。

当然のことながら、雪崩、山崩れの実況を示す適切な大型の写真を挿入して効果的である。ペルーのワスカラン大震災前後の二枚の写真が収められていて、自然の猛威を見せつける。

本書の特色は何といっても「図説百科」と謳っただけあって写真と図版を多用、しかも科学的データに基づいているので、新鮮さがある。例えば最近あちこちで目にするようになった人工衛星からのカラー写真を多く採用したのもその一つ。写真の対面にその地形を図化した図版が入っているのは親切である。

さきにあげた章のほかに、本書は次のような章に分かれる。

第一章「世界の山々」、第二章「山岳の生成と消滅」。これはプレート・テクトニクス理論により、わかり易く説明されている。第三章「山岳の気象」、第四章「山岳の植物と動物」、最終章の第七章は「山岳の開発」となっていて、未来学までを展望する。

最後に不親切だと思ったことを一つ。大型の写真をたくさん使っているのはいいが、撮影者名や出所が全く示されていない。それが目ざわりというなら、巻末に写真、図版の出所一覧を付けるのは礼儀ではあるまいか。

本にとって、それは決してマイナスにはならないはずである。

（一九八一年一二月）

T.K

1982

なによりも即物性　すこぶる即物的な映像

篠山紀信『シルクロード』(第五巻)
パキスタン・アフガニスタン・イラン・ヒンズークシュからペルセポリスへ

シルクロード(第五巻)
一九八一年、集英社刊。

篠山紀信
一九四〇年～。東京生まれの写真家。日本大芸術学部写真学科卒。早くから週刊誌やグラフ誌を媒体に才能を発揮。一九六六年に日本写真批評家協会新人賞など多くの賞を受賞。一九八〇年から発行された『シルクロード』で新生面を拓いた。そこに挿入された文章には、活きいきとした輝きが見られ、自ら文明批評

「ヒンズークシュ山脈の麓チトラルへ入ったのは十月末だった。それまでペシャワールで雑踏の中に幾日か過ごしてきたぼくに、この壮大な山たちはまるで違った感動を与えた。戦慄的ですらあった。世界中を旅する写真家のぼくにも、それははじめての感動だった。第一に自然が澄んでいた。山々は静かで威厳があった。雄大で厳しかった。空気は冷たく乾いていた。しかし、それらの自然は決してぼくを圧倒し拒否しない。むしろ、ぼくを迎え入れ、抱き込んでくれる優しさがあった。」

何年か前に大型のグラフ誌のシルクロードを辿る連載写真にも配した篠山氏の一文である。この写真家のヒンズークシュ体験、チトラル体験の直截な告白がひどく新鮮にひびいた。篠山氏のいう澄明な自然、戦慄的な世界、そこに息づく人間と自然と動物の永劫の歴史の中を、この十五年間旅してきたぼくにとって、この写真家の率直な言葉に接したことは、大きな喜びであった。日本人の旅行者、登山者の多くは決してこういう反応を示さない。白い山の頂のみを目指す者や、先へ先へと日程をこなすことに急な人々にとって、ここは荒涼とし

の趣きも伝え得ている。今や現代日本を代表する写真家の一人と目される。

て無味乾燥の世界。見開き五〇センチ、縦三三センチの大画面に五〇〇ミリのズーム・レンズが切り取った視角の世界は、迫力充分である。最初の部分（四六ページにわたる）にチトラルとカフィリスタンの自然の中で、人々の生き生きした姿が映し出される。ぼくにとっては、その中のなに気ない一葉、脚下にボンボレット谷を見下ろす高台で二人の少年が——多分兄弟か——にこやかに連れ立っている写真が印象深い。足ごしらえは二人とも羊皮をぐるぐる巻いた原始的なくつ。まとうは継ぎはぎだらけの襤褸。恐らく一生この谷か、せいぜいペシャワールの町へ出るくらいで終わる生涯が彼等を待つ。それが彼等の野性に充ちた、剛健な生活を作りあげるのだが。

　次の部分は三八ページにわたり、ペシャワール（西北辺境の首都）とその近郊の日常の風景。特にバザールの世界に写真家の目はすい寄せられる。人間の頭くらいありそうなザクロ、豚足（何故、回教国なのに豚足を売るや）、ハッシシを売る路傍の店々。鬚を赤く染めた老人、満艦飾のバス。すでに日本人にもお馴染みの光景だ。

　次いで八〇ページにも及ぶアフガン風景が、ぼくらヒンズークシュ狂の目を堪能させる。十月にチトラルへ入ってから、アフガンへ辿りつくまでにすっかり新雪におおわれた山々が、乏しい牧草を喰む羊群の向こうにそびえる。シャリ・ゴルグラの廃墟、その背後の山々にまで雪が来ている。多くの旅行者がもたらす写真は夏のもの。ここではかえって冬のわびしげな写真が新鮮だ。写真家はこう記してアフガンを去る。

「ぼくたち以外、旅をしている人間にまったく今日は出会っていない。『この時期には、もう旅行者はここへやってこないよ。あんたたちが最後かもしれない』運転手がいった。

アフガニスタンはこれから冬に入る」
この写真集に対するぼくの興味の中心もここまで。なお、この後にイランの写真が、全体の三分の一くらい残っているのだが。

ぼくにとって、篠山紀信の写真の特色はどう映っただろうか。それは何よりも即物性、すこぶる即物的な映像だったということだ。そのことが、氏の旅した回教世界を描くのにふさわしかったのではあるまいか。あるいは、そのことが、現代性を付与し得た源であったのではないだろうか。

激写などというジャーナリスティックな言葉でもてはやされていた篠山氏の素顔が、この写真集の画面にも表白されているように極めて健康、つまり、現代文明に病んだ精神からはき出されたものでなかったということを知って大いに愉快であった。

同じシルクロードを撮っても、藤原新也の画面では、もっとぬれた、湿潤な映像となってしまうだろう。篠山と藤原という現代の秀れた記録者の写真は、まるで対照的だ。そのよって来るところは二人の持っている文明の終末観の相違に起因するのではあるまいか。

（一九八二年一月）

ルバーブの一茎で四色のジャムが作れる

太田愛人『辺境の食卓』

行く手に海抜二〇〇〇メートルを超えるオアシスの村が見えて来た。昼日中のヒンズー・クシュの山間部は太陽をさえぎる雲のひとかけらさえない灼熱の坩堝《るつぼ》。気温は四十度を超えていよう。口中をからからにして辿りついた高地の村の入口に柳の大木が亭々とそびえる。先客の老人と少年が木陰の大岩を食卓にして、部厚いチャパティ（ロティ）とアプリコットの食事中。聞けば少年はリッチ地方のカーン（可汗）の子孫、白鬚の老人はその家令。ワハンやバダクシャンからの侵入者を追い払うのが彼らの父祖の戦士たちの役割だった。木陰の食卓をぼくに譲ってくれた彼らは、ワハンに近い北の村へ帰ってゆく。ぼくの手に大きな淡黄色のリンゴを一個残して。ブニ村名産のこのリンゴの快い酸味と甘味が、ぼくを蘇生させる。眼前には目指すルンコーの巨大な山体が天空に白く浮かぶ。ある夏の、ぼくの「辺境の食卓」の風景。

宗教者の書いた書物に対する警戒本能のようなものが、いつ頃からか、ぼくの頭の中に棲

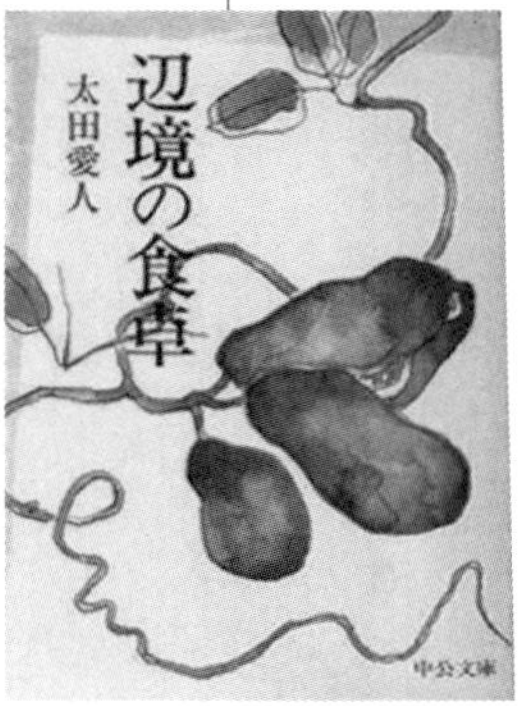

辺境の食卓（中公文庫）一九八一年、中央公論社刊。原著（オリジナル版）は一九七六年刊行。

太田愛人　一九二八年、盛岡市生まれの、キリスト教宣教師。初めは盛岡農林専門学校（現・岩手大農学部）で林学を学んだ。のちに東京神学大大学院を経て、日本キリスト教国の大町教会牧師となり、その後、粕原、横浜などで伝道活動を行う。

牧師としての本業の傍ら文筆活動を行い、自然

に根ざした人間の生活をテーマに『辺境の食卓』（一九七六年）、『羊飼いの食卓』などを著し好評を得た。

みついていた。五年前に本書が単行本として出版された時も、牧師さんの書いた本というので何となく手を出しそびれていた。ところが先日、近所の書店の書棚を眺めていたら、文庫版になった『辺境の食卓』の書名が、ぼくの目に飛び込んできた。この十五年間というもの自分の彷徨して来たパキスタン北西辺境こそが本当の辺境と思い込んでいるぼくの目に、それはかなり挑発的な書名であった。

たまたま開いた冒頭の一章「香り」の初めの箇所に、ぼくの目は吸い寄せられた。「朝露がまだ葉に残っているうちに、鎌でルバーブを根元から刈りとった。……長い雪の季節のため、明るい夏の陽を沢山吸った茎でジャムを作るのも北国の生活の知恵であろう。しかも一茎で四色のジャムが作れるのだ」。何とルバーブの話から開巻するのだ。ヒマラヤ関係の本では、よくこのルバーブがあらわれる。日本の春の山野を賑わせる山菜の豊かさは、ヒマラヤには乏しい。その中にあって、ルバーブは山菜の王といった扱いをされているらしい。ヒマラヤのポーターたちが、瑞々しいルバーブをみつけると荷をほうり出して、かぶりつくという。夏には破れ笠のようになった赤い大きな葉を集めて家畜の冬の飼料とするのをぼくもヒンズー・クシュで見ている。太い瑞々しい茎をセロリのように生食してみたいというのが、見果てぬ夢の一つだ。TVのCMに、薬草畑の中にこの草が出てくるが、瞬時にしてその画面は消え去る。大黄というのがその漢名だ。初手からぼくは、太田牧師に呪縛されてしまったようだ。

本著は「辺境の食卓」「軽井沢にて」「野尻湖」からの三部に分かれる。手あたり次第に食卓の自然誌を描いたというより、もっと厳格な考え方が背後にあり、その気魄が全編にみなぎっている。その考え方とは何か。著者はいう、「辺境からの凝視者という着想で、一人の辺境定住者のことをこの数年間、読み、考えて来ました。それは日本流の脱世間の風流人、鴨長明や西行ではなく、もっとたくましい生活者、社会への批判者でもあったヘンリー・ソローのことです」（まえがき）足かけ四年間を北信柏原の伝道師として、長い冬の間も距離用スキーを駆って山野をかけめぐる太田氏には、「辺境の生活者」の面目が躍如としている。

本書の出版後数年して、第二の書『羊飼の食卓』（昭和45・築地書館刊）が出て、日本エッセイストクラブ賞を受けた。「木崎湖だより」という部分が示すように山の話も多く入っているし、世評も高い。しかし、ぼくには、かつてのソローが生き抜いた辺境の喪失、都市の荒廃に対する警世の声と気魄が純にひびく『辺境の食卓』の方がより好ましい。

（一九八二年二月）

小さい容れ物の中は本物の中身がいっぱいだ

五百沢智也『山の観察と記録手帳』

図体ばかり大きいくせに、水っぽい内容の本が多くなって来たなかで、小さい容れ物の中に本物の中身がいっぱい詰まっているというのが、この本の特徴だ。ふらりと入った鮨屋で、意外にも吟味されたネタを肴に辛口の酒にありついたような小気味よさ。妙なたとえになってしまったが、出版洪水のなかで見過ごされるには勿体ない本だ。各ページに配されている五百沢《いおざわ》さん特有の細密なイラストは、それだけ眺めていても充分たのしい。こんな本に、もしも二十年前に出会っていれば、ぼくもいっぱしの山の観察者、記録者になっていたかも知れない。

極め付きの怠け者であるぼくが、一度だけ科学的な記録者たらんとしたことがあった。六〇年代の後半、ヒマラヤ登山の気運はようやく燃え上がりつつあった。年一回の海外登山研究会の雰囲気も熱っぽいものがあった。「ヒマラヤの登山地図は自らの手で作成すべし」と力説する深田久弥先生に鼓舞されたぼくらは、「成せば成る」とばかり地図作りの初手から

山の観察と記録手帳　一九八一年、山と溪谷社刊。

五百沢智也

一九三四年〜。山形市に生まれ、長じて東京教育大学（地理学）に学ぶ。国土地理院に務め、地図作成に従事した。その傍ら独標登高会の有力メンバーとして活動。一九七〇年の日本山岳会東海支部によるマカルー登山隊に参加してから、ヒマラヤの氷河地形の研究。調査に励む、主著『ヒマラヤ・トレッキング』（一九

学習したものである。ぼくの場合は、ヒンズー・クシュの奥深く入ることになり、地上写真測量という方法に取り組んだ。JACの先輩で、国土地理院技官の武田満子女史とその上司の杉本氏が先生で、生徒はぼく一人というぜいたくさ。実習は箱根の山にねらいをつけ、芦ノ湖を半周して行った。もう十五年前のことなのに、その泊まりがけの実習の記憶は鮮明である。

こうまでして出かけたヒマラヤだったが、長いキャラバンの間に苦労して運んだ肝心の簡易トランシットが半壊、コヨ・ゾム周辺地形図の作成の夢は、あえなくついえ去った。ぼくの手許には空白のアングル・ブックが残された。

七六年・山と溪谷社刊）は克明な山姿スケッチと地図、パノラマ図をふんだんに取り入れた本で、この分野を切り拓いた先駆的業績となった。一九八三年秩父宮記念学術賞を受賞。

本書は五〇項目に分かれ、そのうち約四分の三が基本編、残りが実際編という構成。ほとんど各ページに、その項目にふさわしい図表や絵が入っていて、わかり易く、しかも楽しいものになっている。

初めのうちはしばらく、自然からものを学ぶ意味、態度、方法、記録のための用具、機材を豊富な実地の体験を踏まえて解説。登場する多くのアイテムに対するアドバイスも、カタログ文化に親しんでいる今の若者にも楽しめよう。ただし、野帳なども一〇〇ページくらいのものを「一冊を五日間ぐらいで使いきってしまいます」とさりげなく書いてあるから恐ろしい。ぼくのような怠け者はせいぜい一か月で大学ノート一冊というペース。カメラよりも実景を眼に焼き付けておくなどとうそぶいている手合いは、頭をガーンと一発やられた気分になるのだが。

しかし、毎度のことながら、平地へ戻って来てから臍《ほぞ》を噬《か》むことになるのが事実だから、五百沢氏のいうように、「記録は文字だけではありません。スケッチ、写真、録音などさまざま」な方法を駆使するのが、現代の野外観察者のあるべき姿なのだろう。

この本の中で、ぼくにとって一番参考になったのは、約一〇〇ページにわたる地学的な記述である。特に氷河についての説明や、図解が豊富で、この方面の知識に乏しいぼくには、有難かった。ヘディンの『カラコルム探検史』（昭和55・白水社刊）を訳出した際も、一番困ったのが、この類の学術用語にぶつかった時だった。例えば、氷河のモレーンひとつとっても、ターミナル、エンド、ラテラル、サイド、セントナル、ミディアル、グランド＝モレーンなどという語がひっきりなしに出て来たわけである。その時この一冊があれば、立ちどころに明快な訳語があてられただろうに……。

ぼくはこの本を山地旅行の際の、頼りになる虎の巻にするつもりである。（一九八二年三月）

日本人による初の外国人アルピニスト評伝
——マロリーの実像を探る

島田　巽『遥かなりエヴェレスト——マロリー追想』

一九二四年十一月発行（二二九号）の「アルパイン・ジャーナル」の巻頭には黒い枠のついた当時のイギリス国王ジョージ五世からエベレスト委員会委員長F・ヤングハズバンド宛のメッセージが掲載されている。内容は、いうまでもなく、同年六月にエベレストで行方を絶ったアーヴィンとマロリーに対する哀悼の言葉である。「国王陛下は、エヴェレスト峰頂上への最終攻略の途上、その命を捧げたマロリー、アーヴィン両氏の死の悲報に接し、深くお嘆きであらせられる……」このメッセージの対ページにはテントを背に、エベレスト第三次隊の登攀隊員の面々が勢揃いした写真が掲げられている。マロリーはノートン、アーヴィンといった二人の大男に挟まれて立っているが、髭面の甚だ野性的な面構えの男たちの中で、頭髪はぼさぼさながら、持ち前の端正な面持ちがひときわ目立つ。

「アルパイン・ジャーナル」のこの号は、さながらマロリー、アーヴィン追悼号といった感があり、二四五ページのうち三分の一はエベレスト関係の記事で埋められている。

遥かなりエヴェレスト
一九八一年、大修館書店刊。

島田　巽
一九〇五～一九九四年。東京生まれのジャーナリスト。一九二七年慶応大学政治学科を卒業後、朝日新聞社へ入り、ロンドン特派員、論説副主幹などを経て、人事院人事官を務めた。
ロンドン在住の折の見聞を記した『ふだん着の英国』（一九五五年・暮しの手帖社刊）以後は山

島田巽さんの今回の新著は、前著『山・人・本』（昭和51・茗溪堂刊）が、五十年にわたる山との関わりを集大成した名著とすれば、その名が世に遍ねく知られている割に日本では、その実像が知られていない名アルピニスト、ヒマラヤニストであったマロリーの人間像に焦点をしぼった含蓄の深い好著である。外国人アルピニスト評伝が日本人によって一本にまとめられた例を、私は寡聞にして知らない。その意味でもユニークな本である。

島田さんは、何故この本を書いたのか、意図を四、五点あげている。

①エベレスト遠征、特に一九二四年のそれに局限されているマロリーのイメージを少しでも拡げる。私たち一般の読者のイメージはまさにこの一点にしぼられていよう。

②山登りを背景へ退かせて、マロリーの学生、社会人としてのありのままの姿を書く。

③エベレストの探検者としての先駆的な業績に触れる。

④できるだけ多くの山仲間、知友たちの見たマロリー像を探る。そうしないとマロリーは偶像のままおわりそうだから。

⑤ここに登場する人物とわが国との同時代的関連。

右の諸点を考慮しながら、著者はじっくりと、決して声高かにならず語り進める。「開眼の恩師」に始まる最初の三章は、マロリーのパブリック・スクールの先生であったR・アーヴィングとの出会い、それに伴うアルプス修業、若き日の山仲間たちなどについて記されている。島田さんの朝日新聞社ロンドン特派員としての経歴が、この部分や、次の「学窓のマロリー」などに出てくるイギリス人の学校生活や社会生活を語る上でよく生かされている。

岳図書への造詣の深さを伝えた『山・人・本』（一九七六年・茗溪堂刊）、『山稜の読者家』（一九八五年・茗溪堂刊）などの好書を著した。ヒマラヤ関係の訳書も多い。日本山岳会々員としても功績を残した。

欧米における実生活の豊富な知見が文章のはしばしに滲む。ふんだんに盛られた知識を決して押し付けようとしないところに、この本の奥行き、ふところの広さを感じさせる。なお、「学窓のマロリー」の中にはフェビアン協会に入ったマロリーのことがさりげなく語られ、特に婦人参政権運動の熱心な支持者であったと伝えている。

第七章「大戦のあとさき」で教師としてのマロリーにはいくつかの欠点があったという紹介などとともに、マロリーの偶像化を避け、実像に少しでも近づこうという努力がはらわれている。

後半のエベレストの章では、先年訪日したマロリーの僚友オデルの証言や日本山岳会隊の北面からの登頂のあとを辿り、その遭難の真相に迫っている。

雪の山小屋の煖炉のそばででもじっくり味わいたい近来の好著である。フランス装の軽快、小意気な造本も好ましい。

（一九八二年四月）

ウイグル遊牧民の生活を大胆、自由な描法で活写

黄冑『喀什噶尔速写』（カシュガル画集）

先日、チョゴリ（K2）北面偵察隊に参加し、ヤングハズバンドやシプトンの踏査以来久しぶりにシャクスガム流域を歩いて来た原田達也さんから新疆土産の本を一部頂戴した。それが今月紹介する中国画家、黄冑（Huang Zhou）の〝カシュガル画集〟である。堂々一二〇ページにわたるスケッチ集で、カシュガリアに太古から生を営むウイグル遊牧民の生活ぶりを自在に活写している。西域のスケッチといえば、平山郁夫画伯のやや硬質の線を見なれた私の眼には、黄冑《こうちゅう》氏の大胆かつ自由な描法に新鮮さが感ぜられた。今日の中国にも、こういう絵かきが存在していて、その画業が出版物となる。一種の〝驚き〟を禁じえなかった。

黄冑氏は現代中国画壇（というべきものがあるならばだが）では知られた存在であるらしい。この画集を編纂した艾里氏が「黄冑同志的中国画、以其独有的風格自成一家」と述べている。その記すところによれば、画家は一九六四年以来四度〈新疆ウイグル自治区〉に入っている。その頃すでに画集刊行の運びになっていたらしいが、続いて起こった文化大革命のために、この画集は陽の目を見なかったようだ。編者曰く「来了一場驟雨狂飈。……未出世的画集也

黄冑画「騎馬する婦人」

喀什噶尔速写　一九八一年、新疆人民出版社編輯出版。

黄冑（Huang Zhou）
一九二五年〜。中国河北省出身の画家。本名は梁黄冑。西安の西北中学を中退し、一九四〇年以降、趙望雲の師事して中国画を学ぶ。のちに解放軍に参加し、軍関係の出版社で美術編集に従事。実作では西域の風物に取材した絵画で知られる。
一九七八年、鄧小平副総理が来日し際に昭和天

即夭折」。私も一九六六年（昭和44）にはじめて東部ヒンズー・クシュへ入ったその帰途、香港で文化大革命の「驟雨狂飈」ぶりを目撃し、大いに驚かされたことがある。中国系の銀行、百貨店、商社の大廈には巨大な紅旗がはためき、十メートル以上もあろうかという大きなたれ幕には墨痕鮮やかな文革のスローガンが記されていた。行きしなに通った中国本土では全くその気配すら一介の旅行者には感じられなかったのに、二か月を経ずして、すでに狂乱怒濤の時代に突入していたのであった。

題材となっているのは、今では私たちもこの数年間各種の写真集ですっかりお馴染みになったカシュガル地方のウイグル族の老若男女を描いた人物画や市内外の属目の景が大部分である。その点では先年翻刻されたヘディンの『西域素描集』（五五ページ参照）と軌を一にするが、ヘディンの描法はかなり細密なものだったが、黄胄氏のは粗い描線でいながら生気躍動している。それがプロフェッショナルとアマチュアの違いということなのだろう。もちろん、スケッチだから木炭の濃淡だけで表現された単色版。近年かの地の豊富なカラー写真フィルムに接した私たちには、かえって、この単色の画面から色彩豊かなウイグル族の服装——ことに女性の——や織物の持つ豊かな色彩の世界に対する想像力をかき立てられる効果を持つ。

ことに後半の圧巻であるウイグル女性の歌舞の場面を描いた何枚かは、決して丁寧な絵ではないのに、いかにも楽しげな宴の雰囲気が再現されている。唐詩にうたわれた当時のエキ

皇に献上した「百驢図」の制作者でもある。八二年に中国国画研究院の副院長、九三年から中日友好協会理事をつとめる。

ゾシズムの代表であった「胡旋舞」の世界を思わせるところが何とも興味深い。

ウイグル人やキルギス人の客好き、もてなし好きは古くから有名で、第二次大戦前の東トルキスタン、カラコルム、ヒンズー・クシュ一帯の精通者、R・ショーンバーグも、チトラールの奥地を旅した時に「われわれのおなかはキルギス人のもてなしを恋い焦れ、心はチトラル人やワヒ人に対して凍りついてしまった」とボヤいている。

ひそかに何十人かのチトラールの美女たちが素顔で集まっている場をかいま見たことのある私にしても、同じ回教圏なのに、何故にアラーの神はパキスタン側では豊頬紅唇の乙女たちが人前で歌舞するのを禁じたのか、とうらみたくなる。

西洋画の骨法と中国画の伝統的技法を自家薬籠中のものとした黄胄氏の画中では、ウイグルの男も女も、ラクダもロバも、みんな生々躍動している。

（一九八二年五月）

［追記］黄胄は中国現代画壇の代表的な画家の一人となっていて、北京の美術品店、画廊、ホテルなどで、その作品を掲げられているのを目にすることも多い。表示されている価格も、もはや気軽に手の出せる額ではなくなってしまった。なお、中国の画家が、西域やヒマラヤをテーマにした画集を出版している例も少なくない。北京や上海の大きな書店を探せば何冊か入手できる筈である。もちろん、日本で買うよりもはるかに安く買うことが出来る。

レーリヒの民俗、言語研究家、思想家、社会運動家など、多面的な活動を伝える

加藤九祚『ヒマラヤに魅せられたひと——ニコライ・レーリヒの生涯』

かつて私は、加藤氏の前著『天の蛇』によって日本民俗学の先達の一人、N・ネフスキーの生涯の詳細を知り、深い感銘を受けた。その書はネフスキーの遺著ともいうべき『月と不死』（岡正雄編・昭和46・平凡社刊）の約三分の一を占める加藤氏のすぐれた解説文が前身であり、それ以来十年にわたる考察と、資料追求の成果をこめて一巻にまとめ上げた人物伝であった。

最近、私が大いなる期待と共に手にしたのが、今回の加藤氏の新しい人物伝「ニコライ・レーリヒの生涯」であった。私の読後感をひと口で申せば、読む前の期待が大きかったせいか、やや失望させられた。醇乎たる人物評伝を読む醍醐味を勝手に予想していた私の見当はずれだったのだろうか。レーリヒの本格的な最初の評伝として、画家、中央アジア旅行家以外に、私たちが知ることの少なかった民俗、言語研究家、思想家、社会運動家など多面的な活動を伝えた本書の価値を尊びながらも、私は前述の如き感想を表白せざるを得ない。

ヒマラヤに魅せられたひと——ニコライ・レーリヒの生涯　一九八二年、人文書院刊。

加藤九祚
一九二二年～。韓国慶尚北道生まれの史学者、著述家。専攻はシベリア、中央アジア文化史。昭和十八年に上智大学予科を仮卒業後、満州に出征し、ソ連軍の捕虜となり、東部シベリアの収容所で暮らす。帰国後は平凡社に勤務し、のちに上智大学に務め、さらに創価大学

さしたる蔵書家でもない私の書架にも、かなり前から、レーリヒの著書Altai-Himalaya.(1929)やHeart of Asia.(1929)が蔵されているから、中央アジアやヒマラヤ愛好家の多い日本には、古くからレーリヒの名は知られていたはずである。『アルタイ＝ヒマラヤ』(本邦未訳)はこの評伝でも主要部を形成する第二部(本書は三部に分かれている)の「放浪の歳月」の主資料として使用されており、レーリヒの主著である。また、画家としての面目を伝える画集“Himalaya”(1926)も刊行されており、何度か古書展示会で目にもした。ヒマラヤの山々や僧院を染める曙光や落暉の色彩、力強い描線が忘れ難い。

多面的すぎるこのロシアの「怪物」の素顔のアウト・ラインを示すために払った加藤氏の努力、苦労は察するに余りある。本書で紹介されているその多面性のいくばくかを辿ってみよう。

第一部「故国ロシア」では一八七四年ペテルブルグに生まれたレーリヒが画家として世に立ち、四十歳代初めにロシア革命に遭遇するロシア在住期を扱っている。純粋な画家としての活動以外にも舞台装飾家として演劇、バレエ、音楽などの分野に深くかかわり、二十世紀初頭に新しい花を咲かせた芸術活動の只中で、彼が一流の仕事を成し遂げていたという指摘は興味深い。「ストラヴィンスキーの『春の祭典』のバレエの完成にはレーリヒが大きく関与した」と著者は伝えているが、その妻エレナがムソルグスキーの親戚であったという事実などと共にこの方面の専門家にも読んでもらいたい重要な内容が含まれている。

第二部は本書のメインで三年二か月にのぼる内陸アジア一帯への家族ぐるみの大旅行を辿る。本書の中では、最もじっくり読ませる部分である。更に第三部「ヒマラヤ」では、北西

教授となった。現在、ウズベキスタンのテルメズ付近でクシャン期の仏教遺跡を発掘中で、すでに数々の成果が報告されている。

インドで晩年の二十年を送ったインド定住期と、七十四歳でその死（一九四七年）を迎えるまでを描く。この時期では特に、芸術と学問の保護を基軸にした平和運動家としての彼の活躍ぶりが示される。ユネスコの「武力紛争の際の文化財保護のための条約」（一九五六年）が戦前の「レーリヒ条約」の精神を伝えたものという記述が目をひく。巻末付録「モリアの花」はレーリヒの唯一の詩集の全訳。思想的な詩が多いので、抒情的な詩を好む人にはなじみにくい点があるかも知れぬが、彼の考え方を知る上で貴重である。

本書中には著者の近年の旅行報告「私のシッキム旅行」、「私のチベット旅行」その他、実に本全体の十分の一を超える文章が挿入されている。これらの地域には少なからぬ日本人が入域している現在、これらの文はいらざる挟雑物にしか映らなかった。著者としてはレーリヒその人にこそ筆を費やす努力をもっと払うべきではなかったか。

（一九八二年六月）

［追記］二〇〇一年に加藤氏は個人雑誌「アイハヌム」を発刊。今のところ、年一回の発行のようである。第一号の内容を見ると、「ヘレニズム的東方としてのグレコ・バクトリア」など四つの論文と、カザフスタンの現代作家エセンベルリンの小説『遊牧民』の翻訳を収める一六〇余ページの雑誌である。中央アジアの歴史と文化に関わる重要文献、特にオクサス川以北に広がる仏教文化への視点が注目される。

大型カメラが把えた
ヒマラヤ、アルプス、アンデス

風見武秀写真集『世界の秀峰』

風見さんの新しい写真集が出た。この『世界の秀峰』は、昭和四十年以降毎年長期間にわたって海外での撮影に忙しい著者の到達点を集大成したというよりは、その中間報告というべきであろうか。最初の海外山行のスタートを故深田久弥氏らとジュガール・ヒマール探査で経験した著者は、その時だけでも約一万枚のネガを撮りためている。その後二十年以上に及ぶ撮影で得た写真は、氏のサンエイ・フォト・ライブラリーに何万枚ストックされているのだろうか。われわれ素人の想像を絶する質と量がそこに蔵されていよう。〝中間報告〟と呼ぶ所以である。また本書所収の六十座のピークを以って、全世界の高峰、名峰の多くをつくすというわけにもいかぬからである。

巷に写真が溢れている現在、山の写真もまた、余程新鮮な題材、アングルを持ったものでないと見るものの興味をつなぎ止めることが難しい時代に差しかかっているようだ。山岳写真家にとっても現代はなかなかつらい時代ではなかろうか。といっても、アマチュアの写真

風見武秀写真集　世界の秀峰　一九八二年、東京新聞出版局からムック版と限定版刊。

風見武秀
一九一四〜二〇〇三年。東京生まれの写真家。第二次大戦前から山岳写真を撮っていたが、戦時中はニューギニアを中心に報道写真を撮る。戦後も日本各地の山々を撮影して歩くが、その名声を確立したのは、一九五八年で、深田久弥らのジュガール・ヒマールとランタ

とプロの写真とは、その作品の差が歴然としているのだが。

数年前に、筆者も『世界の山』（昭和50・山と溪谷社刊）と『ヒマラヤの高峰』（昭和53・朝日新聞社刊）という二冊の写真集を編集する機会に恵まれ、それぞれ数千枚のネガを実見した。当時、日本で得られる最良の範囲のフィルムであったろうが、使用ネガの大半が、登山者（登攀者）によるもので、独立した作品としては、どこかしら不安定なところがあった。その中で勘どころに使用されたプロの写真は、際立った安定感があった。もっとも、登山者のもたらした作品の持つ不安定な感じでさえも、千変万化する山岳の世界では、妙な臨場感をかもし出すのであるが。

山岳写真家の作品で一番感ずることは、シャッター・チャンスをものする一瞬を待つ、その忍耐である。登山者の作品が殆ど僥倖による部分に支えられているのに対し、光線、色彩、構図が高度に合致する瞬間を自覚的にとらえるプロの作品は決定的な相違がある。ムック版の表紙（パイネの角）と二十八図（マッターホルン）はその典型的な作例である。前者は朝焼け、後者は夕焼けの景である。特に後者はシャッター・チャンスを決定的につかんだ、本書中でもとくに傑出した作品ではなかろうか。

大型カメラによる風見さんのケレン味のない作品を、じっくり眺めてみよう。初めの十七点が「ヒマラヤ」である。その三分の二は、カラコルムで昭和五十四年（一九七九）五月の作品。風見さん六十五歳、最初のバルトロ行の収穫。第二図のガッシャーブルムⅣ峰と次のマッシャーブルムの輝くばかりの岩壁、氷壁の大画面はみごとである。やはり、大型カメラ

ン谷（ネパール）行に参加し、一万枚に及ぶ尨大なネガを撮りためた。主著の写真集『ジュガール・ヒマール』（一九五九年・新潮社刊）はその所産。以後、世界各地へ足跡を残し、多くの写真集を上梓した。

でないと、これだけの描写力、迫力は発揮できないだろう。同じことは、第十四図ネパールのダウラギリI峰についてもいえる。飛行機で思い切りこの高峰に接近したカメラは、朝の光と陰が織りなす階調を、快く伝えている。

次の部分は十七図からなる「アルプス」。前後五十三か月も滞在した作者の熟知した山域だけあって、粒ぞろいの美しい作品だ。最後は「アンデスその他」で、二十五図からなる。前述のパイネ塔群のほかに、アルパマヨの氷雪のピラミッドをとらえた美しい空撮が印象的だ。

本書の「あとがき」で風見さんは語る。「世界の山々を駆けめぐったといっても、私の見たのはほんの一握りだ。地球上には無数といってよいほど、さまざまな山々がある。幸せなことである」。次の機会に世界の高峰、名峰を数多く網羅した部厚い〝アンソロジー〟を出してもらいたい。

（一九八二年七月）

〔追記〕今年（二〇〇四年）、年が明けてすぐに風見さんの夫人、久代さんから葉書をいただいた。あの元気一杯だった風見さんが病気で急逝されたという。深田久弥さんが『雲の上の道』（一九五九年）の中で、健康優良児と評し、事実八十九歳の天寿を全うした今日まで、生涯を現役の山岳写真家として、世界の山々を相手にシャッターを押し続けた見事な人生であった。昭和六十年（一九八五）、私は夏の一か月を風見夫妻と西域各地と青海湖周辺を巡る長い撮影行に同行し、寝食を共にするという、類いまれな経験をした。忘れ難い一生の思い出である。

（二〇〇四年一月二十日記）

不遇な登山、家伊藤孝一への鎮魂
作家自らの最後を飾る力作

瓜生卓造『雪嶺秘話——伊藤孝一の生涯』

雪嶺秘話——伊藤孝一の生涯　一九八二年、東京新聞出版局刊。
瓜生卓造　二二三ページ参照

瓜生さんが、本書（原題「雪稜曼陀羅」）を上梓して間もなく、心不全のため急逝された。「岳人」に連載中の小説「涸沢の紳士たち」も第四回に入ったばかりでまだ序曲が鳴り終わらないうちの訃報であった。

山岳、冒険の世界に取材した瓜生さんの初期の小説は、正直なところ、かなりあらっぽい所があり、私などは決して熱心な読者になり得なかった。しかし、この十年くらいの間に瓜生さんは大きく変貌した。思考が深化し、措辞も荒さが影をひそめ、手法的にもルポルタージュ的方法が定着した。

『檜原村紀聞』（昭和53・東京書籍刊）を読んだとき、ライフ・ワークをつかみとる瓜生さんの気魄が伝わってくる思いがした。なが年の作家修業で貯えた力量が、あの頃から堰を切ったように一気にあふれ出した。

『日本山岳文学史』、『桜の湖』（二二三、七五ページ参照）、『雪嶺秘話』など、どれもが文学者としての気魄にあふれた立派な仕事である。私は、瓜生さんの熱心な読者にならざるを得なかった。

本書『雪嶺秘話』で著者は大正期の異色の登山家として、わずかにその名をとどめるにすぎない伊藤孝一の数奇な生涯にスポットを当てた。大正十三年（一九二四）三月〜四月に行われた薬師岳から長駆して槍ヶ岳に至る積雪期初縦走を果たした伊藤の業績を黙殺している日本の山岳界の伝統や閉鎖性に対する著者の思いは、義憤に近い怒りがあったことであろう。執筆の意図の一つとして、瓜生さんはこう語っている。

「こういう画期的な大登攀が、どうしたわけか、日本登山史には抹殺同様に扱われている。世にも不思議な物語である。登山界の寡頭政治の結果であろう。……伊藤パーティーも、その筋に話を通し、その筋の何人かを引具して登れば、金字塔として讃えられたにちがいない。そんな風潮を批判し、歪曲を糺し、かつ故人の業績を再確認したい気持ちもあって筆を取った」（あとがき）

この告発にも似た意図は、伊藤家の遺族によって秘蔵されていた伊藤孝一自身の日記を随所に引用することによって、説得力はさらに付与された。

本書全十八章のうち、圧巻は、山にあっては、いうまでもなく、大正十三年三月〜四月の北アルプス核心部の画期的な積雪期登山を描いた「厳寒の薬師岳」（十三章）、「雪の幻」（十四章）のくだりだ。

「雲一つなかった空はいつしか薄墨にかわっていた。ワカンをアイゼンにかえ、固い雪に一歩一歩ツァッケを喰いこませていった。……『十二時半　薬師岳頂上着　冬ノ薬師ハ何人モ頂ヲ踏ンデイナイ　胸ガ高鳴ル　薬師堂ノ壮麗ナエビ根ノ前ニ手ヲ合ワセ　如来ニ登頂ヲ報告スル　目頭ガ熱クナッタ』」（十三章）。

もう一つの圧巻は下界にあっては、名古屋の御三家とうたわれた富豪、京屋吉兵衛七代目の当主伊藤孝一が、一挙に破産に追い込まれていく顚末を描いた「苦渋日記」（十六章）であろう。大正十年前後愛知県下の高額所得者だった頃の伊藤の月収十九万七百四十円、年収二百二十八万八千八百八十円。今の価格で年収六十億、税金総額十一億円に達するという。薬師岳山麓に七間四方の真川小屋を建て、積雪期登山のベースとし、常に大勢の山案内人やボッカを引きつれた財力が窺える。その莫大な財産も、雪ダルマ式に増える税金のため、次々に差し押さえられ、昭和六年三月一日から破産通告に至る同年八月十二日まで、この「苦渋日記」は二百字詰用紙二百七十五枚に及ぶ。その日記はさいごに、「八月十二日、名古屋税務署より公売通知書来る。公売期日は八月二十一日」と結んでいる。

瓜生さんはここのところを「官製ハガキにわずか五行の令状、郵税一銭五厘で名古屋一の富豪の財産は国のものとなった」と書き、ブレーンに人を得なかった素封家の悲運を嘆じた。

不遇な登山家伊藤孝一への鎮魂の書は、同時に作家自らの最期を飾る力作となった。

（一九八二年八月）

下手は下手なりに、上手は上手なりに湧く涌くと登っていきたい

柏瀬祐之『山を遊びつくせ』

現代の登山を論じて、自己の思うところを明快にまた軽快に、説き来り、あたかも風の如く説き去った趣のユニークなエッセイ集が出た。時あたかも夏のさなか、今月紹介する本書『山を遊びつくせ』ののど越しは、あくまでスカッとサワヤカなのだ。「山」を口にする程の者なら見逃せぬ一冊であろう。

登山論というと何やらモゴモゴと口ごもった重苦しい雰囲気をただよわすもの、曖昧模糊、論旨不明に陥り、自縄自縛となるものの多いなかに、明快な問題意識に支えられた柏瀬流レトリックの冴えはなかなかに魅力的である。とっぱなの一文に曰く、

「遊びだろうと仕事だろうと、戯れだろうと真摯だろうと、高尚だろうと低俗だろうと、それはどちらでもかまわない。私の関心の多くは、それが興じるに値するかどうかにある。(中略)下手は下手なりに、上手は上手なりに、わくわくと、そう—湧く涌くと登っていきたい、惑々と遡っていきたい。沸く沸くと攀じっていきたい。—かく生きたい」(『はじ

山を遊びつくせ　一九八二年、白水社刊。

柏瀬祐之
　一九四三年〜。栃木県足利生まれの登山家、著述家。中央大法学部卒。同大学在学中に岳志会を設立し、国内各山域でオールラウンドな登山活動を展開。同時に、旧来の登山思潮に風穴を開けるようなユニークな登山論を多く発表し、軽快、鋭利な文章で多くの読者を引きつけた。単なる登山や技術の議論というより

は、現代日本に対する文明批判の域に達しているというべきであろう。

めに」)

とある。著者の抱く存念とレトリックが小気味よく響き合っているではないか。

迂闊にも筆者は、「存念」などという語を使ってしまったが、この「存念」の在りかは何か。煎じ詰めれば、著者の出発点となった文章「ネオ・アルピニズム考」(本書第四部所収)中の次の一文に要約される。少し長いが引用してみよう。

「近代アルピニズムの終わり、近代アルピニズムごっこへの陥落、そして競技的登山の発生という一連の展開経路は、このままいけば、好むと好まざるとにかかわらずルーティン化されていくものなのかもしれない。(中略)しかし、たとえそうであっても、少なくとも今のわれわれにその筋書きに従う義務はないはずだ。もし、登山界の動向がそうした方向につっ走っているのなら、われわれはそこから脱走するだけだ。その時期は――今、である」(一九七一年発表の文章)

とし、さらにそのしばらく後で

「近代アルピニズムに棲む《自然征服》の亡霊――結論からいえば、これが破らなければならない脱走の窓口である。」

と喝破している。

この「ネオ・アルピニズム考」は、著者自身も「あとがき」で述べているように、かなり生硬な表現が多く、大学生の卒論みたいな文章なのだが、論旨そのものは明快で、旧来の登山観の痛い点をよく突いた論文であった。何せ、著者の前面にはその時、「近代アルピニズム」の壁が立ちはだかっていたのだから、それに対峙するに、多少の硬さや気負いが目立っても当たり前だったと思う。アルピニズム論として残るものの一つであろう。

「山」も「遊び」も、その対し方は人によってさまざま。機を見るに敏な編集者は、十九編の文章を発表年次にこだわらず、「登る」、「遡る」、「攀じる」、「考えたり、想ったり」の四章に仕立てて、「山」と「遊び」の多面性に応じている。しかし、筆者のいう「存念」は、それぞれのエッセイを発表年次順に並べて、読み直してみると、丁度、だまし絵やかくし絵を絵解きする時のように鮮やかに顔を出してくる。「近代アルピニズムから脱走するのは、今、である」と柏瀬が書いたその「今」から十年。ユーモラスで軽やかな諸編は、すべからく皆、「近代アルピニズム」の呪縛から解き放される道筋を示したものと読みとれる。

この本への不満をいえば、「遊びつくせ」とアジられても、もうひとつ酔える感じに乏しいことだ。クールな、さめた著者のまなこを感ずるせいだろう。登山界のトリック・スターと銘打たれたからには、もっとファンキーにそれこそ「沸く沸く」と書きまくって欲しいものだ。

（一九八二年九月）

蒐書の楽しみは、古玩を集め それを愛でる境地にどこか似ている

上田茂春『山の本——収集の楽しみ』

蒐書の楽しみというのは、古玩を集め、それを愛でる境地にどこか似ている。一度その魅力に取りつかれたらさいご、深みへ深みへとのめり込んで行くのである。

古書蒐集の諸相、愛書家をめぐるさまざまな珍談、奇談は古くは内田魯庵の多くの書物、近くは先年来刊行中の庄司浅水の著作集（全一二巻）に豊富に盛られている。山の書物に限定したものでは、小林義正の『山と書物』（正続二巻、昭和33・築地書館刊）にとどめをさす。この本は近年復刻されて、いくらか求め易くなった。

今月この欄で紹介する上田茂春氏の『山の本—収集の楽しみ—』は、山の本一般を対象としているわけではなく、〝限定本〟という特殊な範囲の書物が対象である。はじめに蒐書の世界は古玩の世界に通じると書いた理由もそこにある。

上田氏は愛書家の心理の一端を次のように記している。

山の本　一九八二年、鹿鳴荘刊。

上田茂春
一九三六年、神奈川県箱根町に生まれる。法政大大学院（地理学）博士課程を修了。その後ながく都立高校の教師を務めた。『山の本——収集の楽しみ』以外に、『山書好古』（日本山書の会刊）、『山書有情』（鹿鳴荘刊）など、山岳書関係の著書が多い。

「……少部数のアンカット装の本を気安く読むということにはなかなかなれない。書物の本質とは全く別の次元に属することだが、愛書家の心理というものは、こうしたものらしい。拙蔵本のうち、木暮理太郎著『山の憶ひ出』も松方三郎著『アルプス記』（共に愛蔵版）も、アンオープンドのままである。……（中略）……せっかく高価な買い物をしながら、『山の憶ひ出』も『アルプス記』も普通本で一所懸命に読んで、愛蔵版はそっとしてある。それでも豊かな気分になれるから不思議である」

というから、限定本蒐集家は多くの場合、普通本を併せ所蔵すると推測される。これは、一冊の本を買うにも、先ず本の置き場のことから考えなければならない私のような貧書生には、いささか気の遠くなるような世界なのである。

もっとも貧書生にして、なおかつ同じ本を二冊求めたり、異版を購入する場合があるのだが。

例えば、先年ひとりガンダーラ遺跡をさまよい歩いた折には、スタインの「On Alexander's Track to Indus」の近年の復刻本を持参し、そこに心ゆくまま書き込みしたが、架蔵の元版だったらそうはいかなかったろう。

また、ショーンバーグの「Kafirs and Glaciers」はチトラール行の実に良い手引きとなったが、たびたびのチトラール行で破損するのを恐れ、ついにはこの本を翻訳するに至り、近年は訳本のみを携行し、大いに重宝しているといった具合である。

次に本書の内容をしばらく紹介してみよう。前半の十三章は限定本を中心にした、いわゆる〝山書〟のさまざまな話題を綴り、後半は「山の限定本目録」となっている。これは、一四三点の山の限定本リストであり、いちいちの本の内容、項目が細かく紹介されていて、書名だけ並べて済ましている書目ではない。数点を除いて、著者家蔵本に基づいているので資料としての価値、信頼度が極めて高い好文献である。

前半の文章の中では、「文献紹介の功罪」で、小島烏水が『アラスカ氷山旅行』という金鉱探しの本をあたかも山書のごとく紹介した点を鋭くつき、内容の一部だけを取り上げて強調することが後世を誤らせることを説いて印象深い。「幻の本『山の達人』愛蔵版のこと」も求書、探書の哀歓に触れたいい文章だ。前半のしめくくりは、「山の限定本―戦後の流れを中心として―」と題する三〇ページに及ぶ戦後山の限定本史の鳥瞰で、これまた、史的展望を明確にした好篇。

「後記」で著者が語るように、本書は印刷、造本等に高い水準の出来映えを示している。しかし、同時に惜しむらくは、不用意な誤植を散見するのはどうしたことか。この好著の瑕瑾である。誤植のない本はない、とはいうものの、立派な書格を持つ本であるだけに更に細心の注意を払って欲しかった。

（一九八二年一〇月）

シルクロードの舞台裏をのぞく

金子民雄『西域列伝』と『ヘディン　人と旅』

「わが神は細部に宿り給う」とは西洋の古い思索者の言であったが、金子民雄氏の稀代の書『西域列伝』を読むと、そんな箴言が頭に浮かんでくる。

数年来、中国旅行の緩和と共におびただしい数のシルクロード関係の本が出版されたが、その中に書物をひもとく喜びを本当に感じさせてくれるものが、一体何冊あっただろうか。ひと通りの知識を与えるにすぎない概説物の域にとどまる例が殆どである。

そのような本の多い中で、中央アジアというテラ＝インコグニタに没入した人々に、新たな光をあてた本書は、私たちの知的好奇心をそそらずにはおかない。殊に本書第二部に登場する十六名の有名、無名の探検家、旅行家列伝には、著者積年の資料博捜の成果がちりばめられ、目をうばわれる。もっとも、本書を味わいつくすには、それなりの予備知識と頑丈な胃袋が必要なのだが。

著者は、本書でかなり細部をうがって、探検家の人物像や行動の核心に迫る手法をとっている。これはある場合、出来合いの常識をくつがえすに甚だ有効、かつ刺激的効果をもたら

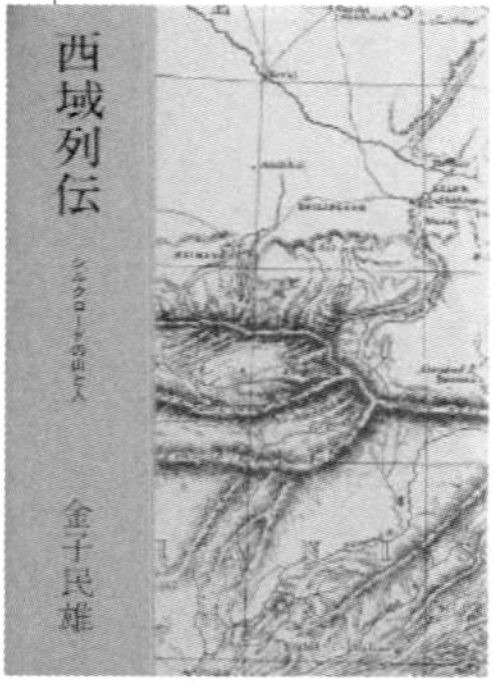

西域列伝　一九八二年、岳書房刊。

ヘディン　人と旅　一九八二年、白水社刊。

金子民雄

一九三六年～。東京生まれの中央アジア史の研究家。一九六四年日本大商学部卒。著述家としての初期の出発は、ヘディンやスタインに関わる調査研究が多かったが、その後、東チベットやアフガン、ソ連崩壊後の中央アジア諸国への踏査行な

す。その具体例を二、三あげてみる。本書第一部には「ヘディンの青春時代の人と本」「F・E・ヤングハズバンドの手紙」「M・A・スタインの青春時代」「M・A・スタインの手紙」という標題の四篇が収められている。それぞれかなり長文にわたる章だ。二番目のヤングハズバンドを扱った項で、著者は偶然入手した三通のヤングハズバンド書簡を駆使して、彼のアジア大陸心臓部横断の大旅行（一八八七年）が、北京駐在の英国大使J・ウォルシャムとその夫人の機転によって成立したものであることを突き止めた。一種の謎解きの現場に読者が立ち会っているような面白さがある。「スタインの手紙」に至っては、一九〇九～一九一一年に至る十四通の自筆書簡によって、スタインの浩瀚な書物が、「本を作る苦しみをたっぷり味わわされた」果ての産物だった経路を明らかにしている。

かつて九山山房主人こと深田久弥先生の掘りゴタツのある部屋で、お酒の相伴にあずかりつつ、スタインの大著『セリンディア』や『最奥アジア』を見せていただいたが、その大著成立のかげにもスタインと出版界の間に苦渋に満ちたやりとりがあったのかも知れない。

金子氏の最近著『ヘディン 人と旅』は、この八月に出たばかりで、ヘディンをめぐる人々二十名を描いたが、その中で「ミレ・ブロマン」と「黄文弼」の章で金子氏が明らかにした事実は、さらに衝撃的なものがあった。ミレ・ブロマンとは、ヘディン若き日の恋人の名である。あの一八九五年のタクラマカン横断の旅が、この女性の裏切り――ヘディンの気持ちからすれば――行為による半ば自殺的行動だったという。このことは何年か前の氏の『ヘディン伝』に大略はすでに描かれていたが、その時私はにわかに金子氏の所論を信じ難

ども多く試みている。文献研究から実地踏査の機会が多くなったのは、中国その他の国々の開放政策の機をとらえたともいえよう。『ヘディン研究』（一六九六年・私家版）以来の著書はすでに二十冊を越えている。

い気持ちで読んだのだった。

しかるに、今回の書中には、ミレの写真さえ掲げている。しかも、その写真の発見者は、ミレの甥でヘディン晩年の世話をしたE・ウェンネルホルム。ウ氏がヘディン死の床の讃美歌集の間から見つけたものという。ここに至っては疑いをさし挟む余地はない。金子氏の所論には、常にかくの如き周到な資料の裏付けと、想像力が融合している。師と仰ぐ森銑三翁の学風が身に付いているのだろう。

ややふくらみには欠けるが、私たちは金子氏のデテールによって、シルク・ロードの舞台裏をのぞく機を得たのだ。

（一九八二年一一月）

〔追記〕 脚注の著者紹介の所でも触れたが、ヘディンやスタインなどの評伝ふうな著書のほかに、多面的な執筆活動を行っていることに驚かされる。よく知られているところでは、『宮沢賢治と西域幻想』（白水社刊）に代表される賢治ものがあり、余り知られていないものでは、金子氏自身はかなり古くから関心を寄せていたと思われるインドシナ半島に関わる著作『スコータイ美術の旅』（胡桃書房刊）、『ポロブドールの滅んだ日』（同上）、『タイ王国の光と影』（北栄社刊）などがある。また、『文明の中の辺境』（一九九八年・北栄社刊）には変貌する中央アジア諸国の現在を、現地を踏んで把えた歴史家としての観察眼が光る。

ティルマンが遺した書簡と日記により陰の部分も照射した評伝

J・R・アンダーソン／水野　勉訳
『高い山はるかな海――探検家ティルマンの生涯』

「旅人は馬を見るとびっこになる」（ティルマンの言葉）とは至言である。辺境の旅をいい得て妙だ。現代風にいい直すと「馬」の所が、「ジープ」や「トラック」や「バス」になったりするわけである。比喩的にいうなら、ティルマンの生涯は、まさに「びっこ」になることを頑固なまでに拒否しつづけた一生だったといえる。ティルマンの年譜をみると、人はその多彩な足跡に驚くはずである。一九三〇年三月のキリマンジャロ登山を皮切りに、七十九歳でフォークランド島へ向かったまま行方を絶つまでの五十年間、ほとんど毎年のように中央アジア、ヒマラヤのどこかか、後半生では極圏の氷の海を彷徨していたのである。

J・アンダーソンは二十世紀の生んだユニークな行動者ティルマンの伝記を一九八〇年に刊行した。本文三五三ページに及ぶ堂々たる大作で“High Mountains & Cold Seas”というのが原題だ。この原典を手にしてしばらくのちに、水野勉さんが本書の訳出に着手されたことを知り、その刊行を心待ちにしていた。

長い間、ティルマンのパートナーとして活躍したシプトンには、すでに自叙伝『未踏の山

高い山はるかな海――探検家ティルマンの生涯
一九八二年、山と渓谷社刊。

J・R・L・アンダーソン
生年不詳～一九八一年。イギリスの作家。登山・探検の分野では、〈The Ulysses Factor〉(1970)と『高い山・はるかな海――探検家ティルマンの生涯』（一九八〇年）が知られる。後者は、前半生をヒマラヤ、中央アジアの登山、探検、後半生を氷海の航行に費やしたテ

河』（原典は一九六九年刊）があり、シプトン党を堪能させている。しかるにティルマン党には、その海難事故によって永遠に自伝を読む機会が失われてしまった。その代わりにJ・アンダーソンの力作を目にすることが出来たわけである。水野氏も「あとがき」で記しているように、『未踏の山河』の訳（大賀二郎、倉知敬共訳）は良心的なもので読みごたえがあったが、今回のティルマン伝の訳文も、滑らかさと慎重さが程よくバランスを保っていて心地よい。訳者の苦心と熱意がしのばれる。翻訳臭がほとんどないのもいい。造本、紙質、印刷に最高の準備を整えた出版社の英断も称えたい。シプトンの『未踏の山河』と今回の『高い山はるかな海』は、「自分の体力を精一杯に駆使して長い生涯を貫こうとした、ある個性的な男」（本書「はしがき」）の好一対の記録、伝記としてよみ継がれて行くことだろう。

さて、私が本書で最も期待し、興味を抱いていた点は、ティルマンの生まれ、育まれた家庭、経済的な背景などに始まり、十五冊に及ぶ著書のいわば陰の部分を知りたいということであった。特にあとの部分は、残された書簡や日記が引用されていれば、ティルマンという人間の本当の姿を照射することにもなる。それらの望みは、本書で充分果たされた。「幼少時代」（第一章）では色々な事実が明らかにされる。父親が砂糖取引業界で成功し、一九三六年死去した際、現在の貨幣価値で百万ポンドくらいの遺産があったこと。ティルマンは高校時代、理科系の優等生で、戦争がなければケンブリッジでもオックスフォードにでも進学できたという指摘もそのひとつ。両親や姉アデリンに宛てた手紙には、シニカルな言辞に対する印象が強い著書と異なり、はるかに自然で素直な感情が流露している。いつも着古したシ

ィルマンの生涯を明らかにした伝記で、彼が世界の各地から肉親に宛てた数千の書簡を参照して、ティルマンの人となりを描くことに成功した著書である。

ヤツや半ズボンに運動靴という身軽ないで立ちで辺境を彷徨した彼の風ぼうは、例えばその著“China to Chitral”のカバー写真によく映し出されている。しかし、本書を読んだあとではその上に、几帳面といっていいくらい多くの手紙を辺境の旅のさなかで書き送ったイメージをダブらさなければなるまい。さいごになるが、第一級の著作である本書にもいくらか欠陥がある。例えば、「ダルコット峠を越えてチトラルへ入りたかったが、大雪だったので、一二〇〇〇フィートの低いボロギル峠を超えることにした」(二四六ページ)とあるが、この峠越えの事実はまったくない。その他数箇所に同様な誤りがある事を残念に思う。

(一九八二年一二月)

[追記] 本文末尾の、この時にティルマンがチトラルへ越えた峠は、ギルギット側からチトラル領のマスツジへ出る、つまり、ダルコット峠よりはるかに南西のチャマルカン峠もしくは、シャンドゥール峠のどちらかである。ティルマンの著『中国からチトラルへ』(本邦未訳)の概念図を見ればよいのだが、その本のある書棚へ近付けないでいる。その前山(本が乱雑に積んである)に触れると、たちまち「書籍流」を起こすおそれがあるからだ。この行は一九四八年のことで、その前年はワハン谷で逮捕されて、オクサスの支流を南に入ったドラー峠(四九四一メートル)経由でチトラルへ送還されている。なお、近年、広島の平位剛ドクターがチトラルからワハン谷へ入り、ティルマンと全く同じルートでドラー峠からチトラルへ送り返されている。その紀行『禁断のアフガーニスターン・パミール紀行』が二〇〇三年十二月に上梓(ナカニシヤ出版刊)された。

売り払ふリストに入れてまた迷ふヘディンの署名あざやかなれば

1983

著者と故郷・越中の山々との篤実な対話

佐伯邦夫『会心の山』

何人かの知人が登場する佐伯氏の新著『会心の山』を、秋の夜長一晩がかりで楽しみつつ読んだ。著者の住む魚津市友道から半径五〇～六〇キロの範囲内にどれほどの山々がひしめいているか、読者諸賢はご存知だろうか。何と上高地以北の北アルプスの高峰、名山のほぼすべてをカバーしているのだ。試みに、筆者の住む東京の阿佐ヶ谷からそれと等距離の間にどんな山があるのか、地図を眺めてみよう。西に奥多摩の最高峰である雲取山、西南に丹沢の山々がわずかにカバーするのみ。東と北に山はない。この範囲に三〇〇〇メートル級はおろか、二五〇〇メートルを越える山は、一座として存在しない。何たる彼我の相違であることか――。文字通り、著者は宝の山々に囲まれて生活しているわけで、〝会心の山〟が生まれる素地は初めからあったのだ。あとはこの優秀な鉱脈をどう掘り進んで行くのかということが、著者の前に横たわっていたのである。

本書を〝十倍楽しめる方法〟をお教えしよう。それは四、五年前に出た『越中山座図巻』

会心の山　一九八二年、中央公論社刊。

佐伯邦夫

一九三七年～。富山県魚津市生まれの登山家。魚津高校を経て、大東文化大卒。郷里の高校教師を務める傍ら、剣岳を中心とする山々を四季を通じて登攀。また山スキーをよくする。兄の郁夫と共に一九五六年魚津岳友会を創立し、活発な登山活動を行っている。執筆活動も旺盛で、『ぶどう原に雪ふり積む』や『現代

（昭和53・北日本新聞社刊）を入手して、そのパノラマ山姿図を参照しつつ楽しむという術を使うのである。この図巻には魚津、富山、高岡、砺波、さらに氷見から海上を見はるかすパノラマなど八箇所からの大観が仔細に収められていて、すこぶる楽しめるのである。これらと、佐伯氏の新著をどう結びつけるのか、それを具体的に記す。例えば著者は、その豊穣な登山の幕を「僧ガ岳完登」の最終章で引いたわけだが、この僧ヶ岳（一八五五メートル）という山の姿を朝夕親しむ地元の人々を除いてはどれだけの人が知っていようか。

　早速、「図巻」第二図を開いてみる。著者の住地たる魚津市友道からの大パノラマが延々七ページにわたって収められ、東は長栂山から毛勝、剣、立山連峰、薬師岳をへて、西は鉢伏山（一七八一メートル、有峰湖の北の山）までを網羅する。僧ガ岳はその中にあって西に長くすそをひく最も大きな山であることが一目瞭然。著者が「家にあっても山を仰いでも、勤め先で眺めても、景観の大半を僧ガ岳の巨大な山体がしめる。……梓弓をひきしぼった形をして堂々と眉を圧するかにそびえる」と描写することが直ちに首肯できよう。

　本書には、細かい地図などが入っていないので、具体的にイメージアップするにはパノラマ図が有効な働きをする。これが八七八メートルの白倉山ともなればなおさらである。前半の一章「白倉山再登」で著者が、この山を青春のつらい切ない記念碑としている山である。この山の位置や形状などは「図巻」でなければ、容易につかむことは難しかろう。

　佐伯氏は剣、立山周辺の山と谷といったホーム・グラウンドの外へも出て、その近隣の明星山、鉾ヶ岳、千丈岳などの山行も記している。『現代山スキー』の著者らしく、鉾ヶ岳行ではスキーを駆使した。「東大谷再登」の章でも五月の新緑の谷でのスキーを楽しげに語っ

山スキー』などの著書がある。

ている。全篇を通じ、佐伯氏の文章には、レトリックの妙や、新奇な言説を伝える目新しさといったものはない。そのかわり、数十シーズンもの長きにわたった故郷越中の山々との篤実な対話がある。ケレン味のない落ち着いた文体がある。

「あとがき」で著者は一著を得ると共に「大切な思い出が飛び去ってゆくような淋しさ」と記し、「それと引きかえにぼくは、山岳紀行家として世に出、いくばくかの名声を得る」と言っているが、果たしてそうなのか。「山岳紀行家」としての「名声」など現代で得ることが出来るのかどうか。思い出や過去は、「ひっきょう幕の下りた舞台」(木下杢太郎)なのだ。

越中の山に根ざした続篇を大いに期待したい。

(一九八三年一月)

「ハッと驚け、感激を忘れるな」キルギス遊牧民の実態を描く

藤木高嶺『秘境のキルギス』

この間行われた第三回カラコルム＝ヒンズー・クシュ研究会の席上、'82喬戈里《チョゴリ》（K2）北壁登山隊のスライドが、リーダー新貝勲さんと支援隊を率いた原田達也さんの説明つきで映写された。古くはF・ヤングハズバンドの『大陸の心臓部』やE・シプトンの『地図の空白部』を読み、はるかなシャングリラとのみ夢想するにとどまっていたシャクスガム河やアギール山地の実態が鮮かな色彩とともに、そこに映し出されていた。

ティルマンやシプトンらの夢を結んだスゲト・ジャンガルのタマリスクの茂みが、一点の緑として命脈を保っているのにも一驚した。昨年、コングール峰へ入山していた京都隊の塚本珪一さんも、キルギス人の遊牧の世界を沢山のスライドに収めて来て、披露してくれた。今月紹介する本は、この京都隊に同行した朝日新聞の記者が、実に三か月にわたって、キルギスの世界にスポットを当てた力作である。

著者はすでに、本多勝一記者とともに『カナダ・エスキモー』、『アラビア遊牧民』など一連の優れたルポをものしている。このコンビは、本多氏がベトナムや中国のルポに専念する

秘境のキルギス　一九八二年、朝日新聞社刊。

藤木高嶺

一九二六年〜。関西学院大英文科卒。朝日新聞社会部記者として活躍した。本邦岩登りの生みの親、藤木九三の子息。本多勝一記者との名コンビで写真を担当。カナダ・エスキモー、アラビア遊牧民の取材、報道で知られる。一九七三年のRCⅡ隊のエベレスト登山に同行取材した折の著書『ああ南壁』（一九七四

年・朝日新聞社刊）で菊池寛賞を受賞した。

に及んで解消されたようであるが、藤木氏の海外の探検、登山に関する取材はなお続行された。フィリピンの少数民族と接触した『幻の民コノイ族』も印象に残るが、カナダ・エスキモーやアラビア遊牧民の報道に比べて、もうひとつ物足りなさがあった。エベレスト登山に取材した『ああ南壁』にしても、そんな感じが拭い切れなかった。

ここ二、三年の間に中央アジアに関する多くの本が刊行されたが、本書はその中にあって、中国領トルキスタンの現状を報じたものの中では筆頭に挙げられる。

本書が出色のルポとなった点は、三つあると私は考えた。その一、登山隊の活動と殆ど離れて山麓のキルギス人の世界に対象をしぼった点。このことは『ああ南壁』の場合と対極的であろう。その二、フィールド・ワークがしっかり出来たこと。これには中国当局から三か月間も取材を許された点が大きい。コングール北麓のトゴラコノシュ村に腰をすえて、村人の住居たるフェルト天幕（オクイ）を泊まり歩き、遊牧民の実態をつぶさに見聞しえたことと、それを支えるフィールド・ノートが本書の骨格である。その三、著者自身の心に感激が満ちあふれていたこと。この点については、著者はこう記している。「いつも心がけていることがある。それは〝ハッと驚け、感激を忘れるな〟ということだ。実は私が新米のカメラマンだったころ、当時の部長のMさんがつねづねいっていた言葉だ。……十数回も海外取材をつづけていると、どうしてもマンネリにおちいりやすくなる。それを救ってくれるのは、Mさんの言葉しかない」とし、さらに「長年の夢がかなえられ、実現したのだから、これまでのどの取材にもまして感激し、寸暇を惜しんで動きまわった」（あとがき）とある。

この本の報告の中で、私が注目した点をいくつか挙げてみよう。先ず住居の問題では、オクイの保温が優れていることを論じ、オクイの中、テントの中、外気温の三つを比較し、一日の気温差が一〇～一七度C、四～二六度C、三～一九度Cであること図示している（三二ページ）。しかも、一日七回も測定しているのだ。この徹底ぶりは、村人の家畜数の調査や乳製品とその製作過程、村人たちの家畜に対する好みの調査、さらにオクイに暮らす村人たちの日々の生活の細部にまで及ぶ。①ウマ、②ヤク、③ヒツジ、④ラクダ、⑤ヤギ、⑥ウシ、⑦ロバ、という家畜への好みが、著者の試みたアンケートで明らかにされている。最上位と最下位は私にも予想できるが、ラクダの第四位は意外である。中央アジアの遊牧については過去にも良書が少ないわけではない。しかし、本書で遊牧の現在の姿を描き得た点は貴重である。さいごに、著者は触れていないが、更に純粋な文化を伝えているものがワハンのキルギス族であり、近年、C・ナウマンらにより“Die Kirghischen”の大著が出たことをお伝えしておく。これもまた凄い本だ。

（一九八三年二月）

アサシンの舞台となったアラムート紀行
曇りのない眼差しがとらえた人間観察

F・スターク／勝藤　猛訳
『暗殺教団《アサシン》の谷』

さえぎるものとてない不毛の谷と高地の山肌を容赦なく強烈な日光が灼く。作家陳舜臣をのせて、馬はあえぎつつアラムートの城砦を目指す。そこは文字通り一木一草もないという形容がぴったりの巨大な岩塔。このジャンダルムの上から、アサシン派初代教主たるハサン・イ・サッバーは敵対者を暗殺して帰還する部下たちを見守っていたという。久しぶりに味わった下界の正月の祝い酒に陶然としていたぼくの目に、TVのペルシア（イラン）の青い空がこんな具合に飛び込んで来たのだ。

陳さんにとって、アラムートの谷は若い頃からの憧れの地だったという。さもありなん、作家はそもそもペルシア語専攻の士であった。彼の興味、関心は、数次にわたる中国側「絲綢之路」探訪を経て、いよいよ文明の十字路の舞台であったペルシア文化圏へ向かう。この「暗殺教団」についての研究書、実地踏査の記録は必ずしも多く世上に流布しているわけではないから、今月紹介するF・スターク女史の『暗殺教団《アサシン》の谷』は第二次大戦前に刊行された数少ないペルシャについての単行本といえる。陳さんが今回の踏査行で手がかりにしたは

暗殺教団の谷（現代教養文庫）一九八二年、社会思想社刊。

フレア・スターク
一八九三年〜一九九三年。イギリスの旅行家、中近東研究家。幼時、イタリアで教育を受けて、のちにロンドン大学のベッドフォード・カレッジや東洋学院で学ぶ。長期間、アラビア、ペルシャ、トルコなどの踏査を行い、多くの旅行記を出版した。その功績に対してイギリス地学協会は、一九四二

ずの基本図書の一冊であろう。

F・スターク女史は本書（一九三四年刊）を処女作とし、トルコ、ペルシア、アラビアを舞台にした紀行作家として知られる。今日まで二十数冊の著書があり、殆どすべてJ・マリー社によって出版されている。そのうちの一冊は篠田一士氏によって訳され、「世界ノンフィクション全集」（昭和42年・筑摩書房刊）に入っているので、今回は二冊目の邦訳ということになる。文芸評論の篠田氏が名文家と極め付けをしているくらいだから、最も初期の著作である本書でも、繊細な感覚と大胆な行動に支えられて、すでに名文家としての女史の才が充分発揮されている。この才能は「空想家のおばが、私の九回目の誕生日に『千夜一夜物語』を送ってくれたこと」（まえがき）によって火がつけられたらしい。

はじめに注意しておくが、本書は暗殺教団そのものの歴史的な考察ではない。そうした説明は冒頭のわずか四ページにすぎない。この辺は考証好きな人にはいくらか物足りないかも知れない。本書は前半は主として暗殺教団の舞台となったペルシア北部のアラムート地方とさらに東の、これも当時余り外国人が入らなかったタフト・イ・スレイマン山群への紀行。後半は古美術愛好家たちの間で古代の青銅器の出土で知られるルリスタン地方（ペルシア西南部）への紀行である。よい地図も少なかった時代にわずかな従者をつれただけの若い女性の辺境紀行である。半世紀前の紀行なのに、辺境の民に対する曇りのないまなざしがとらえた人間観察は、今なお新鮮である。ここにはウーマン・リヴを標榜する現代の女性たちより、はるかに解放され、自立した一女性の青春の行動が生き生きと表現されている。辺境の地理

年にゴールド・メダルを贈った。

主著『暗殺教団の谷』（一九三四年）、『アレキサンダーの道』など。他に約二〇冊の著書をジョン・マレイ社より出版。

スターク女史の訳書は日本では極めて少なく、他に『チグリス騎馬行』（一九五九年、邦訳・篠田一士・一九六七年）がある。

解明への関心は勿論だが、随所に語られている人間への関心が本書をより興味あるものにしている。女性と男性の暮らしが、かなり隔てられたイスラム社会の内側が、「女であること」によって伺い知ることが出来たことも見逃せない側面であろう。このことは「訳者あとがき」で勝藤猛氏も注目している点だ。ぼくもヒンズー・ラジやカフィリスタンへ山妻（と深田さんなら書く）を連れ出したことがあったが、ヒンズー・クシュ高地人の家庭に入り込めたのもひとえに彼女の協力によると告白しておこう。

訳者の勝藤氏はペルシア語やパシュトゥ語の専門家（大阪外語大教授）であり、本書の固有名詞その他の表記や訳註も学問の厳密性のふるいにかけられ、信頼度が高い。訳文もまた滑らかで快調。

いい気分でこの紀行を読み終わったぼくは、おしまいの「訳者あとがき」を読むに至り、がっかり。「ソロモンの王座」（タクト・イ・スレイマン）を語ったあげく訳者は「この山の地理は今なお確定したものとはなっていないようだ」と書かずもがなのお座なりをいう。事実は主峰アラム・クー（四八二〇メートル）、座標はほぼ北緯36°22′02″東経50°51′01″付近である。

（一九八三年三月）

社会人類学者がヒマラヤの〝冒険的商人〟タカリー族を紹介した人類学的ロマンス

飯島　茂『ヒマラヤの彼方から』

まだ日山協主催の海外登山研究会が熱気ムンムンという感じだったひと昔前の話だが、深田久弥先生の、というよりは深田さんといった方が親しみ深いが、部屋に遊びに行くとネパール帰りやパキスタン帰りのヒマラヤ浪人たちがゴロゴロしていて、いつ果てるともない話に花が咲いたものだ。その深田部屋の部屋頭みたいな存在が高橋照さんで、ネパールのトラチャンやらセルチャンなどという有力者の名前がぽんぽん飛び出してくる土産話を面白く聞いたものである。あの謹厳実直な吉沢一郎氏でさえ、夜中の一時、二時まで話に付き合っていたのだから、余程面白い話であったのだろう。

今月取り上げた『ヒマラヤの彼方から』には、「ネパールの商業民族タカリー生活誌」という副題が付いている。テルさんの話に出てくるトラチャンもセルチャンも、このタカリー族に属する。〝山駆けるヒマラヤ商人〟なのだ。彼らの莫大な富の背景には、北のチベットと南のインドを結ぶ仲介貿易があった。本書は社会人類学徒たる著者がタカリー族を正面から取り上げた好著である。

ヒマラヤの彼方から（NHKブックス）　一九八二年、日本放送出版協会。

飯島　茂　一九三二年生まれの社会人類学者、東京外語大学に設置されたアジア・アフリカ言語文化研究所（AA研）の教授として、ヒマラヤに関する多くの学術論文を発表した。一九五八年の西ネパール行以来、しばしばネパールを踏査した。一般書としては、『ヒマラヤの彼方から』が最も知られている。

著者の飯島氏は、まだごく限られた者だけが入域を許された頃、川喜田二郎氏の組織した西北ネパール学術探検隊に加わった。先遣隊として、インド＝ネパール国境の町ナウタヌワにあるタカリー族の「インド国境代表部」である「セルチャン・ハウス」を訪れた著者は、タカリーの第一印象を次のように、「はじめて接するタカリー族の能率のよさは、まことに驚くべきことであった。すでに南アジアに一年以上住んでいる私にはこのタカリー紳士のテキパキとした手ぎわのよさには、ほんとうに目を洗われる思いをしたのである」と記している。この初対面の好印象があって、その後の著者のネパール志向は決定づけられる。辺境にいれ込んだ経験のある人なら、この辺の事情はよく理解できるはずだ。

タカリー族といっても、よく呑み込めぬ人には、かつて、河口慧海師がチベット入りした時に援助を惜しまなかったのが、ハルカマン・セルチャンというタカリー族の有力者だったと書けば合点できるだろうか。

タカリーの故地は、ポカラ（飯島氏はポコラと書く）から約一週間行程の、大ヒマラヤ山脈の北側のタコーラ地方。その中心地は、トゥクチェの町である。ここにはタカリーの旗頭シヤンカルマン・セルチャンと、もう一方の旗頭インデラマン・セルチャンが住んでいる。この地を訪れた著者は「家の内部が豪華で立派なのは、なにもスッバ・クラスの家ばかりではなかった。……土間にはちり一つ落ちていない。そこはとのこのような赤い顔料でぬりあげられているので、ほこり一つたたない」と記し、そこで出会ったごちそうの持つ国際性、デリカシーともいうべき饗応におどろかされている。

さて、そうした導入部を経て、本書の山場がやってくる。第三部の「ヒマラヤ貿易商業民タカリー族」である。ここでは先ず、タカリー族指導者がスッバの称号を得て、カリガンダキ上流一帯に、政治的勢力を伸長させていったいきさつが書かれている。もともとタカリーはヒンドゥ系カーストの下に位置していた中間的存在だと飯島氏はいっている。

次いで、ヒマラヤ貿易の実情の紹介があり、大規模なヒマラヤ貿易が成り立つ背景として、南方低地の農業地帯と北方高原の牧畜地帯との物価の際立った相違を挙げている。タカリー族はこの価格差を巧みに利用して、のし上がって行ったヒマラヤの「冒険的商人」というわけなのだ。

社会人類学者の書いたものだというと、固苦しい社会分析の本だと思い、手を出しかねる人もいるかも知れぬが、そうではない。本書は、ネパールに深い愛着を抱いている著者が、「ささやかなヒマラヤ学断章であり、『ヒマラヤの人類学的ロマンス』」（あとがき）と書いているように、ネパールの門外漢である者にも充分楽しめる本だ。

（一九八三年四月）

探検家中の探検家によるウスリー、アムール地方の魚や動植物の観察と旅の記録

ニコライ・プルジェワルスキー／田村俊介訳『中央アジアの探検』（上・下）

中央アジアの探検（上・下）一九八三年、白水社刊。

ニコライ・プルジェワルスキー

一八三九～一八八八年。ロシアのスモレンスク地方で生まれた軍人。地理学者。ロシアの生んだ最も偉大な中央アジアの探検家。陸軍士官学校を経て陸軍大学に学び、のちワルシャワの士官学校で地理学を講じた。一八六七～六九年ウスリー地方、一八七〇～七三年モンゴル、

プルジェワルスキーを語らずして中央アジアを語る勿れ。TVで放映されたものが時をおかず活字や写真に姿を変えて出版され、流行作家たちの西域紀行が続々と刊行される時世ではあるが、この言は、今なお真実である。スタイン、ヘディンを語って、プルジェワルスキーに触れぬわけにはいかぬ。中ア探検における彼の活動時期は、一八七〇年代に始まるから、スタインよりも二〇年も早い。組織的な中ア探検では、彼の存在はその始祖といってよい。

プルジェワルスキー、スタイン、ヘディンを中ア探検のご三家と評しても誤りではあるまい。この三人の探検の目的、業績を簡単に要約すれば「ヘディンが中央アジアの地理的踏査、スタインが考古学的踏査を行ったのに対し、プルジェワルスキーは学術上では動植物の調査（七五五五点の動物標本と一万五〇〇〇点の植物標本を採集）を行ったこと」（訳者あとがき）になる。

もちろん、ヘディンのみが、地理的踏査に秀いでていたわけではなく、三者とも中アの地

理上の解明に力をつくした。ヘディンは中アのほぼ全域を、スタインはタリム盆地以外にもワハン回廊流域、バミール、コンロン一帯、プルジェワルスキーは、特に黄河源流やロプ・ノールを探ったパイオニアとして忘れられない。

日本では、プルジェワルスキーの名は、それほど馴染み深いものになっていない。前後五回に及ぶ彼の中ア探検行のうちで、最後の五回目のものは、著作として世に出ることはなかったが、他は全て刊行され、そのうち四冊までが邦訳されている。すでに第二次大戦前に邦訳されたものに、『モンゴルとタングート人の国』（邦訳＝『蒙古と青海』昭和14・生活社刊）がある。邦訳がなかったのは、一八八三年に出版された『ザイサンからハミをへてチベットおよび黄河源流へ』だけである。にもかかわらず、訳されることの多いヘディンはいわずもがな、スタインに比しても、はるかに知名度が低い実情がある。恐らく、明治以降今日に至るまでの、ロシア（ソ連）文化への差別感、警戒感が、我々日本人の胸の奥に根強く残っているせいではあるまいか。考えてみると、我々の文明、文化に対する志向には、かなり偏頗なものがある。さしずめ、「シルクロード」好きなどもその筆頭に挙げられよう。

本書『中央アジアの探検』は、上下二巻、二段組で七〇〇頁を越える大冊で、読みごたえのある本だ。満員電車の中でペラペラ読むというわけには行かぬ。さあ読むぞという気合で腰をすえて、じっくり読んでほしい。こんな風に書くと尻ごみする人もいるかも知れぬが、自然愛好家がふえて来た現在の若い人たちにも、充分アピールする興味津津たる内容がここに濃縮されている。

鈴木牧之の『北越雪譜』などに対する関心が近年高まって来たようだ。雪国の古くからの

七六～七七年ロプ・ノール（湖）方面、七九年～八〇年チベット、八三～八五年黄河源流を探検。八八年ラサへ向かう途上、病死。『中央アジア探検』は、全探検記録を総覧すべく、まとめられた。

民俗、特に自然の中で受け継がれて来た漁法、狩猟の方法などに注目する声もきかれる。ならば、プルジェワルスキーも一度は見直されてよい。

本書上巻の三分の一は、「ウスリー地方」の旅の記録である。ここにはウスリー、アムール地方の魚族の生態、漁法や動植物の観察がずい所に語られている。これはまったく、「デルスウ・ウザーラ」の世界ではないかと思ったくらいだ。「ある魚などはここでは巨大な図体になる。……ダウリア・チョウザメなどは全長四メートルを越え、五〇〇キロ近いのがいて、現地の中国人の古老などは八〇〇キロに達するのがいると話している」などというくだりで、私は、わが開高オーパー氏にここの怪魚と格闘して、アムール、ウスリー地方の現在を語らしめたいと思ったりした。

プルジェワルスキーが中央アジアを歩いてから、約一世紀経過した。そして、我々と同じ世代の日本人が、少なからずこのパイオニアのルートを踏みつつある。この「探検家中の探検家」の存在を現在の目でとらえ直すよい機会にしたいものである。

（一九八三年五月）

「ふるさと」に媚びない潔さ「日本への回帰の旅」が楽しめる

芸術新潮編集部編『ふるさと日本紀行』上巻・東日本編

ふるさと日本紀行(上巻・東日本編、下巻・西日本編・とんぼの本シリーズ)一九八三年、新潮社刊。

「芸術新潮」はずい分息の長い雑誌である。創刊三十年をすでにこえている。余り熱心な読者とは言えない私でも、この十年くらいは、ほとんど毎月眺めている。それは、文字通り「眺める」ことである。古き時代の器物のデザインや色彩が、神経の行き届いたカメラワークを通し、美しい写真として再現されているのを勝手に楽しんでいるわけである。いくら本好きでも、もう活字を見るのはうんざりという時がある。この雑誌を私は、そんな時のよい「箸休め」にしているのだ。

そんなダルな読者でも、毎月待ちかねたようにして読む二つの連載がある。一つは、洲之内徹の「気まぐれ美術館」。並みの小説家よりも、ずっと確かな筆力で、画家たちの人生を伝えてくれる。二つめが、「ローカル・ガイド」。これは今月のこの欄で取り上げた新刊の原題で『ふるさと日本紀行』という題名よりずっと簡素でよかったと思うのだが、「ふるさとブーム」などという言葉もちらついて、「ふるさと」にはなにやら甘ったるい、微温的ムードがただよう。試みにご一読あれ。この本の文章には、やたらに「ふるさと」に媚びない潔さがある。筆者名は毎月特定されていないが複数の編集部記者によるものらしい。日本の風土を見つめる確かな目と表現力を感じさせる。

本書は上下二冊、東日本編と西日本編に分かれ、それぞれ十五編のルポが収められている。どんな土地が取り上げられているのか、しばらく山好きの気になるスポットを抜き出してみる。

北から先ず、「津軽、弘前」の岩木山。巻頭には、りんごの花越しに残雪豊かな岩木山のどっしりしたカラー写真が掲げられている。「杜と水の都、盛岡」では、もちろん岩手山。市内いたるところから望まれたお山の姿はビル・ラッシュですでに過去のこと。無神経な現代建築に対する手きびしい批評はここだけでなく、全編に共通している。例えばこんなふうに。

「今は、県民会館が、べったりと風景にはりつき、黄茶タイルの側面が川岸の繊細な保存の石垣がえがく線に不釣合で、いちじるしく景観をそこねている。……公的建築にかかわることのできない市井の人々に対して、せめて、景観への配慮がないのはきびしく問われてしかるべきだ」

余計なことかも知れないが、山岳雑誌でも登山やスキー用具をシビアな目で論評したカタログを出していいのに、とこの「紀行」記者の切り口を見て思ったことだ。

次いで、「昔語りの世界、遠野」では、柳田国男が「早池峰の山は淡く霞み山の形は菅笠の如く又片仮名のへの字に似たり」としたのは、早池峰ではなく、薬師岳（一六四五《メートル》）だったとさりげなく書いているのも目にとまった。

裏日本の「流人哀歌、佐渡」の項では、異常な観光のもたらす弊害に触れ、「行く先々で、入館料や入場料をしっかり取られる。それはいい。だけど尖閣湾に行った時にはさすがに驚いたな。岬の先端まで行くのにお金が要るという。つまり、風景を自分の足で見に行くのに金を取ろうというのである。しかし、観光地で一番いけないのは、団体客である。団体客とは人間の集団ではない。モノだ。モノでなければ、どうしてああ至る所で傍若無人に振舞い、また、それが許されるのだろう」などという指摘は、海の向こうに渡るわが国の集団登山隊の生態と無縁なものであれば幸いだ。先年、成田空港で、そろいの登山スタイルに身を固めた数十名から成る某女子登山グループに行きあい、しばらくは身の置きどころのないような思いをしたものだ。

こんなことばかりでは、「佐渡」も救われない。しかし、ベテラン記者の目は、「佐渡にはもっと別の知恵を持った人がいる。土に根ざした、堅実で視野の広い考え方を持った人たち」に「新しい流人群像」を見い出している。

という調子で、この本は、「日本への回帰の旅」への思いしきりな私が、たっぷり楽しめた旅の案内なのだ。


（一九八三年六月）

殺伐とした風景の中にうごめく人間 その写真の濡れそぼったような色調

藤原新也『全東洋街道』

藤原新也の本がだいぶ読まれているようだ。今年（一九八三年・昭和58）になって『東京漂流』、『メメント・モリ』と刊行相つぎ、今年は文庫判に姿を変えて『全東洋街道』のお出ましである。前二著の刊行時、近所の書店では、店頭にそれぞれ数十冊の単位で平積みされている壮観を目撃。せいぜい一、二冊しか扱ってもらえぬ山岳書など足元へも寄れぬモテかただ。それももっともである。山の本は「山は所詮遊び」の世界と割り切ってしまっていて、藤原氏が鋭く見すえる、われわれをめぐる「生存」状況を問う重さとは太刀打ちできないからである。今日という時代は、誰もが自分の生き方をめぐって迷走に迷走を続けているか、あるいは、いかなる社会の事象にも極めてアパシーな状況におちいっている時代である。その生の「慰籍」をわずかに登山に見出すクライマー、マウンテニアーの徒にしても、この生存状況から逃れ得るわけにはいかない。

そんなわけで、今月は、一度この欄で取り上げたかった藤原氏の本を選んだ。オリジナル

全東洋街道（集英社文庫）
一九八三年、集英社刊。（原著・一九八一年・集英社刊）。

藤原新也
一九四四年〜。福岡県生まれの写真家。東京芸術大学を中退ののち、インド亜大陸から中東を経てトルコのイスタンブールまで、四〇〇日の漂泊の旅を行う。その折のペンとカメラによる記録が『全東洋街道』である。この業績により、八一年度の毎日芸術賞を受賞した。

判は一九八一年（昭和56）発行の縦二八・五センチ、横二一・二センチという大型サイズ。今回の文庫判はその三分の一ほどのサイズだ。その分だけ写真の迫力は弱くなったが、未使用写真も使われているのはありがたい。

初めて『全東洋街道』を見た時（文章は約半分を占める）、その写真の濡れそぼったような色調に独特のものを感じた。色でいえば暗い赤、文字でいえば血だ。その時、私は何となく「アングラ演劇」的雰囲気を連想したものである。そういえば、メジャーな存在になりかけている唐十郎の世界と、写真とペンの旅人藤原新也の世界はよく似かようと感ずるが、これは私の独断に過ぎようか。

この二十年、私も自分の「東洋街道」をさまよい歩いていた。イラン以西を除けば、この本の題材のほとんどの国へ足を伸ばした。泊まる所も——都会では特に——木賃宿といった風情の所が多かった。

パキスタンやアフガニスタンといった沙漠的世界をよく歩いていたせいか、藤原氏の画面は少し濡れすぎではあるまいかと思ったりした。写真は、対象を写実的に再生するのが目的ではないのだから、写真作家の意図に忠実で（意外性を追求する人も多いが）あればよいわけであるが。

とにかく、これは、私の見たパキスタンやアフガニスタンとはかなり異質だと思った。もしかしたら、藤原氏自身も、同じイスラム世界でもトルコのような土地柄が好みで、アフガンもパキスタンも余り好きになれなかったのかも知れない。「沙漠の国境風景ほど殺伐としてとりとめのないものはない。イラン、アフガニスタン、パキスタンの三つの国境にまたが

人間の魂を写しとるペンとカメラによる記録が次々に出版されて、現代日本の代表的写真家の一人となった。なお、藤原の書き、撮した「チベット」は本当のチベットではなく、インドのラダック地方を指すことが多い。

るこの土地には、見知らぬ人々が見知らぬ者とすれ違う……それは大陸の中に居る無人島」と書いて、彼はひたすらカルカッタへ向かってしまったのだから。殺伐とした風景の中にうごめく人間をこそつかみ取って欲しかったのにと思う。

ベンガル、カルカッタはもはや湿潤な東アジアの世界。カルカッタで雨を得てから、著者のカメラも文章も冴えまさる。ビルマに入った彼は「旅の地図の中に四季の移ろう様子が見えて来た。季節の移り変わりというものは気分の弛緩しがちな長い旅に活気を与えてくれる」と記している。東アジアの雑踏の中の人々の表情、したたる緑の中に毒を含んだもののように狂い咲く赤い花。市場にグロテスクに並ぶ処理ずみの家畜や魚、それに舌鼓を打つ人々の姿。カメラを下げたまま、そういう風景の中に身を置く作者の妙な安堵感が伝わってくる。

ただ、さいごに一言。この人を新興宗教の教祖のごとく取り扱う風潮は気になる。例えばこんな風に。「新しい時代風景の思想家、哲人が藤原新也だと断じる。……同時代の巨人に思えてならないのだ」(『メメント・モリ』の帯の言葉) 云々。

こんな誇大なオマージュとは無縁にまだまだ雑踏の中の一人として行動してもらいたい人物だ。

(一九八三年七月)

柔らかで、しかもしたたかな京都弁の話体、流暢で達意の文章も健在

高田直樹『続々　なんで山登るねん』

古いことで恐縮ですが、かつて日本文学の世界に、武者小路実篤が登場した時、芥川龍之介が「文壇の天窓を開け放った」と評したのは有名な話です。

高田直樹さんが、『なんで山登るねん』を引っさげて文壇ならぬ山岳界に登場して来たとき、今から七年前ですが、何やらそんな感じがしたものです。

カビ臭い登山論、硬直したものの考えが権威をもって横行していた時期に自由でしなやかな「高田ブシ」に接すれば、「自分の山」を考えようとするほどの人たちが共感をもって迎えたのは、当然すぎることだったのです。ただ、彼が開けるべき天窓は、その時すでにサビ付いていて、半分も開かなかったのではないでしょうか。「権威」ある日本山岳会の『山岳』の書評欄に、この本が今まで一度も取り上げられずに黙殺されてしまったのも、そんな背景があったせいでしょうか。多分、「うさん臭い本」として敬遠されたのでしょう。少なくとも観客席にいる僕には、そんなふうに映るのです。

続々　なんで山登るねん
一九八三年、山と溪谷社刊。

高田直樹
一九三六年〜。京都生まれの登山家。京都府立大学に入り、同大学山岳部で活躍した。京都府立の高校教師（化学）の傍ら、山行を重ねて剱岳八ッ峰などでいくつかのバリエーション・ルートを開拓した。一九六五年にカラコルムのディラン峰への京都隊に参加。以後多くのカラコルムとその

今回の『続々篇』には、「アラーの神と共に虎穴に入らずんば虎児を得ず」以下二五篇の文章が収められています。題材、内容、語り口などは、これまでの正続二冊とさほど変化があるわけではない。もの柔らかでいて、しかもしたたかそうな京都弁の話体の文章、流暢で達意の文章も健在で、この本全体に「高田直樹的世界」が確立しています。

山の世界と日常生活の場を一貫する自由な感覚、先入観や偏見にとらわれない柔軟な思考を示した正篇。本人も「正篇が、意外にも家庭の主婦によく読まれており、彼女らは、また予想外に、これを子育て論のような感じで読んでいることが分かったからです。だから、ぼくは続篇では、ターゲットをオバちゃんにしぼったという訳です」としたたかに言ってのけた続篇。この続篇だけは全部書き下ろしの文章でした。それらにくらべると、今回の続々篇は、これまでよりも更に自由な、悪くいえばランダムな内容になりすぎ、盛り上がりの少ない音楽をきいた後のような感じがしました。

この本の中で、僕が一番面白く、印象深く読んだのは、「人間の勇気へ乾杯　人生は美しい賭」、「若き命を賭けた愛は国境と宗教を越えて」です。この二つの章は、ラホールで会った弘前大の先生、ワタナベ氏がパターン人豪族の娘と命を賭けた恋を著者に語る一大ロマンなのです。

本屋に出たばかりのこの本を読んだ僕の若い友人は「これは高田さんの創作ではありませんか」と疑うので、僕は「莫迦言いたまえ。僕の友人にだって、日本娘にほれ込んで、日本まで後を追いかけて来たパターン人がいるぞ」とたしなめたものです。これが創作では、かの名作？「ラホールの青い月」（「現代の探検」第一号）のイメージが崩れてしまうではありま

周辺へ登山を行う。文筆にも独自の冴えを見せ、『なんで登山るねん』（一九七八年・山と溪谷社刊）以来好評を呼び、続編が次々登場した。

せんか。セキタさんの出てくる所も面白いのですが、これは、この本にも出てくるピンディのミセス・デービス・ホテルで、かつて何日も一緒に酒を飲んだことがあるせいでしょう。彼は××峠を越える途上にあったのでした。

この本はどの章を取っても、かなり面白く読めるのですが、正直いうと、もうひとつ強く魅かれる所が少ないように感じます。もしかすると、高田さん自身、山登りに興ずる部分が少なくなっているせいではないでしょうか。彼もこの本で「麻薬的魅力のない登山なんて」否定されるべきだとしているわけですが、最近の彼の山登り、例えばコングール行など、彼自身の山というよりは組織のための山、遠征登山のための登山といった臭いが、傍目には感じられるのですが、そうでなければ幸いです。

彼が時々もらす、「今までこんな面白い山登りはなかった」という一九六九年（昭和44）の幻のハラハリ峠も求めた登山の面白さをその後の登山が超えていないのです。そこにこの本の食い足りなさが起因しているのではないかと、僕は勝手に決め込んでます。『なんで山降りるねん』が永遠に未刊の書で終わるよう祈りたいものです。

（一九八三年九月）

過度の自己陶酔や文飾、登山記録への執着がない名クライマーの自伝

リカルド・カシン／水野　勉訳『大岩壁の五十年』

あのずんぐりとして武骨なカシンのロック・ハンマーを、かなり長いことぼくは愛用していた。そんなに使い易いというわけでもなかったが、ながい間、亜麻仁油を吸っていい飴色になっていた木のシャフトのハンマーに、ぼくはずい分愛着していたものだ。メタリックな素材に親しんでいる現在の若い登攀者から見れば、骨董品にしか映らないような山の道具。カシンの名に出くわすたびに、ぼくはこのハンマーのイメージをその上にダブらせて来たのである。

イタリアが生んだ名クライマー、リカルド・カシンの自伝『大岩壁の五十年』は、いかにもカシンらしい飾り気のない本だ。山の本にありがちな過度の自己陶酔や文飾、登山記録への執着といったものがほとんど目立たない。現代では誠に珍重すべき趣の書である。ここでは彼の心の内奥に深い傷跡を残したにちがいないK２登山隊の本隊から除外された事件でさえ淡々と語られている。メスナーがいつか評したように「彼はいつも北欧神話に出てくる熊

大岩壁の五十年　一九八三年、白水社刊。

リカルド・カシン　一九〇九年〜。イタリアの登山家。北イタリアの農家に生まれ、二十歳前後から岩登りを自己流で始めた。二十五歳の時に、有名な登山家エミリオ・コミチに出会い、本格的な岩壁登攀を行う。ドロミティで多くの初登ルートを開くが、一九三八年にグランド・ジョラス北壁のウォーカ稜の初登が有名である。大戦後、

の皮を着た戦士ベルセルガーのように活躍した。カシンの表情豊かな大きな手を見れば、相変わらず信じ難いほどの力の持主であることがわかる」という言葉がぴったりの、本当の山の男なのである。本書の冒頭で著者自身が語っているが、彼の家系は何代も前から北イタリアの農民であり、山に対する興味も知的な好奇心の所産であるよりも、体の内側からゆり動かされたいわば野生の呼び声に応じたものなのだった。本書開巻の第一行に「登山隊は、船乗りや詩人と同じように、生得のものであって、後天的にできるものではない」と述べたのは何とも象徴的な言葉であって、著者カシン自体がすでに「生得」の登山家なのであった。

　半世紀をこえるカシンの経験豊かな登山人生の中で、ぼくの最も魅かれるのは、第二次大戦後のヒマラヤ体験の記録である。即ち、一九五八年（昭和33）の「ガッシャブルムⅣ峰」行と一九七五年の「ローツェ南壁」行。登山のドキュメントとして最も優れているのが、一九六一年の「マッキンリーの南壁」行である。

　ガッシャブルムⅣ（七九八〇メートル）は八千メートルに準ずる山としては、カシン率いるイタリア登山隊が初登して以降、今日に至るまで再登を許していない難峰で、ガッシャブルム＝輝く壁というバルティ語の山名は、本来このⅣ峰固有の名称なのであった。カシンのコンパクトな「Ⅳ峰初登頂」（第十六章）の文章は淡々とⅣ峰初登の経過を伝えるが、かつて、F・マライーニの『ガッシャブルム4＝G4』（一九六二年、理論社）の圧倒的なボリューム（訳書での本文三五七ページ、しかも二段組）とバルトロ氷河の巨峰群をみごとなカラー写真で堪能させられた目には食い足りない。今度の自伝では日本流にいえば原稿用紙で六〇枚弱、マライーニの

ヒマラヤに登場。一九五八年に難峰として知られる、カラコルムのガッシャーブルム4峰へのイタリア登山隊のリーダーとして初登頂に成功した。

本は実に千四百枚程を費やした。このカラコルム宝典の前では並みの文章では到底太刀打ちできない。ただ、同行した仲間の医師に言及して、「彼の性格はわれわれのような規模の遠征隊の医者としては最善とは思えなかった。必要とされるものは、落着いた、平静な、理性的な、できれば父親のような面倒見の良い人物である」と指摘しているのは、現代の登攀では、すべてを登攀者自身の判断にゆだねる傾向が強くなり、高所における遭難が多発している現状を思うと見すごせない警告のように感ずる。

本書の山場は、何といっても「マッキンリーの南壁」(第十七章)である。この山行では、単なる遠征隊リーダーというより、現役クライマーとして行動したことが、精彩を与え、嵐をついての下降はドラマティックな躍動感を盛り上げている。アルプスに興味のある人には、前半の天才的クライマー、エミリオ・コミチやジェルヴァズッティなどの交流も見落とせまい。

これまでに出たロングスタッフやシプトンの自伝と、今回のカシンの自伝を同列に扱うのは少し気の毒というものだ。カシンは文の人ではなく、あくまで行動の人だからである。

(一九八三年一〇月)

チロルの山や人とプロフェッサー・サヌキが交わすセッション

佐貫亦男『佐貫亦男のチロル日記』

佐貫亦男のチロル日記
一九八三年、山と溪谷社刊。

佐貫亦男
一九〇八〜一九九七年。秋田県横手市生まれの工学研究者。航空工学の専門家。東京大、日本大などの教授を歴任。傍らヨーロッパ・アルプス各地に足跡が広い。『とぶ——引力とのたたかい』(一九六九年)で日本エッセイストクラブ賞を受賞した。旅の達人としても知られ、長年にわたる旅のハード

本書の読後感をずばり一言で表現すれば、〝快著〟である。近来の〝快著〟をものしたプロフェッサー・サヌキは、さしずめ〝快人〟であろうか。

十代にして、すでに精神的に老いてしまったような大量のニル・アドミラリイ(無感動)症候群の若者たちを毎日みていると——私の本業は高校教師なのだが——、この七十五歳の老教授の感受性の瑞々しさが、ことさらうらやましく思われるのである。

本書を〝快著〟たらしめた最大の要因は、その自在な文章表現力にある。文章は思ったように書けばよいとか、話すように書けとか、もろもろの〝文章読本〟に出てくるが、そう簡単にいくものではない。〝話すように〟書けた代表的な例は、さきに老年に到って快打を連発したJJおじさんこと植草甚一、いまプロフェッサー・サヌキ。

〝話すように〟がうまくいくと、丁度ジャズのセッション(即興演奏)をきくような快感を読む者に与えることができる。本書を読んだ時、ああこれは、チロルの山や人と、サヌキ

教授との間に交わされたセッションだなと私は感じたのだ。

さて、セッションはこんなふうに始まる。「ヨーロッパへ着く。……アルプが尽きると、氷河か岩壁に対面する。私は完全平和主義者だから、ピッケルもザイルも携行しない非武装中立の立場をとる。したがって、そこから引きかえす。身がまえした氷と岩はあてが外れて、おい、どうしたんだと背後から呼んでいる。私はいいんだ、おまえたちはわしのレパトリの中に入っていなかったんだよ、といい聞かせる。彼らは、なんだ、谷のぞき野郎か、と捨てぜりふを浴びせかける」

どうです。立派なセッションでしょう。〝谷のぞき野郎〟、面白い言い方だ。私はさしずめ〝山のぞき野郎〟か。そういえば、私の仲間はみんな〝ヒマラヤのぞき〟である。

四〇〇〇メートルを超える氷雪の山々がいならぶ西アルプスに三十年間入りびたった老教授は、最近になって、専ら、その安住の地を東アルプスのチロル地方に求めた。ある年の夏、ユングフラウの下にうごめく日本人旅行者の数に恐れをなした教授は、西アルプスがついに「たった一人の山ではなくなった」ことを痛感した。「見飽きたわけではなく、自分で独占できなくなった」からだという。自然を愛する者が持つ、ごく当たり前の心理であろう。かくして、西アルプスへの反逆が行われた。サヌキ教授の言を借りれば、裏切りもまた一つの独創なのである。彼は落ちつき先について、こう語る。

「私のゆく先は、スイス南東部、オーストリアのチロル、イタリアの南チロルなどの東アルプスである。旅のややこしさは自分で解決すればよい。……すばらしい刺激的な眺め

とソフトを経験的に集成した『旅と道具』（一九九四年・グリーンアロー社刊）は晩年のユニークな書物である。

のドロミテをなぜ止めたかといえば、騒がしすぎるためであった」
チロル案内の詳細は本書の約三分の一を占める第Ⅲ部の「アルプでそのあいだ、どこを歩いていたんだ」を読んでいただくとして、第Ⅱ部の「アルプでそのとき、だれに会ったんだ」に触れたい。特に「Kが前を歩いてゆく——今は亡い山の友人」の一文は、チロルの行く先きざきで現れる亡友の幻影を描いて哀切である。また、「私のドロテアは十二歳——アルプの放牧家族」は、チロルの山の美少女ドロテアに毎年通いつめた話だが、老いの純一な心を描いて、川端康成の小説『眠れぬ美女』をふと思わせた。

かつて、某社編集室に現れた老プロフェッサーを見た。かなり着古したレインコートをまとった姿には、何やら、ボギー（H・ボガード）の表情を柔和にさせた映画の雰囲気があった。

（一九八三年一一月）

著者はカメラマンでC2のテント番
早稲田の山登りは、八〇〇〇メートル峰登山で開花

小松義夫『K2に挑む』

〝早稲田の山〟という言葉がある。早大山岳部の持っている、独特のねばり強く、連帯感にあふれた登山を意味するようだ。かなりの泥臭さとアクの強さが無色透明好みの現代都会派クライマー全盛の中で、どう映るだろうか。この人間くささ、私には至極貴重なものに見える。これは郷愁などとは別ものであろう。ヒマラヤが高く、巨大であればあるほど、そこに立ち向かう人間も能力の極限までのその力をふるう必要に立たされるのである。高々度の登攀からの生還には〝本物〟の人間であることも含めて、トータルな能力の高さが試されているわけである。太宰治をもじると「八〇〇〇メートル峰には人間くささがよく似合う」のである。

一九八一年（昭和56）八月七日、早大登山隊は敢闘よくK２西稜ルートの初登攀をもたらした。主峰の第五登であった。

本書は早大隊に同行したカメラマン小松義夫氏の撮影した美しい多数のカラー写真を主軸

K２に挑む（とんぼの本シリーズ）一九八三年、新潮社刊。

小松義夫　一九四五年生まれ。福岡県出身の写真家。初めは三年間滞在していたエジプトを拠点に中近東での報道写真を撮り続けた。イスラエルとエジプトのいわゆる六日戦争などもその間の対象となった。以後サハラやシリアの砂漠を撮り、南米やロシアのような酷しい自然条件の旅も体験。一九八三年には早稲田大

に、〝早稲田の山〟体験を綴った報告文「どん尻から眺めたK２登攀」、「BCとアタック隊交信録、松浦隊長のテープ便り」、「早稲田隊日誌」から成る。一一九ページのコンパクトな本が手頃な値段で誰でも手に入るのはよい事だ。これが少部数発行の報告書だと、一般の読者には手の届かぬ値段の本になってしまう。

まず、メインの写真から眺めよう。要所要所に大きく撮影の日付けが入っているので便利だ。隊の目標が西稜だから、当然のことながら七七年の日本隊とは異なり、サボイア氷河にBCが設けられた。巻頭しばらくは、「天空を切る　K２」と題して、K２の接近写真が続く。六～七ページのK２はよく見る構図だが、四～五ページの西壁の写真は岩と雪のデテールをよく伝えて新鮮である。この雲の往き来する様をとらえた作品には臨場感があふれている。「キャラバン出発」（六月六日）以下BC着までのポーターたちの写真、泊まり場、バルトロ氷河やその周辺の風物などは、これまでの出版物にもよく出てくるが、やはり省略するわけにはいかない。ウルドカスのキャンプ地（六月十四日）の写真も、これ一枚でキャラバンや泊まり場の様子が再現されている。バルトロ・カテドラルの岩塔を背景に六人のポーターが毛布をまとっている作も面白い。顔立ちも、被っている帽子もさまざま。「月夜のカラコルム」（四四ページ）の月などみごとまん丸。そこだけ白ヌキにしたかと思われるほどの大きさで、何とも幻想的な作だ。

さて、後半は、「いよいよK２」（六月二十日）と題し、西壁との格闘ぶりを伝える。中でも七七ページの「アタック前後のK２西壁」の写真が圧巻だ。くろぐろとしたK２の背景の夜空には星が流れる。黒い岩壁のいく箇所にもよく見ると小さな赤い点が見える。異例の長

学のK２登山隊に同行し、高所に滞在し、K２登山の様子を詳細に伝える『K２に挑む』を著した。

さのキャプションが付いている。「……それぞれのキャンプ地でＢＣに向かってトーチを大きく振るよう、無線を通じて依頼した」結果であった。

著者も文中で書いているように、「山にはまったくの素人」なので、上部へは行けなかったが、Ｃ２（六六〇〇メートル）のテント番として二十日間ねばった。「『お客さん』のつもりだった私が、登山活動に完全に巻き込まれてしまった」というわけである。頂上を含む上部の写真数点はナジール隊員の撮影による。

本書を特異なものにしたのは、ＢＣとアタック隊の交信記録の採録である。ＴＶ放映でも使われたが、松浦隊長が、サポートのおくれた隊員を叱責した終わりに「早稲田の山登りというのは、そういうものじゃないんだぞ」とあるのを印象深く読んだ。早稲田の山登りは、耐久レースにも似た八〇〇〇メートル峰登山で開花した感が深い。

（一九八三年一二月）

1984

「残り時間はわずか、鳥や山には大いに精進せねばならない」

烏賀陽貞子・恒正『山を愉しむ　六〇歳からの山登り』

現代は老人の時代ともいわれる。あれよあれよといっている間に、日本人の平均寿命は世界でもトップ・レベルの長寿国ということになった。

本篇は新年を迎えるにあたって、山好きの老童老女諸氏に捧げよう。

本書『山を愉しむ』の著者、烏賀陽《うがや》夫妻は、今年（一九八四年・昭和59）八三歳（恒正氏）、七六歳（貞子《よしこ》さん）の老おしどり夫婦である。副題に「六〇歳からの山登り」とあるように、夫君が定年退職されてから山通いに精勤するなかで生まれた「心に残る山々」二六座の山行記である。この山行記を中心に、第一部「登山のすすめ」、第二部「心に残る山々」、第三部「登山の智恵」と行き届いた編集ぶりである。表紙に畦地梅太郎の「山男と雷鳥」の絵を用いて、味を出している。

貞子さんは、夫君が退職された時、「本格的に登山しましょう」と決めた理由を「この世

山を愉しむ　一九八三年、筑摩書房刊。

烏賀陽貞子　一九〇五〜一九九九年。ドイツのベルリンで生まれる。幼時をパリ、北京などで過ごす。一九二三年、愛媛県立松山高女卒。一九二五年、烏賀陽恒正と結婚。横浜正金銀行に勤務していた夫に従い、マニラ、ロサンゼルスなど海外に暮らす。第二次大戦後は京都に居住。

六十歳の頃から、山歩きを夫君と共に熱心に行

の勤めを終えて、まずは無事平穏、このままではずるずるとイージー・ゴーイングになって、すっかり自分が駄目になってしまうのがこわかったからです。少し自分を苦しめなくてはと思ったからで、その点登山は精神的に、肉体的に、大変よい鍛練の場を、私ども年寄りにも提供してくれる」と説明している。頭の中では判っているこの理屈を、二人は几帳面にしかも楽しく実践してみせてくれたのである。

本書のオビの謳い文句に、「おじいさんとおばあさんが手をたずさえて踏破した山々は、三〇〇〇メートル級を含めて九〇峰。山にひかれた老夫婦の登山体験モニュメント」とあったが、この文句、全く本物である。

巻頭に、燕岳で憩う二人の写真があるが、人品骨格卑しからぬ気韻が伝わる。略歴や如何にと見れば巻末に、貞子さんは「一九〇五年、ドイツ、ベルリンに生まれる。パリ、北京で幼女時代を送る」とあり、夫君恒正氏は、「一九二五年京大法科卒、同年横浜正金銀行入行。マニラ、ロサンゼルス、ニューヨーク、上海、北京、南京各支店に勤務」とあった。その温雅、悠然たる文章や物の感じ方は広い国際的な視野の中で培われたものであろう。横浜正金といえば、かの烏水小島久太の日本山岳会発生譚の舞台でもあったから、恒正氏とも縁が深かったのである。

第二部「心に残る山々」によってこの老夫婦の足跡をたどってみよう。先ず「富士山」（一九六四年）である。「若い男性でも道端に青くなって伸びている方もあるのに、夫は平気でさっさと登っていった」とあるから、初めから山との相性が良かったようだ。ブロッケンの怪に学生時代に出合い、不動明王そっくりの大入道を前に凝然として立ちすくんだという

い、『山を愉しむ』のほか、『野鳥を愉しむ』（二四一ページ参照）など、夫君との共著がある。

烏賀陽恒正

一九〇一～二〇〇四年。京都生まれの経済人。一九二五年、京都大学（法学部）を卒業し、横浜正金銀行に入りマニラ、北米各地、上海、北京などで勤務。大戦後は江商に入社し、一九六四年に定年を迎えて自由の身となった。その頃から妻の貞子と山歩きをしきりに行い、妻と共著の『山を愉しむ』、『野鳥を愉しむ』を著し、好評を得た。

こぼれ話が興味深い。「燕岳」（一九六八年）では、あの白砂の山巓に立ち、「今やわれその頂きにたやすく歩む／はじめのみちは遠くかすみて／新しき天にわれ着きたり」という詩を引いて、「カロッサの詩が今こそ真実私自身のものになりました。その夜カーテンをかかげて仰いだ満天の星の輝きも終生忘れることはないだろう」と記している。精神も文章も若々しく柔軟である。

「雲の平」（一九六八年）では岐阜、長野、富山にまたがる五泊六日の縦走を堪能し、登れると思わなかった「槍ヶ岳」（一九六九年）に登り、「奥穂高岳、前穂高岳」（一九七一年）では吊屋根を難なく突破する異例の駆け足登山を経験。筆者も一九六五年前後に高校生の夏山合宿で盛んにこの界隈を歩き、中でも或る夏、薬師岳から南下、雲の平、双六、笠ヶ岳を経て、蒲田川の露天温泉でさいごをしめくくった山旅を楽しく思い出す。

この老夫婦、一山終わると「次はどこへ登ろうかと地図をひろげる始末」というとおり、南アルプス、東北の山々とその足跡をとどめるところを知らぬげ。中でも私には、少年時代、父母に連れられて毎夏滞在した蔵王山麓の鎌先温泉にふれた「南蔵王縦走」（一九七七年）がことのほかなつかしい。杉ヶ峰から不忘山へかけてのお花畑のみごとさ——。

「残り時間はわずか、鳥や山には大いに精進せねばならない」とするお二人を見習い、私もまた「四十五歳からのヒマラヤ」を謳い上げたいものだ。

（一九八四年一月）

果てなき冒険・興奮・発見の道へと導いてくれた師との出会い

C・W・ニコル／竹内和世訳『ぼくのワイルド・ライフ』

ヒマラヤの山並みを背景にしたテレビのCM（某ウイスキー会社提供）フィルムの中に出て来て〝大地よ、風よ、ありがとう〟とグラスを挙げて乾杯する大男をごらんになったことがありませんか。あの大男が本書の著者のニコルさん。本書では〝行動するカナダ人作家〟と銘打たれているが、本当はウェールズ生まれのイギリス人。みずからを鍛えることに急な少年時、十七歳にしてカナダに出奔し、以後カナダ北極圏やエチオピアでの自然と野生動物の保護を事とし、捕鯨に取材した小説を書いたのを機縁に、現在は日本に定住。黒姫山麓の古い農家（今は新しい家になったのかも知れないが）に日本人の奥さんと二人ぐらし。ニコルさんの略歴をざっと書くとこんな風になろうか。彼が唯の冒険、探検家でないことは、これまでにも松田銑氏によって訳出された『冒険家の食卓』（一九八一年）、『バーナード・リーチの日時計』（一九八二年）などを一読すれば、すぐわかる。さすがに老練な翻訳家である松田銑氏は、その本質を見てとり、次のように言っている。

「ニックさんは地球の上のどこかを探し求めていたのではなくて、自分の心の奥のどこ

ぼくのワイルド・ライフ　一九八三年、クロスロード社刊

C・W・ニコル　一九四〇年イギリスのウェールズ地方で生まれた。十八歳の時に家を出てカナダに移住。カナダの環境庁に勤務し、北極圏を十数度にわたり探検した。沖縄海洋博に際し、カナダ館副館長として来日する。

その後、長野県の黒姫地方の森の中に居を構え旺盛な執筆活動を行っている。主な著書に『ティ

かを探検しつづけて来たのだろう、というのがわたしのひそかな印象である。だからわたしはニックさんを『迷いの探検家』の部類に入れるのである——どうしてもニックさんを探検家と呼べと言うのならば」。

ニックさんの最も新しい本、『ぼくのワイルド・ライフ』には、野生動物たちをテーマにした十七篇のエッセイが入っている。原形は一九八〇年九月から一年間にわたって、自然保護誌「ワイルド・ライフ」（日本科学協会）に連載されたもの。

冒頭、「これから話すのは、ある口の悪い、帽子ぎらいのカラスについての物語」から始まる。十一歳のニコル少年がペットにしていたカラスのジャックの話。日曜日の教会へ通ってくる年配の女性たちのかぶる帽子を攻撃したあげく、お仕置きされるいたずらカラスとの交遊が描かれている。次いで、「ブラッキーとネズミたち」。ネズミ退治のエースとして、少年が登場させた悪党のオスネコ、ブラッキーの話。手製の爆弾を使っても、なお、ネズミどもに逃げられてしまうというくだりなどでは、思わず吹き出してしまう。

少年は成人する途上、人生で一番大切な時期に上級学校で、ピーターという生物学者と知り合う。「ぼくは子がものおばちゃん」の冒頭で、「ぼくがピーター・ドライバーの助手になり、カナダ極北地方の探検旅行についていったのは十七歳のときだった。カナダでなくてほかのどこだったとしても、ぼくはついていったと思う。彼はぼくより十歳年上で、ぼくが通っていたイングランドの古風で厳格な男子校の生物教師だった。ぼくらはふつうの生徒と教師の間柄をこえて、ずっと親密だった。これはおそらく、ぼくらふたりとも独特のイギリス

キシー』（一九七九年）、『バーナード・リッチの日時計』（一九八二年）、『冒険家の食卓』（一九八一年）、長編小説に『勇魚《いさな》』（三一五ページ参照）がある。

式ユーモアのセンスをもち合わせていたからだろう」とこの幸せな出会いを描いている。

ある日、突然ピーターが学校を止め、極北地方で野生ガモの研究遠征旅行に行くことになり、その助手として、青年ニコルは同行する。著者にとって、忘れられない青春の一ページであるだけに、小品といった感じの多い本書の中では、力のこもった一篇である。この章末は次の一句で締めくくられる。「ぼくの人生を果てなき冒険と興奮と発見の道へと導いてくれたのは、今はドライバー博士となったピーターであった」と。

右の話には続きがあって、本書の最終章の「わが愛しのピーター先生」では、かつての若い師弟がスコットランド北端の小島で再会するところで結ばれる。三〇年近くたち、顔にシワが出て、お互いにお腹の出かかった二人の再会。ここまで読んで来て、思わずニック・ファンならずとも「ニックさんよかったね」と肩でもたたいてやりたいようなエンディングである。

カタログ文化に終わりそうな我が国のバックパッキング、ウィルダネス志向とは全く異なる存在感、本物の人間の生活を考えさせる本である。

（一九八四年二月）

ヒマラヤ、チベット、中央アジアをカバーする 山岳図書のデータ・バンク

薬師義美編『ヒマラヤ文献目録』

待ちに待った薬師さんの『ヒマラヤ文献目録』がついに出来上がった。初版(一九七二年・昭和47刊)が出るまでに十年、初版が出てから更に十年を費やした〝画期的〟という言葉がぴったりの労作である。

初版が『ヒマラヤ関係図書目録』として世に出た時、日本はおろか、世界のヒマラヤニストたちは瞠目し、賛辞を惜しまなかった。古書肆の中にはその目録の書名リストにYakushiナンバーを付けるものも現れる程定着してきた。例えば日本のヒマラヤ好きの間にもファンの多い、イタリアのボローニャの古書肆リブレリア・アルピナでは次のように利用している。エルゾークの「アンナプルナ」に例をとると、

Herzog, M.—Annapurna, Premier 8000. Paris,1952.…… Yakushi H84 となる。なお、この薬師書目に入っていない古書は、その旨が注記されている。

編者自身が「増訂第二版の序」で「欧文図書は三七五二点(初版一九一六点)、邦文図書八五五点(初版二五六点)を収録することが出来た」と述べているとおり、本書はヒマラヤ、

ヒマラヤ文献目録 一九八四年、白水社刊

薬師義美 一九三六年富山県生まれのヒマラヤ研究家。一九六三年立命館大学大学院(地理学)を修了し、大谷高校教諭となり、定年まで勤務。

高校時代から、地元の富山県の山々、特に黒部渓谷周辺一帯に足跡を残す。一九六五年秋から翌年二月にかけて、ネパール中部から東部を踏査。六九年秋には、富山ヒマラヤ登山隊のリーダーと

チベット、中央アジアをカバーするおびただしい数の山岳図書のデータ・バンクと評しても過言ではない。

　初版所収の書目の約二倍（四六〇七点）を収めた今回の第二版は、B５判、全七五九ページという堂々たる巨冊となって登場したわけである。また、上製バクラム装という堅牢な造本も初版（自費出版）出版時の面目を一新した。並みの造本では、長年の使用に耐えられぬからである。

　これだけ浩瀚《こうかん》な書目になると、ヒマラヤ愛好家、研究者のさまざまな要求に応えることが可能であり、読む側も多様な楽しみ方が出来る。次にぼくなりの楽しみ方の一端を記してみる。

　先日、神保町を歩いていて、妙なヒマラヤ本に出くわした。著者はジプシィ・デヴィとレディ・バ。書名〔The Himalayan Letters of Gipsy Davy and Lady Ba.〕帰宅して、本書を検索すると、D66にちゃんとのっている。一九二七年ケンブリッジのHeffer社刊、二八〇ページとあり、内容についても「著者名は、あるアメリカ人のペン・ネーム。一九二三～二四年のR・バレットのスリナガールからレーへの旅が含まれている」と英文で記されている。

　L80～L84（本書二三九ページ）にかけては、G・ライトナーという言語学者の稀覯本が五冊ものっている。このダルド（旧インド北西辺境）語とその地域について記した本を是非手にしたいと願っていたが、薬師さんは日本のどこでこの本を見たのだろうか、それとも未見の書なのだろうか。そんなことを空想しながらページを繰るのも楽しい。このライトナー（ハンガリー人）という一種謎めいた人物については、近年、J・ケイが〔The Gilgit Game.〕（一

して、ネパールのグルジャ・ヒマールの初登に成功した。ヒマラヤ文献の研究者としても知られ、『ヒマラヤ文献目録』は、度々の改訂を経て、約一万点の内外のヒマラヤ文献（成書）を収録、国際的な声価を得た。その業績に対して、二〇〇一年に秩父宮記念山岳賞が授与された。その他の著書に『遥かなるヒマラヤ』（一九六九年）、『雲の中のチベット』（四〇二ページ参照）および多くのヒマラヤに関する訳書がある。

九七九年刊）という好著で光をあてている。

近頃は、外国の古書肆へ直接注文することもずい分楽になった。しかし、古書リストは簡便なものが多いので、珍しいヒマラヤ本だと思って注文したら、全く山には関わりのない哲学、思想の本が届いたりすることがある。そんな失敗を避けるためにも、本書は頼りがいのある相談相手になる。

後半の邦文図書の部では、二、三〇ページ程度でも登山報告書を出している日本隊について、編者は丁寧に収集を続け、その表題、内容を英文で併記して紹介に努めた。これは、欧米のヒマラヤ研究者の目から漏れ勝ちな日本隊、特に小チームによる多くの成果を知らせるに大切な仕事であり、本書の価値を高めている。小さな、ささやかな本や、書格の定まっていない出版物にも、豊かな発想の源が秘められているからである。巻末には各種索引も完備している。

編者は「深田さんは彼岸のシャングリラからこの様子をどう見ておられるだろうか」（第2版序）と記されたが、深田さんはきっと「薬師君よく頑張ったね」とご満悦で、ウイスキーのグラスをかかげておられることと思う。

（一九八四年三月）

［追記］ その後十年を経て、本書の増訂第三版が出た。和洋文献を併せて約一万点近い図書のデータが収録され、一九九四年十一月に第二版と同じく白水社から刊行された。

〝現代の最高の贅沢――山歩き〟を満喫している老童の登山記録

脇坂順一『七十歳はまだ青春』

ある酒場のとまり木で、たまたま隣合った中年の男の言葉が、ひどく心に残った。小学生の子どもを連れて冬の奥多摩を歩いて来たという。

男はいった。

――山歩きという遊びは、現代では最も贅沢な遊びじゃないですか。他の遊びでは道具や機械が幅をきかせているが、山歩きにはその必要がない。〝徒手空拳〟という感じがいい。自然の素朴さや原始性を心ゆくまで味わう、これは最高の贅沢というものじゃありませんか。

……そうか。山歩きは最高の贅沢か、なるほどな……。

酒場を出ると先刻までの雪は降り止んでいた。いい気分になったぼくは駿河台の坂を上がり駅へ向かった。

古刹を越えて今なお五〇〇〇メートルはおろか、六〇〇〇メートル近い海外の山々を登り続ける若々し

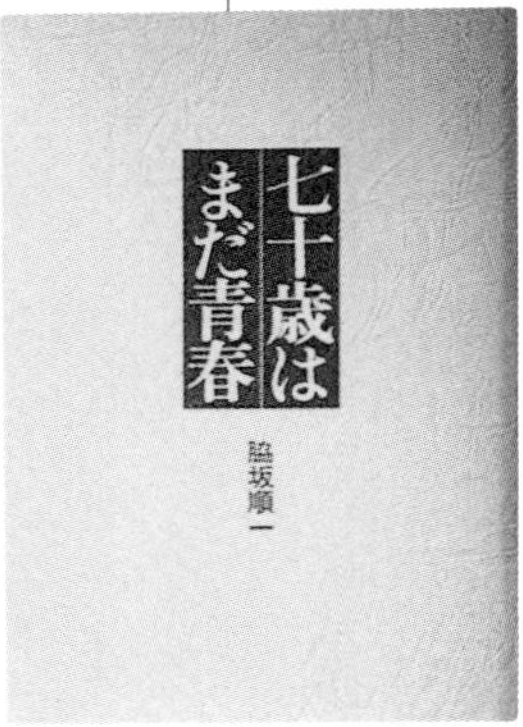

七十歳はまだ青春　一九八四年、山と溪谷社刊。

脇坂順一　一九一三年〜二〇〇三年。福岡市生まれの外科医。一九三七年九州大学医学部卒業。同大学の講師、助教授を経て、一九五二年に久留米大学教授となる。消化器外科の権威として知られ、胃の手術を三千例以上を行った。

一九六一年に国際学会で渡欧した際に、マッターホルンなどに登頂し、以後しきりに海外の名山

い老人がいる。その老童がこれまでの山行記録を一冊の本にした。〝現代の最高の贅沢〟を満喫している人の本である。題して『七十歳はまだ青春』。老齢とは無縁な、精神と肉体の強靱さがかなでる人生讃歌だ。著者の脇坂順一氏は、長年にわたり久留米大の外科医（消化器外科）として勤務。胃の手術だけでも三千例を越すという権威。

冒頭の「山との出会いと私の健康法」によれば、小学校四年のころ、山好きの叔父に連れられて、阿蘇に登ったのが山との出会いとなる。その時のことを、「頂上に着いて初めてそのすさまじい噴火口をのぞいたとたん、全く圧倒され、胸に大自然の偉大さを痛烈に焼きつけられた」と述懐している。多くの登山家が体験する山との鮮烈な出会いが脇坂氏にもあった。けだし、第一の山の洗礼といえよう。

さて、外科勤務医としてのかたわら、「福岡山の会」会員（現在は会長）として本格的な山行を続けた著者は、やがて海外の山と結縁する。「山好きの私は専門の外科関係の国際学会で外国に行ったついでに、観光などそっちのけでむさぼるように山に登った」という事情があった。「海外での初登山は一九六一年の夏、私が四十八歳のときであった。この年、学生時代からのあこがれの山だったマッターホルンに登頂して以来、ヨーロッパ・アルプスに病みつきになり、渡欧するたびに登り続けた」と語るように、本書巻末にある「海外の山登頂一覧」の全八十二例の登山のうちの約八割までが、アルプス登山である。なかでも、マッターホルンには十回も登り、その十回目は著者の古稀を記念する山行となった。

また、若者をしのぐ体力作りの源泉となった「健康法」では、「かつては四十歳ごろまでの私は八十キロの肥満体で、血圧もやや高く、坂道を上るときさえきつかった」という著者

に登った。代表的な山の著作は本書『七十歳はまだ青春』。一九七五年に秩父宮記念学術賞を受賞した。

が、独自に編み出した毎朝の冷水摩擦と全身運動を詳しく述べているのが注目される。

そのトレーニングぶりの概要を紹介しておこう。先ず鉄唖鈴などを利用して、上半身の筋肉を約十五分きたえる。次に自転車こぎと深呼吸。次からが本番。全身の冷水摩擦のあと膝の屈伸二百回、跳躍三百回、背中と両脚を百五十回こすったあと、腕立て伏せを百七十回等々とたっぷりやる。かなりのハード・トレーニングだが、五十八キロ程度に体重を押さえるには、この努力が必要か。米飯をまったく摂らない独特の食事法も興味深い。酒類は夕食時に白ワイン二百CCを飲む由、左党もやや安堵するのではないか。

本書には「初めて登った海外の山メンヒ」を始め、有名無名の山四十五篇の登山記録を収録。著者のいうごとく「ガイドブックとして」役立つ側面を持つ。読者としてはアルプスの詳細図を用意して、著者の確かな足跡を追いたい。各編の末尾には〈時間記録〉もノートされ、老クライマーの面目がうかがわれる。

いかに健康でゆたかな〝老い〟を迎えるかは、登山の世界でもっと論じられてよい課題だ。本書にはその解答のいくつかが実感をもって語られている。

（一九八四年四月）

クライミングの神髄は創造的な身のこなしにある

マイクル・ロフマン／平田紀之・戸田直樹共訳
『フリー・クライミング入門』

しなやかな身のこなしに対する願望は〝クライマー〟を自認するほどの人は、みな必ず持っている。ふた昔前に、クライミング入門を志した者ならば、G・レビュファらのフランス山岳映画に登場するクライマーたちが淀みなく、ほとんど平地を速歩すると同じような速度で岩壁を攀じ登る姿をわくわくしながら見入ったはずだ。いかにも硬そうなアルプスの壁や地中海の濃い紺青の海に切れ落ちるカランクの岩場は、二十数年たった今でも頭のどこかに焼き付いている。その頃、アメリカの山登りなどほとんど話題にもならなかった。

ここ五、六年の間にアメリカ流の、というかヨセミテ風のフリー・クライミング志向は、若い人たちにすっかり定着したようだ。アメリカ文化の持つ健康な一面に対する共感と無縁な現象ではないはずである。よりクリーンに、より自由にという考え方はクライミングばかりでなく、アメリカ人のライフ・スタイルの中に厳として存在しているのではあるまいか。

クリーンで自由なカリフォルニアの、ヨセミテの風をたっぷり含んだ『フリー・クライミ

フリー・クライミング入門　一九八四年、山と渓谷社刊。

マイクル・ロフマン　経歴不詳。一九五〇年代からヨセミテ渓谷などアメリカを代表する岩場で、アメリカ的登攀として、日本にも根を下ろしたフリー・クライミングを実践。

フリー・クライミングの教本とも言える、この『フリー・クライミング入門』は出色の技術書である。

ング入門』という技術書が現れた。日本の既成の技術書から受ける古めかしさをまったく感じさせない、刺激的でしかも説得力に富む立言が見られる。〝入門〟というベーシックな姿を見せながら、著者M・ロフマンは高度なクライミング論を開陳しているのである。

著者は登攀の現在を次のようにとらえている。

「現代のロッククライミングは、複雑な、高度に洗練されたスポーツである。水準は桁外れに上がり、クライマーは絶えず、より困難な領域に敢然と足を踏み入れている。その結果、エキスパートと初心者の間の格差は広がってしまった。……（前者は）初心者と一緒に過ごしたがらない。逆に見込みのある初心者は、二十五年前なら最難と思えるようなルートからクライミングを始めることもしばしばある。クライミングを学ぶのも、もう昔のように単純にはいかなくなっているのだ」（「はじめに」）

ここで指摘されている両者のギャップに架橋しようとしたのが、著者の意図だったのである。この項で次のように言《げん》を続けているのは注目される。「クライミングの神髄は――ダンスと同じように――創造的な身のこなしにある」と規定し、さらに「将来、クライミングの魅力を拡大し、その発展に最大の余地を与えるのは、このスポーツの表現力に富んだダンス的側面であろう」と予測する。ここに著者の「初心者はエイド・クライミング（人工登攀）を学ぶ前にフリー・クライミングをマスターすべきだ」とする確信の源があり、「クライマーの身のこなし、動作」に主眼をすえた斬新な技術のノウハウがある。もっとも、私のように根のくらい人間には、登攀という行為の持つ（と思われる）恐怖やある場合には死へのひそかな願望を克服することの意味が切り捨てられてしまったことに、若干の不満があるのだ。

個々の動作やトレーニング、補助的手段、用具の用い方や技法についても引用すべき解説文はそれこそ枚挙にいとまがないといった状態だが、それらは、「3、動作」(本書四五ページ～一〇一ページ)、「4、ロープ、アンカー、ビレイ」(同一〇二～一六五ページ)、「5、懸垂下降とプルージック」(同一六六～一八六ページ)について見られたい。目のさめるような思いをする人も多いのではないだろうか。ここでは、著者ロフマンの登攀のスタイルについての概念規定を引用するにとどめる。

「……科学技術の進歩にさからって挑戦を続けさせているのは、この〝自らに課する制限〟なのだ。最も優雅で洒落た登攀とは、用具なしで行うそれである。クライマーは単独で登るべきであり、……さらに理想的には、そのルートについての予備知識なしで登るべきなのである」

ヨセミテを熟知する二人の訳者の自在な訳文、多くの写真に登場、そのしなやかな肢体でフリー・クライムを再現してみせた女性アミイ・ロフマンに賛辞を呈したい。

(一九八四年五月)

多田等観師のチベット滞在の模様とラマ教の真面目を聞き書きした労作

多田等観述／牧野文子聞き書き『チベット滞在記』

本書は、昨年亡くなった牧野文子さんが、多田等観師の十一年にわたるチベット滞在の模様を等観師の晩年に十年以上もかかって聞き書きした労作である。

我が国でも『ガッシャーブルムⅣ峰』登頂記の著者としてお馴染みのF・マライニ氏の一連の著作の翻訳家として知られる牧野女史が、労多い聞き書きの仕事に敢えて着手したについては、日本の文化的貧困に対する義憤というべきものがあった。女史は本書の「はじめに」で次のように記す。

「大正二年から十年余もチベットに入った純粋の仏教を研鑽し、チベット語を自国語のように自由に読み、聞き、話し、チベットの解放前の事情に精通し、さらにチベット大蔵経その他多数の経典を日本に請来せしめるなど、多くの業績を持つ多田等観さんが、広く一般に知られずにいるのが、私には誠に残念に思われたのです」。

口調は穏やかだが、胸中は無念の思いがあふれていよう。

多田等観の著作として、今でも一般に入手できるのは、『チベット』（岩波新書、一九四二

チベット滞在記　一九八四年、白水社刊。

多田等観　一八九〇年～一九六七年。秋田市生まれの仏教研究家。父は僧侶。大谷光瑞の知遇を受けて、一九一二年にインドに渡る。カリンポンでダライ・ラマ十三世に謁見し、それを契機に一九一三年ブータン側からチベットのラサへ入域。以後十年間、現地で僧院生活を送る。

一九二三年に帰国し、東北大学、東京大学など

年・昭和17。復刊＝特装本、一九八二年・昭和57）が唯一のものである。恐らくチベット、特にラマ教についての最良の概説書だろうが、何分その記述が硬い「教科書」のようなものだから、若い人達が争って読むという性格の本ではない。それにくらべ、今回の『チベット滞在記』は聞き書きに基づく本なので、『チベット』では難しかった部分も、わかり易く説明されている。特に等観師が十年以上も起居したラサのセラ寺などでの僧院生活の日常が生き生きと語られて興味深い。

次に私が特に面白く感じた箇所をいくつか挙げてみよう。先ず、入蔵の動機が「決して最初から高邁な理想のようなものがあって、ひとつチベットを研究しようとか、チベット仏教を専攻しようとかと思ったのでは毛頭ないのである」と語っている点である。後年チベット仏典の文献目録で学士院賞を受賞した等観師から予想すると考え及ばないが、こういう率直なもの言いを引き出したのも聞き書きの手柄であろう。

明治の末年、来日中のチベット人三人を大谷光瑞法主の要請で世話し、彼等に日本語を教え、その代わりにチベット語を学んだのが入蔵のきっかけとなった。そして、三人のチベット人をインドへ送り届けた等観師は、カリンポンでダライ・ラマ十三世に対面、その知遇を得ることとなった。時に明治四十五（一九一二）年三月、二十一歳。その後、トゥプテン・ゲンツェン（トゥプテンはダライ・ラマの名の一部）という名を与えられた等観師は、ダライ・ラマの招きと本願寺の大谷光瑞法主の「入蔵して一層勉強せよ」との指示もあり、チベット入国を阻止しようとするイギリス＝インド政庁のきびしい監視の網をくぐり、一か月以

の講師を歴任した。一九五五年に『チベット撰述仏典目録』で、学士院賞を受けたが、一般書の著作は極めて少なく『チベット』（一九四二年）がある。

牧野文子　一九〇四年〜一九八三年。大阪市生まれの詩人、翻訳家。神戸女学院卒業、記者、編集者を経て、著述家となる。イタリア語に堪能で、イタリアの探検家、人類学者のフォスコ・マライーニの著書を多く翻訳した。訳書に『ヒマラヤの真珠』（一九四三年）、『チベット』（一九五八年）『ガッシャーブルムⅣ』（一九六二年）などがある。なお、画家の牧野四子吉はその夫で、夫人の紀行書『イタリアの山を行く』（二〇三ページ参照）や『山への旅』（一九八二年）

上ものブータン縦断行を果たして、首尾よくダライ・ラマ十三世との再会にこぎつける。その詳細は第一章「チベットと私」の中の「ダライ・ラマに再会するまで」に見られる。文中にブータンとチベット国境の六五〇〇《メートル》くらいの峠を越えたとあるが、A・ガンサーの最新の「ブータン地図」（一九八三年刊）でもそんなに高い峠はない。多分、五五〇〇《メートル》くらいの峠と思われる。この入蔵ルートは地名の言及が少なく、よく分からない。研究課題の一つ。

巻末の北村甫、山口瑞鳳、大鹿實秋の三教授の座談会も等観師の面目に触れて面白いものだが、この入蔵ルートとラサ滞在中の巡礼行のルートについて「こういうことまめに書く人っていうのは、青木（文教）さんが一番まめですな。その次が河口さんで、多田先生はこういうところは一番……」とスッパ抜かれている。

空海ブーム、密教ブームとかいわれる今日、ラマ教の真面目《しんめんもく》を伝える本書の存在は重要である。等観師がくり返し強調する「ラマ教といえば仏教以外のもの、または邪神を祀る邪教のように考えられていることが多いが、ラマ教というものは完全な仏教である……他国の人々の予想以上に発展した仏教であって、大乗仏教なのである」という見解も、正しいチベット観を得る上で、忘れてはいけない点であろう。

（一九八四年六月）

などに多くの挿画を描いた。

「山の中を歩きながら、山を下りながらいつも考える。そしていつも山は沈黙し……」

田中澄江『沈黙の山—私の歴史山歩』

豊かな年輪を書き手が重ねないと、どうしても深い味わいの出ないたぐいの本がある。田中澄江氏の新著『沈黙の山』もその一つに数えられよう。某社のTVコマーシャルに、「ご家庭では、どうしてもこの味わいが出せない！」、つまり、シロウトではムリという言い草があったが、本書もまた、隠し味を秘めたクロウト好みの一冊といえようか。

作者が並みの文章の手だれではないことは、本書の随所に顔を出しているが、試みにその片鱗を窺《うかが》ってみよう。先ず、初めの方から「陸中姫神山　一一二三・八メートル」の項。この本の山の並び方は、標高にこだわりなく、北から南へ、東から西という風に配列されている。書き出しはこうだ。

「姫神山は標高一一二三・八メートル。北上川をへだててむかいあう岩手山の二〇四一メートルの、ほとんど半分である。岩手山が成層火山でありながら、円頂丘の火山のように鬱然と、怒気をはらんだようないかつさで西の空にそびえたっているのにくらべ、姫神山ははるかにやさしく美しく東の空を飾っている。しかもこちらは早池峰につづく北上山地にふくまれ

沈黙の山——私の歴史山歩　一九八四年、山と溪谷社刊。

田中澄江　一九〇八～二〇〇〇年。東京生まれの作家。夫は劇作家の田中千禾夫。東京女子高等師範（現・お茶の水女子大）卒業後、教師、新聞記者などを経て著述活動を行う。その傍ら山歩きを続け、その方面の代表作『花の百名山』（文藝春秋社）で読売文学賞を受ける。近年、深田久弥の『日本百名山』と並び、テ

る古い残丘で、ゆるやかに裾をひいた姿こそ成層火山のように見える」

とある。どうです。みごとな書き出しでしょう。この項は、末尾を次のように結ぶ。即ち、石川一（啄木）少年を想像し、

「登山道のまん中に泉が湧き、ゆたかな水量が谷川となって流れ走ってゆく。……少年も、この水で汗を拭き、この水を飲んだにちがいないと思った。…………下ろうとして、夕映えの華やいだ空に浮かんだ岩手山のくろぐろとした姿につぶやいて言った。『どうですか。私の想像はちがっていますか』岩手山はむっつりとして答えなかった。」

文章の鍛練道にいそしんだ人の面目が一目瞭然でしょう。こうした文章の合い間に、山々に関わる歴史的事件とそこに登場する人々、さらには作者自身との関わりといった記述が織りまぜられる。

一般的にいって、女性の物書きにはエキセントリックなところや、感覚にまかせて突っ走るといった点が強いので、私は女の人の書いた文章、特に小説は殆ど読んでいない。苦手である。それにくらべると、田中氏の文章は骨太な感じで、私のような読者にも安心感を持たせてくれる。

本書では、北は北海道の「東大雪緑岳　二〇一九・五メートル」に始まり、南は日向の国は霧島山群中の「新燃岳　一四二〇・八メートル」に至る。標高でいえば、ピンは越中の立山（三〇一五メートル）からキリは、大和の二上山（五一三メートル）まで計五十五編を以って構成される。正に「山高きが故に、尊からず」である。恐れながら？　キリにあげてしまった二上山にしても、内

レビの連続放送やムック版シリーズなどで、一種のブーム現象を現出している。後続の本書『沈黙の山―私の歴史山歩』も好評であった。

容は主テーマの「歴史」からいえば、ピンの部類にランクされよう。「二上山」の末尾で、道のつけ方に疑問を持った著者は、「あの老獪極まりない持統女帝は、大津皇子の墓へ詣でるものを、謀反の志を抱くものと見做し、ひそかに麓に放ったスパイから、頂までの道を看視させたのではなかったか。」とまで推量する。事の正否は知らず、作家としての著者の目くばりはなかなか鋭いものがある。村上豊画伯の挿画も実にいい。

三〇〇〇メートル、あるいはそれに準ずる高峰は本書の約一割。これは、近隣、僻遠の別を問わず、人間の歴史が色濃く刻みつけられることの多かった低山が、選択の対象となったのは当然のことであろう。

考証好きの人には、少し物足りない点があるかも知れぬが、原稿用紙約十枚で一回分をまとめるという制約の中で、五年以上も連載した田中氏の苦労はひと通りのものではなかったと思う。

「茅ケ岳」の項で、「私は、深田さんのなくなられた年よりもずっと上になった」という著者は、今でも月に数回の山行を続けている。また、「山の中を歩きながら、山を下りながら、いつも考える。そしていつも山は沈黙し、山は答えてくれない。死ぬまで山を歩き続けなければと思う」と明言する。

（一九八四年七月）

イタリアの山と、マライーニ一家と夫君四子吉画伯のスケッチに囲まれて

牧野文子『イタリアの山を行く』

イタリアの山を行く　一九八四年、アデイン書房刊。
牧野文子　一九八ページ参照。

「山好きの絵かきさんの所へ行って、挿画を頼んで来てくれ」という編集長のひと声で、新米の編集部員だった私は、街へ飛び出した。辛気くさいデスク・ワークよりも、自由な風にあたることが出来る画家めぐりの方が余程自分の性に合っていたらしく、その年は一年中、東京はおろか、鎌倉あたりの画家めぐりもした。その日の目あては、目白の高台の住宅地の一角。

仕事の話が無事に済むと、ご主人が先年のイタリア行のスケッチを何冊も広げて下さる。ドロミティの山々が多い。挿絵は細密な植物の絵が多いのに、山のスケッチは自由奔放。書棚の一角に　F・マライーニの著書が並んでいる。すると、さっき紅茶をいれてくれた小柄な夫人が牧野文子女史！　老境にさしかかった夫婦が、お互いにいたわり合って暮らしている静かな「サロン」を私はその後、何度も訪れた。寡黙な四子吉画伯に代わって、マライーニを語り、自作の詩を朗読してくれる文子女史だった。牧野邸を辞し、早稲田の都電通りへ下る坂道で、「ヒマラヤだ。ヒマラヤだ。ヒマラヤだ」と私は呪文を唱えていた。二十年前

の話である。呪文の効き目があったせいか、その二年後、私はマライーニ氏の足跡を追って、サングラール峰の北の氷河の中に身を置いていた。

牧野文子女史の『イタリアの山を行く』は、絶筆となった本である。牧野女史は三度イタリアを訪れている。そのつど、夫君四子吉氏が同行して、ドロミティ山塊の北、セルバにあるF・マライーニ氏の山荘を根城に、イタリア各地の山々や山村を歩かれた。

「ドロミティにはカメラマンや絵かきがその風景の特異さを知って訪れることはあっても、山歩きをしに行ったという人の話をあまり聞かない。またアッペンニーノ山系中の山を歩いた人の土産話をする人がない。…（中略）……そしてこれまで比較的多くわが国に紹介されている美術や音楽の生まれ育った国、イタリアの自然を、少しでも彷彿とさせることができれば望外の喜び」（はしがき）

という意図がこの本にはあった。その意図は懇切丁寧な本書の行文によく生かされている。

この本は次の四つの章に分かれている。(1)国境の山、(2)セルヴァ・ヴァル・ガルディーナ、(3)大理石の山、(4)南の楽園。そして、それぞれの章にマライーニ氏一家と牧野夫妻の交遊ぶりが描かれ、四子吉氏のイタリアの山々、山村のスケッチやカットがふんだんに挿入されている。

「国境の山」では、名前だけは知っているが、日本人が余り実際を知らないイタリア＝スイス国境の峠がいくつか語られている。コーネの谷を訪れた著者は、グラン・サン・ベルナルド峠（二四七二メートル）、ピッコロ・サン・ベルナルド峠（二一八六メートル）を語り、イザルコ川をさかのぼったペンネス峠（二二一四メートル）を訪れ、その荒涼とした風景を「……こうした石の散らばりを、よく西欧文学のものに羊の群れがいるようだと形容されているが、ほんとうにそんな感じで、そこにただ風が吹き通っているばかりだった。この山の背で、生きているものは風だけのように思えた」と描写している。

「セルヴァ・ヴァル・ガルディーナ」の章では、マライーニ氏所有の山荘での生活をのびのびと楽しんだ様子が記されている。滞在期間がゆったりしていたせいか、多くの峠や山々を歩いている。ドロミティ地方の山村の木工技術に注目した文章もある。マライーニ氏と共に岩登りの達人エミリオ・コミチの墓を訪れたのも、このセルヴァの山荘（標高一七〇〇メートル）滞在中のことで印象深い。

後半の圧巻は「大理石の山」である。ミケランジェロがかつて検分に出かけたというアルピ・アプアーネ山塊で、牧野女史は実際に大理石を切り出す作業を見聞した、その探訪記である。

一連の訳書のうちで、私は『ヒマラヤの真珠』を最も愛読したが、本書もイタリアを愛する人々に、ひそかに読みつがれて行くことと思う。

（一九八四年八月）

ヒマラヤのジャイアンツの登攀をソツなくまとめてはいる。だが……

みなみ・かずお『八千メートルの履歴書』

ヒマラヤ好きを自認するほどの人ならば、誰でもつい、この本を手に取ってみるだろう。興味をそそられる題名の本だ。そして、その読後感。一言でいえばひどくガッカリさせられたというのが率直なところだ。

大体、この本の書き方や内容は、深田久弥のヒマラヤでいえば『ヒマラヤ登攀史――八千《メートル》の山々――』（一九五七年・昭和32）に相当するわけだが、新しいヒマラヤ登攀史としての新鮮味に乏しい。深田久弥の登攀史には「山の好きな元気のある若い人々のヒマラヤへの煽動書となれば、私の本望である。万一この本がよく売れでもしたら、それを旅費にあてて私もヒマラヤへ出かけようと、あらぬ夢を見ている。……実現出来なくても、夢はたのしいものである」（同書あとがき）といっているように、ヒマラヤのアジテーターとしての自覚と、ヒマラヤへの憧憬が同居した純度の高い、しかも楽しい夢のある著作となった。

それに比べて、今回のみなみ氏の本はどうか。なる程、器用に達者にヒマラヤのジャイアンツの登攀をソツなくまとめてはいる。だが、この本からヒマラヤ登山の醍醐味やヒマラヤ

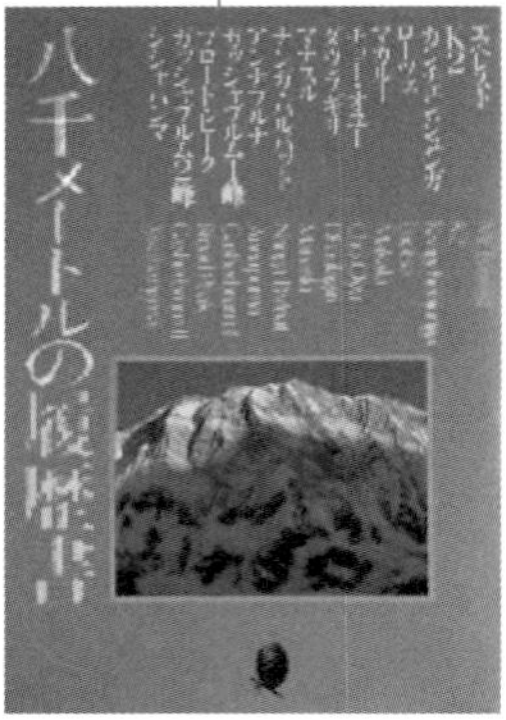

八千メートルの履歴書
一九八四年、森林書房刊。

みなみ・かずお　吉田二郎（筆名・松山荘二）の変名と思われる。吉田二郎・松山荘二は下谷の吉田書店の四代目で、晩年に、家業であった古書肆の顛末を綴った『古書肆「したよし」の記』（二〇〇二年・平凡社刊）を上梓。その直後、二〇〇三年三月十三日に急逝した。

に挑んだ人々の人間像を感得することは難しい。宣伝文の一節に「十四座の巨峰に刻まれたクロニクルの潮流を明快に描く」とあったが、これとて中途半端に終わっている。せめて、この点だけでも、つまり、クロニクルの潮流だけでも徹底して描けば、現代のヒマラヤ登山史にふさわしい内容になったはずなのに、残念なことである。

　残念がっているばかりでは、読者諸氏によく分からぬかも知れないので、私が残念に思う点を具体的に数個所、本書の文章から揚げる。例えば「マカルー」の章から。少し長くなるが、まずは深田さんの『ヒマラヤ登攀史』から引用してみよう。

「仕合わせな家庭と同様、仕合わせな登山は面白い話に欠けている、とマカルー登山隊長のジャン・フランコは言う。この世界第五位の登頂に成功してフランスに帰ってくると、新聞記者はしつこく彼に向って、何かアクシデントが無かったか訊き探ろうとした。

〝残念ながら何もありませんでしたよ。クレヴァスに落ちたこともなければ、テントを押しながす雪崩にも遭わなかった。八千メートルの上でも、モン・ブランの頂上と大した違いはありませんでしたよ。〟（後略）」

　右のようなエピソードは、みなみ氏の本の「マカルー」の章の中程では次のように描かれる。

「帰国後フランコ隊長は、アクシデントはひとつもなかったのか——と新聞記者たちから執拗に質問されて苦笑した。誰一人クレヴァスにも落ちず、雪崩にも遭わず、八千メートルでもモン・ブランと同じように登れたと笑いながら、いかにもフランス人らしく〝幸せな家庭と同じで、幸せな登山には面白い話に欠ける〃と語ったのだ」

漢字の熟語が少し変わったり話の順序が入れ変わっているだけで、二つの文章は、偶然の暗合とは思えぬほどよく一致している。「閣下、いま私は世界で一番高い山を発見しました」で始まる「エベレスト」の章も同じようなことがいえよう。私のように十五年も、『ヒマラヤの高峰』の本文の校訂と註釈をつける仕事に従事している者には、こうした類似点が他の箇所でも目につき、フェアーな書き方とは思えなかった。折角、新しいヒマラヤ登山史を書くのだから、みなみ氏は、もっと自分自身のオリジナリティを発揮すべきだったのだ。終章「回顧と展望」にわずかにその片鱗がうかがえるが、「いったい、いつになったらヒマラヤの山々に、純粋の登山だけが花咲くようになるか」というだけでは、著者が提示するナショナリズムとコマーシャリズムの間にゆれるヒマラヤ登山に対する答えにはならない。

私が本書を読んで得た教訓は、ヒマラヤ登山史を云々する場合には、深田さんを超えるくらい原典を深く読むことと、変貌するヒマラヤ登山の思潮やタクティックスを徹底的に考えることが必要だということである。

（一九八四年九月）

『スタイン伝』の忠実な邦訳
スタインとはどのような人物だったのか

J・ミルスキー／杉山二郎・伊吹寛子・瀧　梢共訳

『スタイン伝（上）』

J・ミルスキー女史が十二年の歳月を投じて書き上げた労作『スタイン伝』の忠実な邦訳が出版された。一九七七年にアメリカのシカゴ大学出版部から刊行された原典は、スタインが、インド、中央アジアから、肉親や知友たちに宛てて丹念に書き送っていた数千通にのぼる書簡を駆使して、初めて、この大探検家の内面を照らし出すことに成功して話題になった。といっても、研究者や、それに準ずる人々の間でのことだったが。

今回刊行されたのは、原典（本文五四七ページ）のうちの約五分の三の分量で、残りは、近日中に出版されるはずだ。邦訳では、この前半部が上巻として上梓されたが、二段組で四二二ページ、下巻は恐らく三五〇ページ程度の本となろう。とにかく読みごたえのする本で、気楽に鼻唄まじりで読むというわけには参らぬ。読書するのだという気構えでぶつからないと読者の方がつぶされてしまいそうな本である。

私の場合も、夏休み中の五日間をまるごとこの本にあて、家人たちから数百キロ離れた高原のロッジで、毎日のように『スタイン伝』を耽読した。ベルを押しさえすれば、ビールも

スタイン伝（上）　一九八四年、六興出版社刊（原著・一九七七年刊）。

ジャネット・ミルスキー

一九〇三年アメリカのニュージャージィ州に生まれた（歿年不詳）。一九四二年コロンビア大学を卒業し、一九六四年からしばらくプリンストン大学の東アジア研究学科研究員をつとめた。主著『スタイン伝』（原著・一九七七年刊）は十二年の歳月を費やし、膨大な学術報告書、紀行、遺され

コーヒーも持って来てくれるのである。たまには、こういう環境で読書三昧に耽けるのも許されていいでしょう。

原著者ミルスキー女史は一九〇三年生まれというから、すでに八十歳を越えた著述家である。はじめは人類学を専攻、その後、アジア、アフリカ研究の専門家となった人で、その方面の著作も多い。

女史は、スタインについて、本書の序文で、「東洋学者、考古学者、探検家、地理学者、地誌学者オーレル・スタイン卿は、ユーラシア大陸を、高度な四大文明によって支えられた一つの文化地域としてみなす近代の範をつくった少数の開拓者的な学者の一人であった」と規定している。序文の後半では、女史がこの労作を仕上げるまでに援助を受けた多くの知友、公的機関に対する謝辞となっているが、そこに名を連ねる人々を見るだけで、この書物の持つ奥深さを予見できよう。

例えば、「ロンドンのブリティッシュ・アカデミーには、スタインが家族に宛てて書いた何千通もの手紙がぎっしり詰まった箱がウィーンから送られてきていたが、所長のモーティマー・ホイーラー卿は、手紙の中でふれている人物、事件のいくつかを鮮やかに語ってくださった」とあるが、このホイーラーは、ながくインド・パキスタンの考古学調査に携わって来た著名な人物だ。この本の成立のかげには、そうしたレベルの人々の援助があったのである。

訳書上巻では、第一部「物事のはじまり」、第二部「第一次中央アジア探検」（一九〇〇年

た数千の書簡を駆使して書かれた労作。ほかに、中国に関する旅行家、探検家に関する書物も著している。

〜一九〇一年）、幕間（一九〇一年〜一九〇六年）、第三部「第二次中央アジア探検」（一九〇六年〜一九〇八年）の四部に分かれ、それぞれの章立ては原著に忠実に従っている。敦煌の千仏洞の秘宝、三〇〇〇巻近い仏典の入手というクライマックスは、さいごの部分、つまり、第二次中ア探検中の出来事であった。

中国古代遺跡からの秘宝搬出の功罪については、数年前に邦訳されたP・ホップカークの『シルクロード発掘秘話』（時事通信社）に、より批判的に描かれているので、本書と読み比べてみると興味深い。ホップカークの本も真面目なよい本である。

本書のみどころは、どこをどう探検したか、ということより、スタインとはどのような人物だったのだろうか、ユダヤ人家庭に育った彼が、どのように自己樹立していったのだろうかという点にある。その意味で、本書に挿入されたスタイン書簡は、あたかも彼自身の温かい声を直接耳にする如き効果があり、本書の核心を形成している。「洗礼は、両親が考えていた通り、ゲットーの門を開き、外の世界の富に接近するための鍵となった」（第一部）とあるが、彼の探検活動そのものがすでに、ユダヤ的なものとカソリック的なものを超克した姿だったのである。なお、下巻巻末にスタインの生涯と著作についての、詳細な解説文（杉山二郎）が付されている。

（一九八四年一〇月）

富良野の東大演習林に三十六年、「森の熱中先生」の初エッセー

高橋延清『樹海に生きて　どろ亀さんと森の仲間たち』

この本の広告が新聞に出ていたのが目に入り、早速、近くの本屋へ行ってみた。出版後まだ数日しかたっていないというのに、もう売り切れの由。次に行った本屋でも同じことをいわれてしまった。それならばと、わが阿佐谷の誇る、かの木風舎（書店）へと自転車でひと走り。ここでも「初版は、どうやら売り切れのようです」と若い店主から聞かされて、がっくり。

たかが新刊一冊、わざわざ神保町を探し歩くのも大仰、といっているうちにひと月経過。やっと手にした本の奥付けには、三刷と記されていた。

便利なはずの都会にいても、この有りさま。本屋の少ない所に住んでいる人たちは、新刊書をタイミングよく入手するにも、普段から苦労を強いられているのではないかと、現代の出版流通のあり方の一面を考えさせられた。

こんなわけで、ドロ亀先生（著者のニックネーム）初のエッセー集の、評判も売れ行きも、はじめから上々。それだけ世間でも、緑や自然に関心が高くなっているという証拠であろう

樹海に生きて　一九八四年、朝日新聞社刊。

高橋延清　一九一四年生まれ。岩手県沢内村出身の植物学者。雪の博士として知られる高橋喜平はその実兄。

一九三七年、東京大学農学部（林学）を卒業。翌年、農学部助手として、北海道富良野にある東京大演習林で勤務。一九四二年に同演習林の林長となり、一九七四年定年退官するまでの三十六年間、自らを「どろ亀」と称し、

か。

昭和十二年（一九三七）に東大（帝大）林学科を出て以来、北海道富良野の東大演習林に専らこもること三十六年。一貫して、森づくりの研究に励んで来たドロ亀先生こそ、「森の熱中先生」というにふさわしい人なのだ。

長い年月、東大の森林学教授として過ごして来た著者は、その間、一度も本郷のキャンパスの教壇に立つことがなかった。恐らく、東大の学生でも、ドロ亀先生の存在をほとんど眼中にしていなかったのではなかったか。

この本が世に出るいきさつについて、「『酒飲んで碁ばかり打っていないで、少しは文を書いて残しておくものだ』と、雪博士で通っている兄、高橋喜平に叱られてから、ちょうど十年たった。ともかく、ドロ亀さんのエッセー集が出版されることとなった。ああーよかった、と思っている」（本書「あとがき」）といっている。「叱られ」ながら書いた、というにしては極めて流暢、ソフトな語り口である。登山者たちにも知られる雪の文章家である兄喜平氏の塁を摩する〝賢弟〟ぶりを発揮している。

本書の内容は次の四つの部分に大別される。⑴「どろ亀人生」、⑵「下界に降りたどろ亀さん」、⑶「どろ亀さんと森の仲間たち」、⑷「生きものの中へ」。それぞれの部分は十章前後の文章で構成。

⑴の終わりの方に、「夢は果てしなく」という文章がある。少し引用してみよう。「今夜のテレビ番組も終わってしまって静かだ。カーテンを開けると雪が降っている。だが、部屋の中は暖かい。グラスをかたむけつつ幻想の世界へと亀は旅立っていく。どうしても、今年こ

森林研究一筋にすごす。天然林の施業方法を確立し、その間一度も本郷のキャンパスの教壇に立つことはなかった。

そ、三十六年間歩きまわった、あの樹海のあの森に小さなヒュッテを建てようと決心する」。この決心は、次の章「山小屋を建てて」で実現。「やっと、念願の小さな山小屋を昨年七月に建てた。札幌の近郊で車で三十分、それから山道を歩いて十五分ほどのところである」といい、「入り口のドアー、窓わく、内装材などすべてカラマツだが、老齢材（七十年）で、美しいピンク色である。……六坪の小さいものだが、天井は高く、窓からの眺めは抜群」とある。手稲山麓の森の中にある、この小屋の写真と記事が『ビーパル』誌（一九八三年三月）にのっていた。冬は雪が二・五メートルほど積もるという。

本書のメインは(3)の部分で、ここには、北の森に登場するタヌキ、カモ、エゾライチョウ、カメムシ、エゾリス、キタキツネ、ヨタカ、カケスといった面々が勢揃いする。ただし、私にはそうした動物や昆虫を書いた章よりも、ドロ亀さんに「林分施業法」という理論を教えてくれた巨大樹のエゾマツさんの最期を語った「樹海は重傷だ」が心に残った。

本書所収の諸篇は、「グリーン・パワー」誌などに連載したものを集めたせいか、みな短い。前菜を食べているうちに食事が終わってしまったという、食い足りなさはどうしても残る。

（一九八四年一一月）

アレクサンダーが遠征したアオルノス城砦やガンダーラ・ウジャーナの踏査紀行（本邦初訳）

マルク・A・スタイン／谷口陸男・澤田和夫共訳
『アレクサンダーの道　ガンダーラ・スワート』

J・ミルスキー女史の『スタイン伝』（二〇九ページ参照）の訳書が出た後で、タイミングよく、今度はスタイン自身が熱をこめて執筆した踏査紀行『アレクサンダーの道』の本邦初訳本が出版された。副題に「ガンダーラ・スワート」とあるように、アレクサンダーがインド征服を意図して、進攻の途次、最もその攻略にてこずったアオルノスの砦や、ガンダーラ仏教遺跡の宝庫ともいえるウジャーナ（烏仗那国、現在のスワート地方）を踏査した、一九二六年の歴史紀行である。

スタインが、中央アジアやインド北西辺境を踏査中、「旅の守護聖人」と呼んで、常時携帯していたのが、玄奘とアレクサンダーの伝記であった。この二人の足跡が奇しくも色濃く残っている場所が、このスワート一帯の地なのだ。「その歴史的興味が私をもっとも魅了した土地ということになれば、……あたかも流星の放つ光芒にも似た輝きをもって歴史の上に燦然と浮かび上がらせた、インダス川の西に横たわる比較的狭小な地域に、指を屈せざるを得ないのである」（序文）とスタイン自身が、その魅力を語った所以でもある。

アレクサンダーの道　一九八四年、白水社刊。

マルク・A・スタイン　一八六二～一九四五年。ハンガリーの生んだ偉大な中央アジア探検家で考古学者。オックスフォード大学で考古学を専攻し、のちに一九〇四年イギリスに帰化。二十世紀初頭にパミールから東トルキスタンに入り、崑崙山脈西部を探査し、ホータン周辺で画期的な発掘調査の実績を残す。

第二回目の探検（一九

「土地は肥沃で、人口も物産も豊饒であり、五穀はみな稔り、いろいろな果物が豊かに実る。夜には鐘の音があまねく世界に満ち、土地には珍しい花が多く、冬から夏へと次々に咲く。僧も在家の人々もこれを採り、仏の供養に捧げるのである」（平凡社刊、『宋雲行紀』・東洋文庫一九四巻より）

と六世紀の西域求法僧も、当時のウジャーナの様子を述べているが、現在のスワートも水清く、緑豊な土地である。そしてわれわれ山岳党に何より嬉しいことは、スワート川上流一帯には、五九〇〇メートル前後の山々が数多く存在することである。特に左岸のマンキャール山群や、シリ・ダラ氷河周辺の中級山岳群には、日本人の足跡がまったく残されていないのだ。

一九七一年の夏、私は妻と二人でスワートの仏教遺跡を巡礼したことがあった。バリコットの北東で、シャンカルダール大塔（ストゥーパ）を見て、玄奘が上軍王塔（高さ二十七・四メートル）と記した、その塔を目のあたりにしていたく感激した。次にガレガイの磨崖仏を見た。半ば風化したその尊顔のあたりには、なんと牛糞のつぶてが沢山投げつけられていた。偶像の存在を否定する回教徒の仕業とはいえ、悲しむべき光景である。

さて、本書の前半は、このスワートの仏教遺跡の踏査記で、ここに出てくる磨崖仏や仏塔（ストゥーパ）の多くは、今日でも、根気よく歩けば（今では自動車を使うが）、見ることができる。昨今はかなり多くの日本人のグループ・ツアーのルートにもなっているが、幹線からそれた枝道の遺跡までフォローするのは、一度や二度の旅では無理。私も本書の原典をザックの背に入れ、五度、六度と訪ね歩いているが、未見の遺跡はまだまだ多い。

〇六～〇八年）はミーランの発掘後、敦煌の千仏洞から貴重な古代文書を入手したことは、あまりにも有名。学術報告の巨冊のほか、一般的な紀行書として、『砂に埋もれたホータンの廃墟』（訳書・一九九九年）や『アレキサンダーの道』（訳書・一九八四年）がある。スタインは現在なお、ヘディンと並んで、中央アジア探検史上の双璧である。

217 — オーレル・スタイン『アレクサンダーの道　ガンダーラ・スワート』

本書のメインは、第二部（後半）のアオルノス城砦の探査行。アレキサンダー麾下のマケドニア軍に追いつめられたスワートの住民たちが最後に立てこもった岩山にある砦を求めて、スワート・インダス分水嶺中のピール・サール峰の山頂に、アオルノスの砦跡を発見する次第を詳述。まるで、推理小説の〝あや〟を手繰っていくような面白さがある。一九二六年四月二十六日から三日間、スタインは実際にピール・サール頂上に滞在して、測量、遺跡調査を行って結論を導き出している。古代ギリシャ文献などの引用も豊富だから、歴史や考証好きには、格別な面白さがあろう。

重ねて記すが、スワート・コヒスタンやインダス・コヒスタンには、山岳愛好者や自然観察者にも充分満足を与えうるすぐれたフィールドがあるが、何故か、我が国の山仲間の姿は絶えてしまっている。本書によって、スワートの魅力に目を開かれる人の多からんことを祈る。

（一九八四年一二月）

〔追記〕右の文章のうちに、スワートの山岳地帯へのトレッキングをすすめた箇所があるが、それから二十年たった今日でも、本格的な登山活動はおろか、不明な箇所の多いこの地域をトレックする日本人の足跡は途絶えてしまっている。今日なお、スワート地方をカバーする詳細な地図、カムカルテなどの登山地図も作成されていない。一方でヒマラヤの情報は多すぎるという声もあるが、その情報なるものの内実が、いかに偏ったものかをスワートの例が如実に示している。

深田先生黄泉《よみ》に盃あげてゐむ「ヒマラヤ文献目録」よみし給ひて（薬師義美氏）

1985

ネパールに興味を持つ人々に頼りになる〈ネパール宝典〉の誕生

川喜田二郎監修／日本ネパール協会編『ネパール研究ガイド——解説と文献目録』

東京は世田谷、東松原の深田久弥邸（九山山房）へ通い出して、しばらくたってからのことである。

例によって、掘ごたつのある部屋で、ウイスキーの相伴にあずかりながら、ヒマラヤ談義にふけっているところへ、ネパール開闢《かいびゃく》以来の、邦人入国者の台帳作りをしているという青年がやって来た。日本ネパール文化協会（当時は文化の二字を冠してあった）では、そのファイルを基にして、河口慧海師以来入国した全日本人の活動記録をまとめて、出版しようとしていたのだ。カードの一枚一枚には、帰国後発表した文献は勿論、撮影したフィルムの枚数や採集した動植物標本の点数まで、こまごまと記入してあった。主として面接調査に基づく、文字どおり、足でかせいだ労作であった。日ネ協会の熱心な若手の会員が手弁当で東奔西走、事に当たっていたのである。

その晩、もう一人のネパール帰りの細身の若者が深田さんの部屋に合流、賑やかな夜となった。前者は松沢憲夫君で、彼は後年、ネパールの日本大使館に勤務した。後者は、『一人

ネパール研究ガイド　一九八四年、日外アソシエーツ刊。

川喜田二郎　一九二〇年〜。三重県生まれの文化人類学者。大阪市立大学、東京工業大学教授を経て、ながく筑波大学教授をつとめた。

第二次大戦前に、数次にわたり南洋諸島で調査探検行を経験し、戦時中は大興安嶺（旧満州）をフィールドにした京都大探検隊に参加。戦後一九五三年にマナスル登山隊の

ぼっちのヒマラヤ』の向後元彦君。初対面のぼくらは、この夜、松沢君の下宿へ転がり込み、夜を徹してヒマラヤ談義に熱中した。一九六六年の暮れのことだったと思う。この時のファイルは翌年、無事に講談社から上梓され、その詳細、正確なデータや日本人の全足跡をルーティングした付図など画期的なものとなった。題して、『ネパール・ヒマラヤ探検記録――ネパールと日本 1899～1966』である。

今回、日本ネパール協会が十年の準備期間を費やして、新しいソース・ブックを出版した。ここに取り上げた『ネパール研究ガイド――解説と文献目録』が、それである。

監修者の川喜田二郎氏は、本書の序文で、前著刊行後「以来日本人のネパール訪問はウナギのぼりにふえ、いまや年々一万に近づいているときく。……その結果、日本人の手によって書かれたネパールに関する文献の目録は、その貴重な内容にも拘わらず、殆ど手つかずとなってしまったのである。日本ネパール協会は十年ほど前に会員の発意により、〈ネパール関係文献目録作成委員会〉を発足させ、この困難な仕事にとり組んで来た」と出版の意図や事情を語っている。かつての出版が人中心とすれば、今回のそれは、書籍を含めた文献中心に、質的に変換したことを意味していよう。

本書の内容は、⑴解説⑵目録⑶年表の三部に分かれる。⑴では、「総説　ネパールの歴史・社会・経済」（川喜田二郎）、「民族・文化　その多様性と類似性」（石井溥）、「医療・教育　教育⇅人間⇅医業20年の変化」（岩村昇・史子）、「自然　ネパールの自然と自然保護」（沼田真）、「登山　ヒマラヤ登山の歴史」（薬師義美）、「ネパール案内　ガイド・ブック作り

科学班に参加したことがきっかけとなり、後半生を捧げるネパールを研究調査の場とした。

一九六四年に日本ネパール文化協会（現日本ネパール協会）を設立し、活発な活動を行った。その間に、ＫＪ法と呼ばれる文章（思考）構築論を普及させ、社会的にも大きな話題となる。

初期の代表的な著作に、『ネパール王国探検記』（一九六〇年・光文社刊）があり、文化人類学的視点から描かれたユニークなヒマラヤ本として注目を浴びた。その後、多くの論文、報告書を公にしている。

と地図」（五百沢智也）など、それぞれの分野の専門家が、多年のネパール通いの蘊蓄を傾けて、本書を一般にも親しみ深いものにしている。研究者のみを対象とせず、一種のガイド・ブックとしての性格を持たせたのであろう。

次いで、本書の主要部の「目録」。秋山恭子、秋山倶子、田村真知子、堀込静香といった図書目録作成のベテランによる編集。分類目次は⑴総記⑵歴史⑶政治・外交・法制⑷経済・産業⑸民族・文化⑹医療・衛生⑺自然⑻探検・紀行・トレッキング⑼登山⑽児童書となっている。

右の分類は、それぞれの分野でさらに細分されているのは無論のことで、⑼登山の中の登攀の項では、ネパールの各山群ごとに文献をまとめるといった工夫が見られる。文献の収録対象は「日本で発表されたネパール王国に関する全分野の単行書、単行書の部分、雑誌論文、記事を三九三九件収めた」（凡例）。第三部の松田雄一・金井弘夫編「日本――ネパール関係年表」は、日ネ両国の人的交流の実情を詳細に示すものとして貴重な資料だ。ネパールに興味を持つ人々にとって、何よりも頼りになる〈ネパール宝典〉の誕生を喜びたい。

（一九八五年一月）

ボルダリングは登山における詩
すぐれたボルダリングは人間の内から

パット・アメント／平田紀之訳
『ジョン・ギルのスーパー・ボルダリング』

本邦で〝ボルダリング〟という言葉が積極的に語られるようになってから、せいぜい五年くらいしかたっていない。一過性の流行で終わるのかと危惧していたこの〝ゲーム〟が、本邦でもクライミングの世界に重要な分野を占めるまでに定着しつつあるのは、最も純粋なクライミングがそこに存在すると、多くのクライマーが本能的に感じているためであろう。〝純粋なクライミング〟とは何か。その問いに応えた本が、今月取り上げた『ジョン・ギルのスーパー・ボルダリング』である。この本は、六〇年代にティートンをはじめ、アメリカの名だたるボルダリング・エリアで、あらゆる課題を設定し、自らそのプロブレムを解決した伝説的人物、ジョン・ギルの物語である。もっとも、この本はギル自身が書いたわけではなく、その心酔者の一人である著者パット・アメントが書いた一種の評伝である。古くさい回想や昔話を語るのではなく、今日的なクライミングの内的世界をとらえた所が面白い。アメントは六〇年代の終わり頃ギルと出会い、多くのボルダーで行をともにし、クライミングを高度にわがものとした人物だから、この評伝を書くにはうってつけの感じだ。訳者の平田氏

ジョン・ギルのスーパー・ボルダリング　一九八四年、森林書房刊

パット・アメント　一九四八年〜。アメリカ、コロラド州のデンバー生まれの登山家。十代からロッククライミングを始め、しばらく後に、当時アメリカ最高のクライマーとうたわれたロイヤル・ロビンスの影響を強く受けて、フリー・クライミングを追求。七〇年代にブームとなるフリー・クライムの先駆者である。そ

の話では、アメントという人は、かなり風変わりでアクの強い人物らしいが、訳出された文章で感じとる限り、ユーモアのセンスも適度に持った、しなやかな感性を感じさせる書き手のようだ。恐らく、訳者の文体と著者の感性はうまく一致しているのだろう。

「彼（ギル）のクライミングは、一個の特殊な分野のクライミング——比較的小さい岩場で行う、『ボルダリング』と呼ばれるクライミングである。それは垂直な、あるいはオーバーハングした数フィートの岩にある、一見不可能に見える課題《プロブレム》を解決するクライミングなのだ」（本書「はじめに」）と記されているが、この氷河生まれの漂石《ボルダー》や大石を完璧なテクニックを駆使して登り切る〝ゲーム〟は、そもそもアメリカ六〇年代の専売特許ではない。百年くらい前のイギリスのクライマーたちも、スコットランドや北ウェールズの五《メートル》から一〇《メートル》程度のボルダーを盛んに登っては楽しんでいたのである。例えば、湖沼地方のウエスデェール・ヘッドのYボルダー（Y字形のクラックがある）や、同地の石積みの山小屋にタランチュラのように長い手足を伸ばして張り付いているクライマーの写真などが沢山残されているのだ。

一世紀前のボルダリングと現代のそれの違いは何だろうか。それは、前者は単なる岩遊びか、一種のデモンストレーションの性格が強かったのに対し、今日では用具の面でも、精神の面でも著しく禁欲的（という言葉が適切でなければ、内的規制をきびしく設ける、としよう）なことである。この面の自己規制をクライマー自身がきびしく持たなければ、ボルダリングという〝ゲーム〟は成立しないのである。本書で、著者アメントが筆をさくのも、単なるテ

の流れは、日本でも多くの岩場で行われたボルダリング・ゲームに引き継がれている。

クニックの問題よりも、ギルという一人の傑出したボルダラーを通して、この〝ゲーム〟に内蔵さるべき精神性、内的世界についての議論なのだ。

「ボルダリングは登山における詩なのだ。それは純化されたクライミングであり……すぐれた詩とおなじく、すぐれたボルダリングは人間の内部から生まれる。心の眼から発し、しかるのちに、洗練される。……そしてその精神が己れを表現する場所は、たとえ最も高い場所ではないにせよ、まちがいなく最もデリケートな場所なのである」（「ボルダリングは詩の世界」）

とするアメントの言葉を、日本のボルダラーはどうとらえるだろうか。総じて、わが国のクライマー、ボルダラーの書いた文章、言動に魅かれるところが少ないのは、右の引用文に見られるような自覚に乏しいせいだろう。その底に確たるライフ・スタイルの欠如といった問題も横たわっていたはずだ。

日本にどれくらいの数のボルダラーがいるのか、わからないが、日本のボルダラーが、岩とおのれとの間にもっとスピリチアルな関係を持たない限り、ジョン・ギル的「魂のクライマー」に肉薄できないのではないか。

かつてアルプスで追求された「アルピニスム・アクロバチコ」の世界が多摩川の河原で演ぜられる。これもまたボルダリングのもたらした現代の一つの風景ではある。

（一九八五年二月）

若手カメラマンがペンとカメラで辿った“エベレスト街道”初体験記

永井　博
『ゆっくりヒマラヤ——シェルパの里をトレッキング』

この本には、冬休み明けの土曜日、神田神保町の本屋で出っくわし、つい買ってしまった。「ヒマラヤ」という活字を見ると避けては通れぬ、困った病いである。この時も学生時代から二十五年間も世話になっている古書店で、ハーラーの『ラダック』（一九七八年刊）という写真集に遭遇。百五十点ほど美しいカラー写真の入っている大判の本だから、そんなに高い買い物という気はしなかったが。二〇ドルくらいはした。

さて、カバンが重くなって来たころとで、これも路地うらに余命を保っている古ぼけた喫茶店で生ビールを飲みながら、買い込んだ本を一時間ばかり拾い読みする、というのが、都会生活者としてのぼくの土曜の午後のお定まりのコース。

「青いケシを見たいと思った。五月なかごろ、紅、紫、白と可憐なたたずまいを見せるあのケシである。そのケシの珍種ともいうべきブルー・ポピーが、ヒマラヤのふもとにあるという。それも、ネパール王国の東、シェルパ族の村、ソル・クンプ地方に咲き乱れていると

ゆっくりヒマラヤ　一九八四年、旺文社刊。

永井　博　一九四七年、東京生まれ。写真専門学校を卒業後、フリーカメラマンとして活動。

山岳、人物、植物などの分野で、詩情ゆたかな作品を発表している。

一九七四年に初めてネパールを訪れたこの写真家は、十年後の一九八四年の秋、再びヒマラヤのシェルパの里を訪れた。

それらの経験を基にしてまとめたのが、本書

『ゆっくりヒマラヤ』である。

いうのだ」という書き出しで始まる本書は、若手カメラマンが、ペンとカメラで辿った〝エベレスト街道〟の初体験記である。

いわば、ネパールの〝銀座コース〟を描いた本なので、ネパールずれした人には満足できないかも知れないが、ぼくのようなネパール未経験者や入門志望者には、結構楽しめる。カラー文庫と銘打つだけあって、一九一ページの本のうち半分は写真だ。活字ばなれしたとよく言われる高校生や中学生を読者層とする出版社から刊行された文庫本だから、新しいヒマラヤ好きを掘り起こしてくれるかも知れない。

有名なシェルパ・アンタルケーの息子と東京で知り合ったのがきっかけで、著者はネパールを目指す。「私はいわゆる登山家ではない。だが、ヒマラヤの山麓をトレッキングという形で気ままに歩き回ることぐらいはできるかも知れない」と考えたこの写真家は、「祖先がどこから来たのかさえ明確に分かっていない、未だに神秘のベールに包まれたシェルパ族の人たちと、心の交流を持ってみたい」という目的をかかげて、十年前の四月下旬（「あとがき」による）にカトマンズに降り立った。

小さな双発機でルクラへ入った著者は、キッチン・ボーイのアンテンバー（自称十六歳）とポーターを連れた身軽な旅だが、肝心のトレッキングは、そう簡単には行かなかった。ネパール初見参の写真家は、初めて経験する高度と、嶮しい山道には、すっかりシゴかれた感じで、「ビスタリ、ビスタリ」（ゆっくり、ゆっくり）の連続だったようだ。エベレストの見えるチョウタラでは精根つきた形でへたり込むが、カメラだけは、さすがしっかりかかえていた。

シェルパ族の故郷、ナムチェでは、案内役のラクパ・テンジンに再会、その家庭に入り、村の生活に浸ることができた。少年たちの生き生きとした表情や、仕事に励む女たちの姿を撮ったスナップ・ショットは、この本の大きな見どころだ。

ナムチェ・バザールの石だらけの段畑にこぼれ落ちそうなくらい集まった人たちをとらえた朝市の写真は、本書中の秀作だろう。ぼくには、カンテガやタムセルクの美しい雪の輝きより、もっと強い印象をもって迫った。

ロブチェ近くまで行った写真家は、体調を崩し、ついにエベレストやその周辺の巨峰を間近に仰ぐことを断念する。このあと、ボーテ・コシ（川）のターメ村で、マニ・リンドゥ（赤い木の実）の祭りを見た著者は、再びルクラに戻り、そこからカトマンズに帰着するというのが、話のあらましである。

「人間の真の幸福というものの点と線を、これからどうつなげてゆけばよいのか。……カメラアイというプレパラートを通して、それらの問題点の、どれか一つでも提起すること」を目的とする著者の真面目な態度には好感が持てる。その態度は同時に、日本人経営の「エベレスト・ビューホテル」の威容に接した時に、次のように反応する。

「外人観光客向けの、ただそれだけのために、ヒマラヤの大自然の中にこんな建物の存在を許したこと自体が、私にはとても不自然に思えてならなかった。……『このホテル。シェルパたちにはなんの恩恵ももたらしていないんだ』私の気持ちを察したように、テンジン氏が、ひとことつけ加えた」と。

この本の中でも、最もずしりとくるひとくだりである。

（一九八五年三月）

多摩の秋川流域を舞台に
脱都会の主婦が語るユニークな食物誌

玉木昭子
『檜原村の台所から——山の暮し、土の恵み』

東京に住む人間にとっては、多摩川は母なる河である。大抵の人は、小学生の時から家族でハイキング、林間学校などで出かけ、多摩川の水とたわむれ、奥多摩の山々と結縁する。山と縁がなくなる人も、恐らくこの幼時の体験がキー・ポイントになるはずだ。私の場合も小学校四年生の時に氷川（今は奥多摩町と改称）の小学校の分教場？で行われた林間学校に参加したのが、そもそも事の始まりだった。『多摩川からインダスへ』というのが、私の未刊の書の題名であり、永遠のテーマなのだが……。ともかく、私のように極めてズボラな登山者でも、幼時から四十代半ばの今日まで、四季折々の多摩の山水に親しむこと百度以上。これが精励の人なら、その倍くらいの頻度で入りびたっていることになる。かくの如く、東京人と多摩の山々の間がらは親しい。よその地方の人たちには、奥多摩も丹沢も同じように見えるらしいが、この二つの山域の顔付きはまったく異なる。第一、丹沢は東京の山ではありません、相州の山であります。

檜原村の台所から　一九八四年、柴田書店刊。

玉木昭子　一九四三年生まれ。東京出身の主婦。都立三田高校卒業後、油絵を学ぶ。結婚して十数年後に奥多摩の檜原村に居を得て山村生活を始める。畑作を行い、時に雑誌のイラストを描き、ラジオやテレビにも出演するという晴耕雨読の生活を実現させた。

その檜原村の四季を描いた著書が『檜原村の台所から』である。

さて、今月取り上げた『檜原村の台所から』は、その母なる大河、多摩川最大の支流として、これも東京人のハイキングのメッカとなっている秋川流域を舞台にしたユニークな本だ。奥多摩の顔となる大岳山、御前山、三頭山を結ぶ山稜の北側が多摩川本流、南側が秋川の流域で、後者の大部分が檜原村の領分なのだ。

東京都西多摩郡檜原村稗差、元々はふつうの都会生活者だった著者夫婦が三人の子供とともに住みついた山奥の一軒家の所在地である。杉木立に囲まれた海抜八〇〇メートルの東京の高地。今こころみに手許の五万分ノ一図で「稗差」（著者は、へいざすと表記している）を探すが、この地名は出ていない。小沢から御前山へ至る湯久保尾根の中程から、やや西に沢又と猿江の地名があるが、丁度その二つの中間が、この脱都会五人家族が住みついた「へいざす」の地らしい。この辺りは、幾度となく私も歩いているので、あるいは、今は著者ら五人の家族が暮らすカブト造りの民家のたたずまいに、見入ったことがあったかも知れない。

著者の玉木昭子さんは、この本の末尾の経歴によれば、都立三田高校卒業後、油絵研究所で三年間修業したというから、本書でおびただしいイラストを描いている理由もうなづける。岩月一敏（写真家）による写真以外は、全ページにわたり、昭子さんのスケッチが入っていて楽しい。

書名にも〝台所〟という言葉が入っているように、村ではどんな農作物を生産し、どのようにそれを料理するのかという食物誌が中心にすえてある。副題に「山の暮し、土の恵み」としていることでも、彼女の視点がある程度察せられる。「吉本隆明」の本に熱中していた一時期があったという人だから、単なる風流事で山村に飛び込んだわけではないのだ。一九六七年に夫の英幸さんと結婚し、三児を得てのち、檜原村に住むようになったのは一九七九年の夏のこと。夫君もコピー・ライターとして東京の雑踏の中で忙しい暮らし方を何年も経験している。つまり、檜原村に土着していた人たちではなかったことが、山村ぐらしの様々な様相を際立って新鮮なものとして、とらえ得る理由にもなっているのではないか。

本書の始めの部分は、「檜原村のお母ちゃんたち」として、上の山のおきみお婆、ヤザワのたまちゃんなど八人の肝っ玉母ちゃんたちが登場。みんな山村暮らしの知恵をさずけてくれる師匠であり友人だ。次は岩月氏による村の風物写真十七ページが入っていて、この本にピチッとめりはりを与えている。全部モノクロなのがよい。

さらに、四季の食物誌が実物のスケッチ入りで続く。先ず「春たけなわ、山菜は個性を食べる」、次いで「霧にまかれる梅雨」となり、「夏、自然のエネルギーをじかに食べよう」の季節を迎え、「秋の山の楽しみ」となる。蒟蒻《こんにゃく》、山芋、茸狩り、蜂蜜といった所が話題になる。そして、「水分をすべて凍らす冬がくる」のだ。私も一度だけ、数馬の民家に泊めてもらったが、大晦日の晴れた夜の底冷えは、猛烈なものがあった。さいごの方の「アキコの安あがりサバイバル料理」の章では、蛙の料理法なども入っている。末尾は、しっかり索引が付いているので、奥多摩で家族を連れて、キャンプでもした時、一、二こころみたいと思った。

夫君には、別著の『東京都檜原村から』(三一書房)などがあり、これも、山村の生活誌が詳細に語られていて得る所が多い。山村生活の外側しか見ていない登山者にとって、ペンと絵筆を仲立ちにして、地元との掛け橋となっているこのユニークな夫婦の存在は貴重だ。諺にいう、「賢者は海を愛し、聖者は山を愛す」と。

(一九八五年四月)

冬山の自然に触れて歩く滑る楽しみを堪能する

小泉共司・奥田 博共著『山スキーの本』

春のザラメ雪を滑る本当の山スキーは、これからがシーズン。山スキーへの誘《いざな》いは半世紀も前から行われていたのです。

「近代都会のスキー党の皆さん。滑ることの基本態型を一通り修得されたら練習場を巣立って深雪に眠る針葉樹に、はたまた粉雪を装った丘陵山野に一笠杖の軽い気持で二枚の板子に身を委ねて、Ski Wanderling をやらうではありませんか。雪を背景とした Winter Touristic こそ我々自然人の無限の喜悦《フロイデ》でもあり至高の理想《イデー》でもありませう」

山とスキーの大先達、麻生武治が昭和九年(一九三四)に出版された竹節作太著『山岳スキーの旅』のために書いた序文の一節です。この本、恐らく古今絶後の山スキーの名著であり、私をしていわしむれば、山スキーの極意は、すでにこの本に極まっていたのです。このベテランが十七年間のスキー極道のすえに書いた実に親切丁寧な本で、山スキーの楽しさ、痛快さをじっくり語りかけてくれるのです。スキー用具はその後、一変したものの、山スキー術やそのフィールドは、今日でも根本的にはそう変わっているわけではありません。

山スキーの本 一九八五年、白水社刊。

小泉共司 一九四〇年～福島県の平市(現いわき市)生まれ。「グループ・ゼフィルス」、日本山書の会の会員。

オールラウンドの山行を行うが、特に北関東の沢登りを好んで行い、『奥利根の山と谷』、『日本登山大系・谷川岳・奥利根』などの著書がある。

奥田 博 一九四七年～仙台市生まれの登山、山この数年、山スキーへの志向は、深く広く、その層を拡大しつつあるようです。丁度おあつらえ向きに、現代の山スキーを語る本が出た。題名もそのものズバリ『山スキーの本』。東北の山々に経験の深い奥田博、上越、信越、尾瀬周辺の沢登りと山スキーでは、その人ありと知られる小泉共司のご両人のコンビによる懇切丁寧な本です。全体の三分の二は、山スキーのテクニック教本、残りがツアーガイドで五〇のコースを簡明に記したもの。田村雅春さんのイラストが随所に入っていて、ナウく、シャレた本になっています。

冒頭に著者二人の対談「山スキーを語る」があり、硬い技術書に傾きそうなこの本をぐっとくつろいだ感じにしている。ちょっと引用してみましょう。

■小泉　最近はゲレンデを脱けて山スキーを指向する人が案外いると思うんだ。ひと口に山スキーの良さといったら何だろう？

■奥田　むずかしいね。だいたいが山スキーって何？　と聞かれても、ひと口で説明できないもの。……ぼくとしては、歩く楽しみと滑る楽しみをフルに堪能することだと思っている。……いい換えれば、冬山の自然に触れることだね。樹氷や霧氷の美しさ、ブナ林の静かなたたずまい、春山の壮快さ、誇張なしに素晴らしいからね。

と、山スキーの楽しさを説き、山スキーの技術についてこう語っています。

■小泉　ゲレンデ指向の回転術がイコール、スキー技術というとらえ方があると思うんですが、山スキーの技術というものについてはどんなふうに考えたらよいのかな。

■奥田　滑降技術だけをとらえれば、ゲレンデスキーの技術でいいと思うんです。

岳写真家。キャノンの郡山支社に勤務し、傍ら東北、北海道の山々に広く足跡を残す。それらの地域の案内書や写真集などの主要な寄稿家の一人。

■小泉　いいですね。

■奥田　日本スキー連盟（ＳＡＪ）のスキー教程がすでに完全に確立しているから。ただ、山スキー技術となると、生活技術、山行、地図や何かを含んだ行動技術、要するに雪山技術ですね。

■小泉　それを抜きにしたら、一般のゲレンデの技術で全くいいと思うんですね。ただ、重い荷物を背負うか背負わないかの体の重心の移動だけをゲレンデで確認させておく必要があるけれど。ただし、あのスキー教程には、ラッセルの仕方なんかは全然含まれていないんですね。

次いで、本文の内容を簡単に紹介すると、第一章では、「山スキーの用具と装備」。最新の用具にまで行き届いた説明を加えているのが特徴です。第二章は「山スキーの計画と準備」。山ヤからの発想が注目されます。メインは何といっても、第三章の「山スキーの技術」で、特に第五節の「応用実践技術」は、著者らの長い経験から出た言葉だけに、充分説得力を持つ。第四章の「山スキーの行動」も同様で、これから山スキーを志す人には、いいアドバイスが随所に見られる。

最後に注文を一つ。一番手うすなのが、コースガイド。私は山スキーの本ではこれが一番肝心な所だと思うので、ここをこそ二人のベテランに行き届いた解説をしてもらいたかった。特に夏場の様子と比較してルートがどう変わるのかを書いて欲しかった。『日本のオート・ルート』といった類の続篇の出現を期待したい。

（一九八五年五月）

現代の絵師が手書き文字と細密画でインドを描き、インドを考える

妹尾河童『河童が覗いたインド』

近年、私の周辺でも、かなり年配の人たちがインド亜大陸を目指し、身軽に出かけて行く。あのスケールのでかい、広大無辺としかいいようのない混沌の中で、たとえ二、三週間でもカルチャーショックを体験して帰ってくる。みんなこの日本でフツウの生活をしているフツウの人たちだ。こういう旅を志向するようになったことを、私はとてもいいことだと思う。インドからの帰りの飛行機が、バンコクやマニラでひろい上げてくる妙に脂ぎった我が同胞たちの言動に異和感をいだくようになったとき、あなたは一歩、真の旅人に近づいているのである。

舞台美術家が本業の妹尾河童さんが、「話の特集」誌に六年がかりで書き続けていた『河童が覗いたインド』が一冊にまとまった。すでに、このシリーズ、ヨーロッパ編とニッポン編が出版されているから、相当な河童ファンもいることだろう。

この本は全部手書きによる文字と絵が印刷されているユニークなものだが、帯の謳い文句の「空前絶後の手書き本」というのは、少し言い過ぎだ。手書きの本は印刷技術が進歩？

河童が覗いたインド　一九八五年、新潮社刊。

妹尾河童　一九三〇年生まれ。神戸出身のグラフィックデザイナー、舞台美術家。一九五四年以降、演劇、ミュージカル、オペラなどの舞台美術を手がけ、現代日本の代表的な舞台美術家となる。

エッセイストとしても知られ、得意の細密イラストを入れた「河童が覗いた……」シリーズの中の『河童が覗いたインド』は特に好評を博し、一九

したせいか、活字刷本に負けないくらいにすっきりしたものを、色々の分野で見かける。山の分野でいえば、古くは諏訪多栄蔵さんの『穂高岳ルート図集』、近くは五百沢智也さんの『ヒマラヤ・トレッキング』などの立派な仕事ぶりが記憶に残っているし、海外登山の報告書にもこの手法が用いられている。例えば、昨夏刊行の『シムシャールからパミールへ』（酒田ヒマラヤ研究会）のごときは、写真を極力排し、特に、山のスケッチは精密なものが多く、出色の出来だ。文字も手書きだった。

さて、河童さんの「インド」はどんな出来か。例の精細を極めたイラストはインドの細密画を彷彿とさせる。得体が知れないインドというモンスターに立ち向かうには、精細、緻密に描き込んで行くしか手はないという感じの仕事ぶりである。そのイラストは、アートというよりは、職人のきっちりした仕事といった方が近い。インドに細密画はよく似合う、のだ。とりとめのない混沌の世界が実体として定着するのだ。

河童さんは「あとがき」で「インドの全貌など、通りすぎただけの旅人に分かるはずはありません。ぼくの旅は、最初が一九七八年、二度目が五年後の八三年で、その二回とも、たった一ヵ月半ずつでした。だからなおのこと、とても『インドを見てきた』などといえるような旅ではなかったのです。でも短いながら、インドの旅から沢山のことを感じとることが出来ました。たとえ、小さな節穴から垣間見た程度であったとしても……」と謙虚に語っている。

本書の画材になっているのは、先ず、町や村の生活者や、食べ物や飲み物、服装といった日常生活のスケッチ、もう一つ大きな素材は仏教、ヒンズー教、回教などの寺院。石積みの

八八年の時点で二二刷を数える。本業の舞台関係の著作も多い。

建物や、岩山を掘り抜いて作った寺院の描写に、河童式細密画はみごとにマッチしている。例えば、タージ・マハールや、エローラの「カイラーサナータ寺院」の石の描写は実に冴えている。米倉斉加年や安野光雅は、すでに現代の絵師としての声価が確立しているようだが、妹尾河童もまた現代の絵師といって差し支えない。

硬いはずの石の大寺院を描いても、河童さんの絵は温かい。親しい感じがする。彼の、インドやそこに住む人々に対する好奇心や愛情がひと通りのものでないことを物語っていよう。「……〝答えは一つではない〟と考えているインドの人たちが選択する道は、地球の将来を占うものとして、多くの示唆をふくんでいるような気がします。なぜなら、インドが抱えているさまざまな問題は、地球全体が抱えている問題と同質だからです。だから、ぼくにとって、『いま、インド』なのです。」と述懐する河童さんの言葉には、実感があふれている。

この本で面白かった点をもう一つ。河童さんが、泊まり歩いたホテルの部屋を忠実にスケッチしたことだ。パキスタンあたりをうろついていた頃、私もよく退屈しのぎに、日記帖にその日泊まったホテルや宿所のスケッチをする癖がついてしまった。基本的にはベッドと扇風機や洋服ダンス、机、ソファ、トイレとシャワーくらいの設備で、変わりばえのしない部屋なのだが、このスケッチが残っていると、例えばピンディのミセス・デーヴィス・プライヴェート・ホテルでヤモリの鳴き声を聞き乍ら、昼間の暑さが残るテラスで、或る年は広島三朗氏と、或る年は田山勝氏などと、良き酒やタバコを堪能した日々が、時空を越えて蘇えるのである。近年の「インド現象」について、井上靖ふうにいえば、「新しい時代だけが持つ大きな鍵」が、インドの錠前をはずしたといえるのではないだろうか。（一九八五年六月）

千曲川源流域のミズナラ、白樺、山桜とハリギリの森に囲まれた、賢者からの報告

田渕義雄『森からの手紙』

三十八年間の東京暮らしを捨てて、千曲川源流域のハイ・ランド（標高一四〇〇メートル）に住みついた森の賢者からのメッセージである。「山の24か月、友だちと道具と」という副題がついている。

一九八二年十月から一九八四年十月までの二年間、ミズナラと白樺と山桜とハリギリの森に囲まれた、赤いトタン屋根の木の家から発信されたアウトドア・マンの生活報告と言い換えてもよい。

これらの文章が掲載されていた「ビーパル」誌を、ぼくも幾度か買って読んだことがある。本書に入っている「厳冬のハイランドに一六〇キロのキッチン・ストーブが届いた」の項は、特に印象深かった。ハスクバーナ・ベドスピス３０２７というスウェーデン鋼の薪ストーブで、あっさり七十年ぶりの厳冬を乗り切ってしまう話だ。田渕さんは、こう書いている。

「ガスレンジの火力に負けていない三つのクッキング・プレート。火を入れればいつも加熱されているオーブンと温室。蛇口付きの九リットル入りの湯沸し。約一か月分の灰を

森からの手紙　一九八五年、小学館刊。

田渕義雄　一九四四年生まれ。東京出身の著述家。早稲田大学文学部を卒業後、編集者となり、その後フリーランスのライターとなる。

一九八二年信州南佐久の山村（標高一四〇〇メートル）に定住して、アウト・ドア生活の著作を多く著す。主著『森からの手紙』、『寒山の森から』（一九八六年）など。

また、フライ・フィッ

受けられる灰受け用のボックス。……そして何より、薪のオーブンで焼いたパンのおいしさ香ばしいったらない。……しかし燃料はタダ。カラ松林に行って、枯れた下枝をボキボキ折ってきたり拾ってくれればいい」

ストーブばかりではない。現代の森の賢者は、スバル・レオーネ4WDのターボ付きワゴンを駆使して、興到れば、いや、多少の間暇を得れば、日本の原風景が豊かに残る北陸路を走行したりもする。表日本は都会の延長にすぎないという。四年ぶんの薪を作るのに、チェンソーが活躍する。何せ、十《トン》以上の薪である。森を育てるには枝打ちしたり、間伐も必要だ。従って、薪の原料は無限なのである。現代の森の賢者は、文明を一方的に拒否する隠者ではない。それどころか、文明のよき所産は積極的に取り込む生活者なのだ。本書の副題に「……友だちと道具と」と銘打つ所以である。近頃では日本の各地から、アウト・ドア少年、青年、オジンが、著者の住む南佐久の川上村川端下《かわはげ》へやってくるのだという。

あなたは、南佐久の厳しい冬を知っていますか。ぼくは多少知っているのだ。学生時代のザイル・パートナーは岩村田（今は佐久市）の出身だったし、職についてからも、勤務先の高校の山荘が清里にあったので、八ヶ岳や奥秩父へ十年ばかり入りびたっていたというわけだ。中仙道に面した農家の出身だったパートナーの家では、山の行き帰りによく世話になったが、真冬の腹の底まで凍えるような寒さが、今でも記憶に残っている。障子戸と雨戸の外は、零下二〇度Cくらいまで下がる土地である。名物の佐久鯉の煮付けをさかなに、ひたすら熱燗の酒をあおり、一気に寝付くしか手はない。リンゴの花どきや新緑の頃の美しさよりも、ぼくにとって、厳冬期のきびしい寒さの印象が圧倒的である。

シングや車を駆使したキャンピングの本など広い分野で筆を振っている。

この本でうれしいのは、冬の暮らしぶりにもページを割いていることだ。脱都会者が書いた本で最も物足りないのは冬の生活を深く書いていないことだ。例えば、ぼくは昨年から今年にかけて、稲本正・オークヴィレッジ『緑の生活』、高橋義人『田舎暮らしの探求』、加藤則芳『ぼくのペンションは森の中』、玉村豊男『新型田舎生活者の発想』などを読んで、かなり得る所も大きかった。だが、冬の欠落には失望した。

ぼくが、本当に知りたいのは、五か月近く続く冬の本当の生活の実相だ。ここを詳細に語ってくれた本に出会ったためしがない。日本のハイ・ランド信州の春、夏、秋の季節の素晴らしさは、山を好む者なら誰だって、多少なりとも知っている。問題は冬なのだ。アウトドア・マンは、すべからく冬を書くべし。

本書の著者、田渕義雄さんにしても「東京の下町で生まれて、ずっと東京に住みつづけていた人間が、こうやってこんな田舎に引っ越してきて、はたしてやっていけるだろうか、正直いって、やっぱり少し心配でした。しかもここは、お正月すぎになれば氷点下二五度Cまでは冷え込む山間の寒冷地」と心配する所から出発しているのだから。

この森の賢者は、二十八歳の秋に会社を辞め、「非組織労働者《フリーランス》」として生きる決意をしている。「数字や石油や電気とばかり遊んでいた時代は終わって、人間は、人間や自然と仲良しになるべき時代が、実はこれからやってくるのではないでしょうか」と考えている森の賢者のひそみにならって、さあ、通いなれた森へ入ってみよう。詩人が歌っているように、そこでは、ぼくらはみな、「ああ、われは一日の王なり」と浩然の気にひたれるのだから。

（一九八五年七月）

探鳥歴三十年のおしどり老夫婦が日本の北から南へ、探鳥生活を紹介する

烏賀陽貞子・烏賀陽恒正『野鳥を愉しむ』

野鳥を愉しむ　一九八五年、筑摩書房刊。
烏賀陽貞子・恒正　一八二～一八三ページ参照。

斎藤茂吉の歌に「さ夜ふけて慈悲心鳥のこゑ聞けば光にむかふこゑならなくに」という一首がある。奥行きの深い、いい歌だと思う。「光にむかふこゑならなくに」つまり、光明にむかう声ではなく、闇黒に向かって沁みとおって行く声だ、とするその把握のしかたがすごいと思う。

ところで、残念なことに、ぼくはこの鳥の声も姿も知らない。茂吉の『作歌四十年』の自註には、「十一鳥ともいひ、ジッシーンと啼く、このこゑは切実で、仏法僧とはまた別趣の味ひである」とあり、それで何となく分かったような気になって、年少の頃から中年オジンの今日にまで至ってしまった。それでも、茂吉のこの歌は傑作だ。

おしどり老夫婦、烏賀陽さん夫妻の新著を読んで、ぼくもつい、自己流の「野鳥の愉しみ」方をしてしまった。これから、その新著『野鳥を愉しむ』の内容を紹介してみよう。以前、本誌でお二人の『山を愉しむ』という第一作を取り上げたので（本書二一～四ページ）、すでにお馴

染みの著者たちである。

探鳥歴三十年というだけあって、冒頭の「探鳥のしおり」は簡にして要を得ている。その中で必要な図鑑として、野外に持参するフィールドガイドブックに高野伸二著『山野の鳥』、『水辺の鳥』（各冊五〇〇円）をあげ、家で観る図鑑として、小林桂助著『原色日本鳥類図鑑』をあげている。「とにかく図鑑に親しむことは、野草を早くマスターするコツです。くりかえし図鑑のページをめくって頭にいれておきますと、実物に出会った時、あっ◯◯だと直観することしばしばですよ」とやんわりすすめられると、図鑑の一冊くらい何とか備えなければという気になる。何せ、わが家には、他の図鑑は結構並んでいるのに、鳥を扱ったものだけが欠けている。野草、山菜、キノコ、魚といった類の本には、書き込みの跡もあるのに。みんな食い物になるのが対象、という点に我が家の品性の程度が見透かされる。これには、探鳥に深入りすると山登りはムリ、山菜やキノコを採りながら、山登りするのは可能であるという事情があるのだ、と言い訳しておこう。

本書の第二部「野鳥のいる風景」には、「ケイマフリの赤い脚――知床半島一周」に始まり、北から南へ下って行き、さいごは「暁天に飛び立つ数百羽のツル――荒崎」に至る三十数篇の短章を収めた。それぞれ二、三頁の文章なので、ちょっと食い足りない感じがしたが、その中の力作「コノハズクを聞く――神座山《しんざやま》檜峰《ひみね》神社」に言及しておこう。六頁にわたり、じっくり、コノハズク談義が楽しめる。

「コノハズクの声をじかに聞きたいというのは、私ども永年の宿願であった」とする、おしどり夫婦は、コノハズクのご本尊中村幸雄老のすすめで、甲州檜峰神社を目指す。河口湖から御坂峠を越え、かなり甲州側へバスで下った所に、この神社がある。社務所の二階に泊めてもらった二人は、ここでブッキョウ、ブッフッキョウというコノハズクの鳴き音を何百回も身近に聞き、永年の宿願を果たす。

「……なんとも物悲しい声だが決して鋭くはない。まろ味があって胸の奥深く沁み入るしみじみとした声に耳をすましていると『更け沈んだ山全体が、その声一つのために動いているように感じる』と若山牧水の書いた言葉の通りである」とその時の印象を記している。「仏法僧」（鳥の名）論争は、ずい分やかましい問題だったらしく、斎藤茂吉もその歌文で執拗に記している。結論は、本項でも烏賀陽夫妻の指摘のように「仏法僧と鳴く鳥がコノハズクであることは、甲州昇仙峡の中村幸雄先生が昭和十年六月十二日午後七時頃、この檜峰神社で確認されたのであって、先生は声をたよりに闇にズドンと一発、落ちたのは案の定コノハズクであった」といういきさつがある。

ちなみに、右の中村先生とは、三ッ峠山の四季楽園主、中村璋《たまき》さんの伯父にあたる。先日たまたま、NHKテレビでアツモリソウの大群落を守る璋さんの孤軍奮闘ぶりが紹介されていたが、ぼくは思わず、璋さんご無沙汰しておりますといってしまった。六年前にチトラールのブルハーン氏邸で居候していたぼくは、十人ばかりの若い男女と同行して来た璋さん一行と出会い、楽しい数日を送ったことがあったからだ。

第二部と並んで、本書のメインになっている第三部「野鳥紀行」では、四か月にわたる探鳥生活を描いた「河口湖日記」が面白い。その末尾に本当の「ブッポウソウ」の観察が出てくる。鳴き音は「ゲッゲッゲーゲゲゲ」だそうである。

（一九八五年八月）

「山岳写真とは何か」という問題意識を的確でバランスのよい文章表現力で語る

杉本 誠

『山の写真と写真家たち　もうひとつの日本登山史』

今年（一九八五年・昭和60）の上半期に出た「山」関係の本の中でも図抜けた一冊。これまでに類のない「山岳写真史」という画期的な出版物というだけでなく、著者の「山岳写真とは何か」という問題意識と、実に的確でバランスのよい文章表現力が、この本自体の存在理由を明らかにしている。どの分野でも通史というものは、余りに網羅的になり過ぎたり、文章がややもすると粗雑に傾いたりするものだが、本書にはそれがない。数か月前、「岳人」でもおおよその内容が紹介されていたが、山の良書発掘を念じている書評子としては、この労作を無視することはできない。ここに敢えて、屋上屋を架する所以である。

私事になるが、私は二十年前に「岳人」に、「チトラルの山旅」というささやかな一篇を載せてもらった。稿料というものをいただいた初めての原稿で、読者から強い反響があった点でも忘れ難いが、その折の編集長が杉本氏であった。初対面の印象は、こわそうな人というのが本音だった。持参した文章に無言で目を走らせ、「いいでしょう」と一言いわれた時

山の写真と写真家たち
一九八五年、講談社刊。

杉本 誠　一九二七年、愛知県豊田市に生まれる。一九五二年愛知学芸大学を卒業後、中日新聞社に入社。社会部を経て、六二年に「岳人」編集部に移り、その数年後に編集長となる。ヴィジュアルな面を重視して、写真ページを増設し、山岳写真の振興に努めた。

その後、本邦山岳写真史の調査、執筆に本格的に取り組み、多くの貴重

は、思わず肩の力が抜けたものである。本書巻末の著者紹介に昭和二年生まれ、とあるから、私が会ったのはまだ三十代だったのに、その時もう一家を成した堂々たる編集長という印象が強かったのである。

杉本氏はライフ・ワークともいえるこの労作に着手するようになったきっかけを次のように説明する。

「登山と写真とを結びつけて考え始めたのは、昭和三十七年の初秋である。その年の八月、私は新聞社の社会部から出版局の編集部に移った。そこでは山の雑誌を出していて、口絵アートとグラビアページを担当することになった。……二か月くらいの間、次つぎに山の写真を撮る人たちと会っているうちに、ふと気づいたのは、それらの人びとが〝山岳写真は正当に評価されていない〟と受け取っていることであった」

つまり「山岳写真は、日本の写真の世界では後進地帯にあるのだろうか」という疑問を解決する必要に駆られた杉本氏にとって、山岳（風景）写真の歴史そのものに参入する必然性が生まれたわけである。ここに本書の副題「もうひとつの日本登山史」というテーマを結合させた理由がある。明治文化という同一の母胎に、登山も山岳写真も軌を一にして発達したものだからだ。黎明期の登山と山岳写真を語るとなれば、創成期の日本山岳会会員たちの証言が必要になる。生き証人たちの協力を求めて、著者の粘り強い、足でかせいだ取材が始まる。約二十年にわたる息の長い仕事ぶりである。高野鷹蔵や志村烏嶺未亡人を訪ねあてた著者が、「日本山岳写真史ノート」という題で、「岳人」に連載を始めたのが、三十八年一月号。

な写真を発掘した。その集大成が本書『山の写真と写真家たち』である。

最初の読者反響は思いがけないところから起こった。当時、山岳界の御意見番？ として恐れられていた武田久吉博士（日本山岳会創期会員）の厳しい叱責の電話だった。「これを書いたのは君か。三か所に誤りがある。この程度のことを知らないで、よくモノが書けるね」というのである。相手は、日本山岳会の生き字引、博覧強記の人として有名な武田久吉。恐る恐る訪ねた武田邸で、著者は電話とは打って変わって丁寧な対応と激励に勇気づけられる。『日本山岳文学史』の瓜生卓造が、浦松佐美太郎の叱咤激励を受けたエピソードが思い出される話だ。ほめ言葉しか耳に入らぬモノ書きは、早晩堕落の淵に沈むことだろう。良き薬は、昔から口に苦いものとして相場が定まっているではないか。こうして、その後の十七年間の取材と、昭和五十五年から二年間の連載を原型にして、本書はまとめられた。五十人近い写真作家に焦点があてられ、明治以来八十年にわたるわが国の山岳写真の歴史を展望することに成功したのである。

本書は前半が四十一人の作品を収めた作品の部と、後半が五十人近い写真作家を紹介した本文に分かれる。作品はすべて原版からのオリジナル・プリントを使用し、後半は作家本人か家族らへのインタビューに基づくユニークなもので、「歴史をこの目で見、自ら歩き、作り上げてきた人びとの証言を一言でも多く記しておきたい」という杉本氏の強い思いが発揮されている。写真家のひとりひとりの人間像を語るエピソードが実に的確で時代とのかかわり合いが巧みに重ねられている。名取洋之助の「つまらない山岳写真」という発言を取り上げた一点をもってしても、著者の広い目くばり、公正な問題意識を感じさせられるのである。夏休みにでも、じっくり味わいたい一冊だ。

（一九八五年九月）

写真と着彩スケッチ、縦横に論じた対談
「ガンダーラ巡礼」を志す人へ、絶好の参考書

平山郁夫・上原　和・佐藤和孝共著
『ふるさとガンダーラ』

七月中旬から一か月間、念願かなって、中国の新疆ウイグル自治区、いわゆる西域の地を自動車で走り回って来た。トルファンのベゼクリク千仏洞、特別許可を得たクチャのキジル千仏洞などでは、実際にいくつもの石窟に入れてもらって、今なお色彩あざやかな仏教壁画の数々を見ることが出来た。これで、ここ十五年追い求めてきた仏教遺跡を、ヒマラヤを境として、南と北の両側から実地踏査したことになる。

むし暑い東京へ帰った翌朝、近所の本屋へ出かけてみると、かつて何度も通ったことがあるガンダーラ平原の山上寺院タフテ・バーイのきれいな写真と、平山画伯の着彩スケッチの仏陀の横顔を組み合わせた本の表紙が目にとび込んで来た。中国から帰って来たばかりのシルクロードかぶれが何んで、これを見逃すはずがあろう。通勤ラッシュの始まった街並みを見下ろす、いつもの喫茶店に陣取って、しばらく『ふるさとガンダーラ』を楽しむことにした。

ふるさとガンダーラ（とんぼの本シリーズ）一九八五年、新潮社刊。

平山郁夫　一九三〇年生まれ。広島県の瀬戸内地方出身の日本画家。シルクロード、仏教伝来にちなむ大作群で知られる。中国の奥地開放の政策の機をとらえ、西域、ガンダーラ地方を実地踏査。

東京芸術大学卒業後、前田青邨画伯の下で、法隆寺の焼失した壁画の復元作業に従事したが、その後はシルクロードに関

この本は、始めの三分の二近くを若いカメラマン佐藤氏がガンダーラ遺跡を撮り歩いた写真で構成。後半で、平山画伯と美術史家上原氏がガンダーラをテーマに縦横に論じ合う対談（主として一九八四年・昭和59『芸術新潮』に所載のもの）という形をとっている。カメラの佐藤氏は、昨年アフガン・ゲリラ地区へ潜入したルポ『アフガンへの道』（晩声社）を出版した人。この本もパキスタンやアフガンに興味を持つ人々に読んでもらいたい本の一つである。

さて、開巻はインダスの清流とカーブル川の濁流が合流するアトックの広大な風景で始まる。対岸の平原はガンダーラの故地の東南隅ということになろうか。この辺は何度通っても車を止めて、一息いれたくなる所だが、さすがにプロのカメラ・アイと切り取られた風景は、見事に一致している。私など、何度撮っても、こういう大きな風景の前では、なすすべもなく手を上げてしまうのである。

右の序章の次は、二六ページも費やして、タキシラの遺跡を紹介している。平山画伯の風景画といい、佐藤氏の写真といい、タキシラの良さを充分伝えてくれる。広大な場所に点在する遺跡を何日もかかって、のんびり訪ね歩いたひと昔前の自分を思い出した。

ただ、私としては「ガンダーラ」を主題とする本としては、タキシラに重点をおきすぎる点に疑問が残る。そのため、ガンダーラの重要な仏教遺跡が後半で省略されてしまっている。これは、少しく本末転倒の気味がある。一、二の例を上げると、かつて、京大が発掘して、立派な報告書をまとめた「タレリ」の遺跡は、この本の中心になっている「タフト＝イ＝バーヒー」（現地ではタフテ・バーイと発音するのが普通だ）の遺跡に匹敵するが、これについては一言も言及されていない。タレリの寺院も山上にあり、観光客が来ないために、実に静寂

わる絵画制作をライフ・ワークとしている。

現在、東京芸術大学学長。

上原　和　一九二四年～。台湾の台中市生まれの古代美術史家。九州大学法文学部（哲学）を卒業後、アジア各地を踏査し多くの論文、著書がある。長く成城大学教授をつとめていた。

代表的著書に『斑鳩の白い道のうえに—聖徳太子論』（一九七八年・朝日新聞社刊）がある。ほかに多くの美術書への寄稿、解説がある。

佐藤和孝　一九五六年～。北海道帯広市生まれの写真家。東京写真専門学校を中退。フリーの写真家を志し、一九八〇年以後、アフガニスタンの解放闘争（対ソヴィエト戦争）を

などころで、眺望絶佳。少し北には「カシミール・スマスト」の大洞穴寺院もある。「タフテ・バーイ」の遺跡まで行った人なら、もう一汗かいて、ぜひとも「タレリ」へ足を伸ばしてもらいたい。山上を吹き抜ける広大な風の中で、大鷲が空を旋回している姿も見られることだろう。それに、石彫の一片を土中から拾い上げる幸運にもありつけるかも。

また、マラカンド峠を越えるとスワート川の流域へ入り、左岸一帯に古代のウジャーナ国の仏跡が多く見られるが、右岸（西北岸）のディール側にも、沢山のガンダーラ遺跡がある。ここも一か所くらい取り上げてもらいたかったが、省略されているのは残念。

スワート側の遺跡は、本書でもよくフォローされ、シャンカール・ダール大塔（大きさがもっと表現されるとよかったが）、ガレガイの磨崖仏（十五年前にくらべ、落書などがあり、保存状況の変化が認められる）、サイド・シャリフ、ブトカラ（スワート最大の仏教遺跡）、シャコーライ磨崖仏などの、見事な写真が楽しめる。特にシャコーライの磨崖仏を紹介したのは本書の手柄の一つ。普通の人は、なかなかこの枝道まで入って来ないものだ。

後半の平山、上原両氏の対談も、ユーラシア各地での踏査を経験した両氏の広い視野から生まれたもので、新しい発想が随所に見られ、本書に理論的なバック・ボーンを与えている。これから「ガンダーラ巡礼」を志そうという人には、しっかりした内容を持つ本書など絶好の参考書となろう。

対談の内容で不満だった点は、すべてをギリシャ文化、ヘレニズム文化の延長上でくくってしまっている点だ。ガンダーラ人はギリシャ人より、もっと古くから紅毛碧眼の民族だったのだ。

（一九八五年一〇月）

三度にわたり取材（ゲリラ地区に潜入）。その経験を『アフガンへの道』（一九八四年・晩声社刊）に著した。

ピカソ、マチスを想わせる画風で ウイグル女性たちの聡明さを描いた画集

王増元編『肖恵祥新疆人物集』

中国の西域を歩き、その古代的雰囲気の中にどっぷりと浸かっていたさなか、私は吐魯番賓館《ホテル》の売店で、この小さな画集を手にして、古代というタイム・カプセルから、思い切り現代的息吹の中へ引き戻されたようなショックを受けました。上海香烟（タバコです）を買うことも忘れ、その夜は清新、大胆な、この女性画家の作品に見入ったことでした。その後、この画集はカシュガル、クチャ、青海湖を巡り歩いた時も、私のショルダーバッグに入れられて、旅の無聊《ぶりょう》を慰めてくれました。帰国したら、日本の西域ファンに是非とも紹介したいと考えていたのです。以前、K2帰りの原田達也さんから、黄冑（Huangzhou）の『新疆速写』をもらい、本誌で紹介したことがありましたが、私が見た今回の肖恵祥女史の作品は黄冑氏の作品より、更に自由さと大胆さを伝えているように思われます。

私はこの画集を何冊も買い求め、帰国してから、絵の好きな友人たちに送ったり、見せたりしました。勿論、好意的な批評が多かったのですが、この画家の作風のルーツに迫るよう

肖恵祥新疆人物集　一九八二年、新疆人民出版社刊。

王増元　経歴未詳。

な指摘はなかったのです。ところが、つい昨日、本誌の編集部でこの画集を見ていたWさんが「マチスみたいですね」とずばりといいあてたのです。彼は同時に、この画家の最大の特徴と思われる〝自由さ〟と〝清新さ〟も指摘しています。うれしさの余り、私は思わず、彼の肩をたたいてしまったくらいです。

その通り、肖女史の画風のルーツ、それはピカソであり、マチスだったのです。何でそう断言できるか。それは、本書の巻頭に、彼女の先輩の画家、張仃（Zhang Ding）が「ピカソやマチスとの作風との共通性」を指摘していることで、充分でしょう。もっとも私にしても、〝毕加索〟がピカソ、〝瑪蒂斯〟がマチスであることを解読するのに大分てこずったのですが。

百聞は一見に如かず、「岳人」一九八五年一一月号の『中国西域の旅・2』の挿絵をご覧下さい。この線描だけ取っても、肖恵祥の表現能力の高さと画風の特質が見てとれると思います。この絵は元々、三人のウイグル女性が寛いで坐っている所を描いたものです。右端は、やや膝をくずしている女、真ん中は幼な子に乳をふくませて胡坐する若い母親、左端に若い頃の岡田茉莉子によく似た女が描かれている作品なのです。どの女性も切れながの眼で、鼻筋もよく通っています。ゆったりとしていて軽やかに描く線は、彼女らの着衣の特徴を巧まず表現しています。恐らく絹物を着ているのでしょう。ウイグル女性の伝統的な大柄で色鮮やかな矢絣り模様さえ連想させます。

この画集には線描によるスケッチ三六点と、水粉（水彩画に使う絵具より、少し重味のある顔料を使っているようだ）による着彩画十点の人物画が収めてあります。「維族姑娘」と題するスケッチが沢山ありますが、線描の方は、寛いだ姿、表情を写した魅力的な作が多い。恐らく、画家自身がウイグルの乙女たちに新鮮な魅力を感じていたためでしょう。序文を書いた張氏が次のように語っています。

「三年前の初対面の折、彼女は私と妻のために、それぞれ一枚の肖像スケッチを描いてくれました。黒インクを使って、二〇分足らずで画き上げた。出来上がった作品を見ると、とても奔放だったが、画風は新鮮さにあふれていました。長年にわたる芸術思想の混乱のために……凡俗な自然主義の汚染の中で、肖の作品は格別新鮮なものに映りました。それを見た時、私はとても嬉しかったし、心が慰められたものです」（訳文・勝山淑代女史）

右の文の少しあとで、張氏は、彼女の描画の大胆な簡略化が、芸術上の〝含蓄〟味を持つと指摘し、それが、ヨーロッパ芸術にはない点だとも見抜いています。では、彼女の着彩画はどうでしょうか。これが線描とはちがい、モデルの乙女たちは端坐し、きびしい表情をしているのです。張氏が序文のさいごの方で、彼女の彩色画について「表現力は大したものだが、画角や構図にいささかの緊密さがほしい」と注文を付けているのは、そうした点を指しているのでしょう。私のもう一つの見方はこうです。肖恵祥は、ウイグルの乙女たちのやや固い表情やポーズを描写することで、新時代のウイグル女性たちの、民族の聡明さや理智の光を表したかったのだと。戦時下という状況の中で、中国の少年の表情を詠んだ土屋文明の秀歌が思い出されます。〝垢づける面にかがやく目の光民族の聡明を少年に見る〟

（一九八五年一一月）

日本人より、はるかに日本の豊かな自然に浸り切っている著述家の生活ぶり

C・W・ニコル著／蔵野 勇訳
『野生との対話―海の幸・山の幸とともに』

「人生とはジグソー・パズルのようなものである」とは、本書の著者であるニコル氏の箴言である。その心は、「このゲームをする者は、いつもなんとかしてそれに合うピースを捜してはめこもうとしている。どのピースも、必ず他のどれかと合うようになっているのだ。そして最後のピースがはめこまれ、絵が完成した時、人は死を迎えるのではなかろうか」と言っている。

この奇妙な？ ガイジンが日本と関わりを持つようになって二〇年、北信黒姫山麓に居を定めて、活発な作家活動を展開してから五年たった。日本の内外で行った旅の記録は、ここ数年来、多くの雑誌、単行本、テレビ番組となって矢継ぎばやといった感じで登場する。一九八二年に『バーナード・リーチの日時計』が出版されたとき、「岳人」ですでに紹介して、彼がユニークな著述家であることに言及した私としては、うれしさと同時に、いくらかの寂しさも感じている。マスコミの有名税としての〝さだめ〟が、彼の本格的な小説の完成に著しい障害となることを危惧するからだ。本書の中でも、彼自身、黒姫山麓の居心地のよさそ

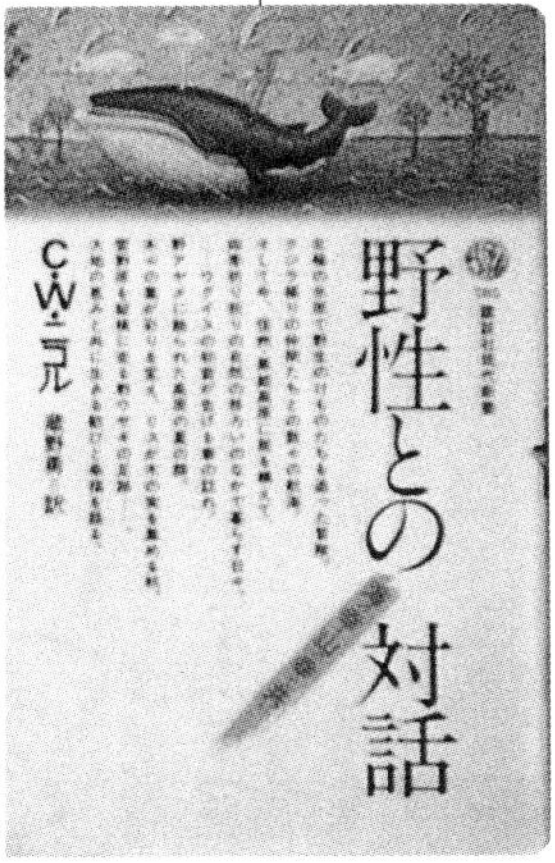

野生との対話 一九八五年、講談社（現代新書）刊。

C・W・ニコル 一八五ページ参照。

うなその山小屋を訪れた純然たる訪問客が、一年間に千人に達すると述べているではないか。

結論から言おう。この本はニコル氏にとって、平均的なヒットではあっても、長打ではない。『バーナード・リーチの日時計』はホームランではなかったが、二塁打か三塁打の価値があった。あの本（小説的なエッセイ）には、収められた五篇全部に、高い密度と緊張がみなぎり、感動的ですらあった。この本にはそれがない。破綻もない代わり、スリリングでもない。豊かな黒姫の自然の中で、安住し切ってしまったせいなのだろうか。もしも、あのランディ・バース選手が、ヒットしか打てないバッターだったら魅力半減だろう。〝軽み〟全盛の出版界の中で、私がニコル氏に期待するのは、短打ではなく、強烈、豪快な長打なのだ。

ニックさん（C・W・ニコル氏の愛称）を怒らせる一番よい方法をお知らせしよう。「あなたは、どうして黒姫に住んでいるのですか」と質問することだ。

彼がこの質問を浴びて、何百回となく、苦り切った様子が、「あとがき」に述べられている。この本はある意味では、無神経な質問に対する回答書といえよう。その回答ぶりを順次見ていこう。日本人より、はるかに日本の豊かな自然に浸り切っている外国人著述家の生活ぶりが、実によく判る本なのである。

序章で、ニックさんは、黒姫を〝わが魂の棲む所〟と規定して、こう語る。

「はじめて私が訪れたとき、今ではわが家と呼んでいるこの場所は、二メートルもの雪に埋もれ、野ウサギの足跡が縦横に走っていた。カンジキをはいた私はそのままたたずみ、あたりの光景に目を向けた。視界をおおって大きくその姿を浮かべている山々――飯縄山、その向こうに戸隠、そして勇壮な黒姫山と、雪に輝く荒けずりな姿の妙高」
この場所を「そうだ。ここは、私に幸運をもたらす場所だ」と直感したニックさんは、ためらいなく、ここに居を定めた。一九八三年春のことだ。彼の言葉では「高くて広いドアと、二重張りの大きなガラス窓があり、しかも高さ二メートル四十センチのコンクリートの土台の上に建つ、急勾配の尖った屋根を持つ西洋風の家」が、望み通りの姿で実現したのである。特にこの「急勾配の屋根」が大成功。雪の生活では、最も骨の折れる「雪下ろし」から解放されたのである。こういう所にニックさんの生活のありようの一端が現れている。

この根城で、彼は春は山の幸を満喫し、夏は愛犬モーガスと近くの野尻湖で水泳や釣りを楽しみ、秋は野生のカモ撃ちや、キノコ狩りに精出す。冬になれば、雪の中の隠れ家「ティピ」での孤独を楽しむ。家にあっては、サウナで汗を流し、ビールを楽しむという悪循環（他人ごとではない）に悩まされる日常。こうした生活の中で、本業である著述へのチャレンジが続けられる。例えば黒姫での先輩作家、谷川雁との共同作業による宮沢賢治作品の英訳（既刊）が行われ、『風を見た少年』、『C・W・ニコルの青春記』、『ザ・ウイスキー・キャット』その他多くの作品が出来上がったのだ。

ニックさんの小説（すでに出版が予告されている）の最大のテーマは、「鯨」である。その取材のため、彼はかつて、キャッチャー・ボートにのり込み、南極まで行った。捕鯨基地の太地に一年間住み込んだ。この小説が完成された暁には、「人生のジグソー・パズル」で最大の「ピース」が出来上がるはずである。

（一九八五年一二月）

スワートにて
T.K

1986

山の文章家が明るく暢びやかな文で山に取り組んできた岳人たちの姿勢を綴る

島田 巽『山稜の読書家』

山稜の読書家 一九八五年、茗溪堂刊。
島田 巽 一一九ページ参照。

山の世界から、名文家がだんだん姿を消していく。深田久弥さんが茅ヶ岳で急逝されてから、相次いで多くの山の文章家を失った。藤島敏男、松方三郎両氏のように、物欲しさの全くない文章を書ける人は、今では少ない。加藤泰安氏のように悠揚迫らざる大人《たいじん》の風格をたたえた文章も、なかなか当今の山岳雑誌に見当たらない。切れ味のよいピッケルを思わせる上田哲農さんの画文もユニークなものだった。

右の人に共通して見られる〝育ちの良さ〟が、その文章の源泉であるとすれば、現代というガサツな世の中から、大人の文章が失われていくのは、あるいは当然といってよいかもしれない。

今月取り上げた『山稜の読書家』の著者、島田巽さんもまた、残り少ない山の文章家の一人である。このことは、前著『遥かなりエヴェレスト――マロリー追想』(昭56・一九八一年)や『山・人・本』(昭51・一九七六年)を読んだことのある人なら肯いてくれると思う。

親の代からの慶応ボーイだった島田さんの文章は、〝育ちの良さ〟も手伝ってか、長年ジャーナリズムの世界に身を置いたにしては、明るく暢びやかである（この世界には窮屈な文章を書くタイプがあるのだが）。この特徴は、ウェストン、小島烏水、その他の古典にのみこだわることに陥らず、P・ボードマン、T・ペイティというわが国では、余り語られていない若い世代の山に目を向ける、といった点にも現れている。

ボードマンについては、第二部（本書は八つの部門から成る）の「宿命のエヴェレスト――一九八二年――」の後半に詳しい。彼の二冊の著書〈The Shining Mountain〉（一九七八年）および〈Sacred Summits〉（一九八二年）を読んで、「その文章から伝わる彼の人柄を、とくに好ましく思い将来への期待をかけていた」と記している。果敢な登攀者といった面ばかりでなく、彼のヒューマンな面に注目している所がいかにも島田さんらしいのである。

もう一人、三十八歳で死んだイギリスのユニークな登攀家に温かい目を注いだ「トム・ペイティの山と文」が面白い。カラコルムのムスターグ・タワーとラカポシに初登した、この異端者の遺著となった〈One Man,s Mauntains〉（一九七一年）は実に面白い本なのだが、日本でこの本をまともに読んだ人は数少ないだろう。

島田さんは、彼の五篇の「諷刺文」と、やはり同じ流れの、パロディ風の十八の「詩」を評価する。仮訳と謙遜するＳＭＣ（スコットランド山岳会）のヴェテランをテーマにした訳詩の一部をここで紹介しよう。

〈ＳＭＣのヴェテランの歌〉

週末　わたしは町を出て／仏頂面して　山へ向かう／わたしは頭も大丈夫　脚も丈夫で

／大きらいなのは　あの町と　酔いどれども／ごらんの通り　元気いっぱいだから／SMCのメンバーにされたのさ

本書にはここ十年間くらいで執筆した文章が収録されているが、『日本の山岳名著』（覆刻）シリーズに書かれた紹介、解説文はそれぞれ力作である。特に「ウェストン追想」の項の『日本アルプス——登山と探検』と『極東の遊歩場』のための解題および年譜は、貴重な文献となるだろう。

「あとがき」で「旧稿を読みかえしながら痛感したのは、私の眼が、山登りの主体であるはずの山そのものよりも、山と取組む人たちの反応のほうに、より強く向けられがちな点であった。自伝や評伝を好むのも、おそらく同一線上にあるのだろう」と記しているが、これは若い頃に文学に親しんだ人に共通の特徴である。本書末尾の「ある朝の回想」や「記憶のページ」という部に文学的なものとのかかわりが描かれ、広い視野と知的なセンスの高さがうかがわれる。著者は今年、八十一歳になる。老いを感じさせない新鮮な文章が、まだまだ世に送り出されるにちがいない。

なお、書中の「山友を偲ぶ」の「小池新二さん」に一、二付言する。小池新二の旧蔵書は現在、千葉大学に寄贈されている。山の洋書も貴重なものがあり、特に島田さんも想像されているように、オランダのフィッサーや独墺系のA・ハイム、P・バウワーなどと交わした書簡や書物が目についた。

（一九八六年一月）

流暢で読みやすい翻訳で　辺境の風俗、習慣、民族、歴史などを紹介

R・ショーンバーグ／広島三朗訳『オクサスとインダスの間に』

広島三朗君訳の『オクサスとインダスの間に』が出た。この本の部分訳は、すでに数年前に本誌と日本パキスタン協会誌「パーキスターン」に出ていたが、彼がショーンバーグの、この本に執心していたのを、ずい分前から私は聞いていた。正直なところ、一九七六年（昭51）にショーンバーグの『異教徒と氷河』を訳出したとき、その全著作を日本語訳で出したいと、私は願っていたが、正確で立派な訳本が出るなら、誰がやってもよいというのが本心だった。

インダス川とオクサス川の間とは、山でいえば、ヒンズー・クシュとカラコルムの間、地域でいえば、中央アジアとインド平原の間とも言い換えられる。ショーンバーグもいうように、その地形的外観はパミール的世界に近似する。政治的には南進政策を進めていたロシアと、それを阻もうとしたイギリスの角逐した舞台。ショーンバーグ自身も情報収集者として、長年この舞台を縦横に動きまわった一人だった。

この、峠と氷河と山々のひしめく地域に、日本人の目が本格的に注がれたのは、一九五八

オクサスとインダスの間に　一九八六年、論創社刊。

レジナルド・ショーンバーグ　一八八〇〜一九五八年。イギリス・スコットランド出身の中央アジア、カラコルム、ヒンズー・クシュなどを精査した探検家。

二十世紀初頭のインドで軍務につき、第二次大戦の前に退役。一九二七年〜三一年まで四度にわたりトルキスタン（中央アジア）を縦横に踏査、一九

年前後の京都大学探検部による、ギルギットとチトラールの間の踏査活動が最初である。その後、チトラール側を私、ヤシン（ヤスィーン）側を広島君が再三にわたって踏査した。その意味で、京大隊も、雁部、広島の踏査ルートも、一九三〇年代の本書の著者ショーンバーグの後を辿ったことになる。それぞれが何を生み出したかは別にして。

そんなわけで、ショーンバーグの存在を抜きにして、この地域のことを語るわけにはいかず、その著書の重要度も高い。京大隊の本多勝一さんの第一作『知られざるヒマラヤ』には、ショーンバーグの記述が度々引用されていたのを、記憶している人も多かろう。

広島君の翻訳ぶりは、はなはだ流暢で実に読みやすい。こういうと、読者は原文もやさしいと誤解するかもしれないが、実はショーンバーグの原文は余り読みやすいものではないのだ。前後の説明もなく、いきなり、すぱっと切り込むようなところがあり、私も『異教徒と氷河』の翻訳ではてこずらされたものだ。広島君も相当苦労したと思うが、訳文に苦渋の跡をとどめないところが、いかにもサブチャンこと広島君らしい。

今のところ、ヤシン・ギルギット地域を独立させて書いた本で、日本語で読める成書は三冊ある。日本人が書いたものが二冊、一冊は前述の本多勝一さんの本、もう一冊は広島君の『ヒンズー・クシュ真只中』、訳書が今回のショーンバーグの著書一冊ということになる。前二者が民俗や地形の観察に特色を持った紀行であるのに比べ、紀行といっても、ショーンバーグの本は純粋な紀行という感じではない。前半はたしかにギルギット、ギザール（ギズル）、ヤシン、イシュコマーン、フンザの紀行を織りまぜているが、後半はそられの地域の風俗、習慣、民族、歴史（特に各地のミールの）のまとめになっており、しからば、ショーンバーグ

三三年～三五年にはフィールドをカラコルムやヒンドゥ・クシュの未知の山域に移し、特にカラコルム西部のシャクスムガス流域の解明に力を尽くした。主著『未知のカラコルム』（邦訳・一九四二年）、『異教徒と氷河―チトラール紀行』（邦訳・一九七六年）など今日でも類書の少ない文献として知られる。

広島三朗　二九ページ参照。

自身が、どこをどう通ったかを知ろうとすると、なかなか難しい。

ショーンバーグは成書とは別に、山地旅行のいわゆる紀行を、「アルパイン・ジャーナル」や「ヒマラヤン・ジャーナル」に、几帳面に寄稿している。本書の舞台もその手法がとられ、ショーンバーグが山地を歩いた記録はジャーナル類によって詳しく知ることができる。彼はこの二つのタイプを意識的に書き分けているのである。ここに注目しないと、人はショーンバーグの評価を一面的にしか行わないということになりかねない。解説でこの点に言及して欲しかった。

広島君は、この本で二つの点を力説している。一つは「現地の発音に即した地名表記」、もう一つが「現在の状況にまで言及した訳註」にあると自負している。「訳註」はともかくとして、この新しい「地名表記」は相当、刺激的だ。何故かといえば、その立論の根拠が、ウルドゥ語表記となっている点だ。

確かにウルドゥ語はパキスタンの公用語だが、パンジャブ平原に住む人々が中心に使って来た比較的新しい言葉だ。それをもって、はるかに歴史の古い、フンザ（ブルシャスキー語）、ギルギット（シーナ語）、チトラール（コワール語）の地名を律してしまうのは、少し乱暴ではないのか。次に「訳註」だが、かなり私には不満な点が目につく。例えば三一ページの「マークホール」の説明。広島君はマークホールとオヴィス・ポリ（いわゆるマルコ・ポーロ羊）を同一視しているが、両者は全く別物である。

訳註については細心の注意を払ってもらいたかったので、付言した。　（一九八六年二月）

著者自身撮影の写真と散文詩的短文で シベリアとそこに生きる人々の表情を描く

椎名　誠『シベリア夢幻——零下五十九度のツンドラを行く』

日本列島、冬真っ只中である。書評子としては、真冬にふさわしい本と思ったのであるが、これだけ山の多い、しかも雪国と呼ぶにふさわしい地方を沢山抱えているわが国土なのに、冬をテーマにした本を探し出すのが難しい。そこで今月は思いきって、寒さも寒し、零下五十九度の世界＝シベリアのツンドラ地帯へ飛ぶことにした。

著者は、スーパー・エッセイストの異名を持つ椎名誠。何がスーパーなのかよくわからないが、本屋へ行くとスーパー・エッセイなど銘打ったコーナーがあったりするわけなのだ。至極耳ざわりのいいその語り口は、何やらニュー・ミュージックの世界に通じるものがあるといったら、私の見当はずれになるだろうか。

怪しき探検隊の頭目、椎名氏は、これまでにもアジア各地に出没、エッセイの世界に怪しきパフォーマンスを繰り広げて来た。彼の今度の本は、すごく生真面目な本である。物いえば、くちびる凍る零下五九度の世界では、もはや「おもしろかなしずむ」などとシャレ込む

シベリア夢幻　一九八六年、情報センター出版局刊。書影はハード・カバー版を掲載。

椎名　誠　一九四四年生まれ。東京都出身の小説家。東京写真大学卒業後、雑誌編集者としてスタートしたが、その後、著述家として活動。小説以外にも、スーパーエッセイと称する『あやしい探検隊』（一九九三年）シリーズで好評を得る。特技の写真と短文を組み合わせた著作がこの『シベリア

余裕はないのだ。跋文で、椎名氏が、「極寒シベリアという世界は百万べんの口述報告よりも写真一枚のほうが圧倒的につよい！　ということをとことんまで思い知らされてしまった呆然モノカキ人の第一報」と書いているのも、その辺の事情を物語っているのだろう。

写真といえば、この本は、片側のページが著者自身の撮影した写真、もう一方に散文詩的な短文が一対となって構成された本である。もともと椎名氏は東京写大の出身、本書所収の全四十点の写真（モノクロ）にシベリアの曠野とそこに生きる人々の表情をみごとに表出している。プロの写真家から見れば、恐らく技術的には失敗作が何点も混じっていると思うが、妙な臨場感が、これらの写真から伝わってくる。

第一部「影法師の町」の冒頭は、「冷たい炎」と題する短章と、タイガに昇る鈍く光る太陽の写真。まるでムンクの画の世界である。「午後三時。光る灰色、もしくは白銀色の北の炎は、突然失速するようにしてタイガの中に落ちた。日照時間は四時間。悲しいほどあっけない日没だった」とある。

次いで「凍る息」。マイナス五九度を体験した日のことをこう書いている。「猟師小屋から外に出るとたちまち激しく咳こんだ。凍った大気がいきなり体の中へ入ってきて、肺の細胞が瞬時には対抗しきれないからなのだ。鼻毛、睫毛、眉毛に吐く息が触れるとそれらはたちまち凍ってしまった。」

ヤクーツク（ブリヤート語で「さい果ての果て」の意）では「居住霧」に出会った。息、湯気、排気が空中で凍り、霧となって漂う現象だ。車はいつも「走る雲」となる。

第二部「ヤクートの馬と男たち」。ここに登場する何人もの男たちと馬の表情が実にいい。

夢幻』である。登山その他のアウト・ドア・スポーツに関する著作も多い。

本書の圧巻であろう。はじめの写真「馬の白い飾りもの」では、蒸気機関車のように盛大な湯気を吹き出す馬と、髭に氷のつららをぶら下げた男が大写しされている。「神々しい変身」では、黒い馬に乗っていたら、極寒の中でその馬は白馬に変じた。その白馬が写っている。「全身に小さな氷をまとった馬がじっと眼をつぶってツンドラの上に立っているとそれはなんだか神々しく見えた」と記す著者の実感がそのまま伝わってくる写真だ。

氷点下四〇度以下になると、フィルムがバリバリの板のようになり、パーフォレーションからギザギザに切れてしまうそうだ。その「欠けた」写真が数点入っているのが、何とも生まなましい。シベリア鉄道が写っているのだが、この線路の基盤には、永久凍土に穴をあけ、長さ十八メートルのコンクリート柱が打ち込まれているのであった。

この酷寒な土地にも夏はある。わずか一か月にも満たない短い夏だが、第三部「歓喜の夏」には、澄みわたる白夜の町とそこに住む人々がスケッチされる。「公園の道」と題する写真には、夏姿でジプシーの女たちが写っている。彼女たちも、このシベリアの住民なのだ。

最終の第四部は「北のまつり」。ヤクート人の村で、過ぎ行く夏を惜しむ年に一度の村祭りを追った記録。ヤクート人たちの顔つきは、ロシア人というより、モンゴルや、わが日本の同胞によく似ているのに驚かされる。末尾の一葉「そして冬へ」には、祭りを眺める人々の視線がとらえられる。過ぎて行く夏を必死で追いかけているような視線が。

椎名誠には、もう「スーパー・エッセイ」だの「おもしろかなしずむ」だのという形容詞は必要ない。モノカキとしてはその方が余程マットウなのだ。

（一九八六年三月）

近代以前の「山のぼり」から近代の「登山」へ
綿密に考証した遺著

山崎安治『新稿　日本登山史』

山崎安治さんに最後にお会いした場所は、神保町の老舗、一誠堂書店だった。いつも覗くことにしている二階の洋書部へ上がって行くと、本の包みを小脇にした山崎さんがいた。長いこと探していた登山史関係の資料を近くの古書展会場で入手したといって喜んでおられたが、「近ごろは酒も飲めなくなってね」といいながら、階段を下りていかれた。あの大きな、がっしりした体が、その時何故か妙に小さな後ろ姿に見えて嫌な予感がした。丁度、その数年前、安川茂雄さんと最後に会ったのも、同じ場所で、同じ様な別れ方を経験したからである。それから間もなく、安治さんは病いに倒れたのだった。享年六十五歳。早きにすぎる死だった。

山崎さんの遺著『新稿日本登山史』が、Ａ５判・五五〇㌻の堂々たる大冊になって出版された。二十年前の『日本登山史』を全面的に補筆改稿し、出典の註を加えて前著の面目を一新する出来栄えである。

新稿　日本登山史　一九八六年、白水社刊。

山崎安治　一九一九～一九八五年。小田原生まれの登山史研究家。一九四二年早稲田大学法学部卒業。早大山岳部で主として北アルプス穂高山群で積雪期の極地法による登山に実績を残す。

本邦登山史の研究を精力的に行い、多くの著作を出版した。主著に『穂高星夜』(一九五八年)、『登山史の発掘』(一九七九年)、『日本登山史』(一九

本書の「あとがき」で近藤信行氏が「白水社の佐藤英明氏にその新稿一〇八一枚を手渡したのは、一月十七日（昭和60年）のことであった。それは本書の目次についてみると、第七章〈バリエーション・ルートの開拓〉の第一節〈昭和初期の北アルプス〉まで、旧版では第六章〈アルピニズムの勃興〉の第六節〈バリエーション・ルートの開拓〉の半ばまでにあたる。その後まもなく入院されたため、続稿はついに成らなかった」とあり、旧版と新稿の関わりが明快に説明されている。従って、昭和十年（一九三五）ごろ、極地法登山の時代にさしかかったあたりからは、旧稿をもとにして、近藤信行、浜野吉生両氏が整理して、現代までの登山史をフォローしている。山崎さんのライフワークを仕上げるために、これら編集に携わった人たちの労を多としたい。

本書の見どころの一つは、近代のいわゆる、スポーツ登山以前の山登りの歴史にも綿密な考証を加えていることである。第一章「山の発見」は古代人と山の関わりを、第二章「中世の登山」では、各地の主だった山が、修験道の霊場だったことから、日本の高山のほとんどが、この時代にすでに幾度となく登られていることに注目し、具体的にそのあとづけをされた。いわば、登山という行為のルーツ探しである。第三章「近世の登山」では、修験道一辺倒という感じの中世の「山のぼり」が、さまざまな展開を見せるに至った様相を詳細、執拗なまでに論じる。曰く〝諸藩の山林巡視〟〝諸国採薬登山〟〝北辺の探検と測量〟〝遊吟歌人・俳人の旅と山〟〝播隆の槍ヶ岳開山〟〝文人・墨客の登山〟等々の興味深い項目が並んでいる。未調査とはいわぬまでも、一般には論じることの少ないテーマだから、山崎さんもこの辺り

六六年）などがある。
なお、日本山岳会の常務理事としても会の発展に力を尽くした。

に登場する人物とその事績、文献などを博捜するのに苦労したと思う。「註」のつけ方から推して、著者が参照されたのは、江戸期の版本ではなく、明治以降の活字本のようだが、それにしても、江戸期の『群書類従』などの何十冊にも及ぶ本の中から、〝山のぼり〟に関わる文献を見つけ、実際に解読していくとなると、相当根気と体力のいる仕事だ。『群書類従』の活字本は、どこの図書館にもある本だが、恐らく買った時のままで、読まれた形跡がないという場合が多いはずだ。

本書の白眉は、第四章「近代登山の芽生え」と第六章「アルピニズムの勃興」であろう。特に前者は、明治という、さまざまな西洋文化の流入期の中で、「山のぼり＝登山」という行為が開花していったという歴史的なからみもあって、誰が読んでも面白い部分ではないかと思う。

特に、山崎さんは、日本山岳会の戦後の運営の中枢にいた人であるし、氏の周辺には明治、大正期の登山の生き証人たちが、沢山存在していたわけだから、この時代の登山史を書くには、打ってつけの人だった。

谷川岳を中心とする昭和以降の社会人山岳会（妙な言い方だが、大学山岳部以外の会の称）の活躍ぶりが、本書から欠落しているのが惜しまれる。山崎さんの真意を、一度うかがっておきたかったと思う。初めからその意図がなかったかも知れないが、今は問うすべもない。

先日久しぶりに、山崎さんの第一作『穂高星夜』を読み返してみた。三十年前の本だが、実にみずみずしい文章だ。登山史を語る信頼度の高い文献としての本書、みずみずしい著者の内面をのぞかせた『穂高星夜』、ともに名著である。

（一九八六年四月）

奥ヒンドゥ・クシュの人間、動物、植物、地質、地理、社会構造など、全方位的に見た印象記

本多勝一『憧憬のヒマラヤ』

本書の原題は『知られざるヒマラヤ——奥ヒンズークシ探検記』で、一九五八年（昭和33）に角川書店から刊行されたものである。その後、一九七二年（昭和47）に増補改訂され、〝本多勝一著作集〟（すずさわ書店刊）第二巻に『憧憬のヒマラヤ』と改題、収録された。今回の文庫本で三回目のお目見えということになるが、うれしいことに前回までに使用されていなかった写真が沢山入っている。この間約三十年近く経過しているが、第二次大戦後、日本人の手による同一のヒマラヤ本が前後三回にわたって出版されるのは、稀有のことである。

パキスタン北西辺境一帯が、日本人の視野にクローズアップされるきっかけとなったのが、この本に描かれている一九五六年の京都大学探検部の活躍であり、その舞台はギルギットからヤシン地域、現在の山岳区分でいえば、ヒンズー・ラジ山脈南縁の地であり、当時の状況でいえば、まさに知られざるヒマラヤを明らかにしたパイオニア・ワークであった。現在では、中国の奥地やブータンの未踏峰へ向けて大型の登山＝探検隊が繰り込み、帰国後ほど経

憧憬のヒマラヤ　一九八六年、朝日文庫刊。書影は「すずさわ書店版」を掲載。

本多勝一　一九三一年生まれ。長野県伊那谷出身のジャーナリスト。京都大学卒業後、朝日新聞社に入り、極限の世界に生きる民族に取材した一九六三年のカナダ・エスキモー、一九六四年のニューギニア高地人、一九六五年のアラビヤ遊牧民などの三大ルポはあまりにも有名。さらにその後、

ずして、賑やかな写真入り単行本や雑誌が出るご時世である。そうした華々しい印刷物を見慣れている若い読者には、「何を今さら三十年前の本を」などという向きもあるかも知れぬが、一読すれば、三十年という時間の経過が〝うそ〟みたいな新鮮さに驚かされるはずだ。

その理由は何なんだろう。丁度いい材料が手許にある。オリジナル版が出た時の書評である。本書に対する一般的な受け取られ方の、あるレベルが示されていよう。

「著者の興味は、自然の風物に対してよりは、むしろ人間に対して強く引かれているらしい。ここに書かれた印象記のほとんど大部分が、その人間に関するものである。しかもはなはだロマンチックである。そしてそれを描写する筆は、いかにも学生らしく、ざっくばらんであり、がむしゃらなところがあって、興味深い」(「週刊朝日」一九五八年八月)

とあるが、この文を読んで、私はちょっとちがうのではないかと思った。特に「はなはだロマンチック」とされている所などは、正反対ではないかと思う。当時、海外旅行の厳しく制限されていた時代に日本社会を脱出する行動そのものに、ロマンチックな力が働いていないとはいわないが、現地に入ってからの行動や日々の観察と記録の能力には、ロマンチックというより、極めてリアリスティックなものを感じる。抒情的でないとはいわないが、いうなればあくまでも〝乾いた抒情〟なのであって、ロマンチックというほど、事物に陶酔し切ってしまうことはない。著者の目は冷静沈着だ。例えば、冒頭に久恋のナンガ・パルバット峰に対面する箇所がある。本多さんはこう書いている。

「ナンガ＝パルバットが北面をみせはじめる……あの頂上は、この飛行機よりもさらに四五〇〇メートルも高いのだ。だが正直にいうならば、私はそれほどおどろいたわけでは

一連のベトナム戦記で、その名を世界的なものとした。

最初の著書『知られざるヒマラヤ』は、一九五六年の京都大学探検部による奥ヒンドゥ・クシュに於けるパイオニア・ワークを記し、その後『憧憬のヒマラヤ』と改題され、大いに読まれた。

ない。……期待の方が事実よりもいくぶんふくれすぎていたかもしれない。そういうところに極端なおどろきは生まれないのだ」

当時、本多さんは二十三、四歳の大学生だったはずだ。約三十年前に、初めて海外へ出かけた青年の言辞としては、極めてリアリスティックであり、冷静な見方をしている。十年後同じ体験をした私は、ナンガ・パルバットをこんなに冷静に見ていられなかったことを告白しておこう。

本書は紀行文なのだから、人間に対する興味が中心になるのは当たり前だ。ロマンチックな人間でなくとも、南極や北極の氷を相手にするわけではないのだから、前述の書評は少し見当ちがいなのではないか。むしろ、人間も含め、動物、植物、地質、地理、社会構造など全方位的に、本多勝一の視覚は働いている。そこにこの本の特徴があるように私は思うのだ。

「文庫あとがき」に現在の著者の感想が記されている。「〝若気のいたり〟とはいえ、冷汗三斗、ひどい無知や独断も目立つ。すこし手を入れてみようかとも思いましたが、とてもやり切れなくて放棄しました」とある。賢明な選択の仕方だったと思う。処女作？　を後年改変した作家、詩人は数多いが、たいてい失敗に終わるのが通例だ。恐らく、新鮮な感覚や勢いが、妙な平衡感覚に殺されてしまうからだろう。

初版本の末尾に「現代の探検」の項があり、本多さんは、〝探検とは何か〟という問いに、「その時代における最も現代的なもの」と定義している。近年、本多さんの目は〝故国、日本〟の社会の動向に注がれている。この冒険者の姿に注目したい。

（一九八六年五月）

戦時下の学術研究者たちによる緊張感を漂わせたモンゴルの踏査記録と日記

磯野富士子『冬のモンゴル』

第二次大戦末期、内モンゴルの大草原に、母国日本の暗たんたる前途を思いつつ、東の間のチャンスを得て、民族学的調査にいそしむ一群の日本人学者たちがいた。張家口に本拠を置く〝西北研究所〟(今西錦司所長)のメンバーで、石田英一郎(文化人類学)、梅棹忠夫(当時、京大大学院生)、磯野誠一(法社会学＝著者の夫)らがおり、後年、それぞれの道で大を成した人々だった。結婚後、一年半という、当時二十代半ばの著者も、新進の研究者たる夫を助けながら、自らもモンゴル学研究に志す。

本書は、後にO・ラティモア教授の愛弟子として、有数のモングル学者となった磯野富士子女史(現在、ラティモア・モンゴル学研究所主任研究員)が、若き日の現地踏査を記した日記(自昭和十九年十一月二十四日、至昭和二十年七月一日)である。戦後、北隆館から刊行された由であるが、人の目に余り触れなかったらしい。ご本人も「若気の至りで滑稽なほど気張っていたので……この本のことばかりは、ひた隠しに隠してきた」(本書の「あとがき」による)と記されているが、この言葉は謙遜に過ぎよう。戦時下における学術研究者の外地での踏査

冬のモンゴル　一九八六年、中公文庫刊。

磯野富士子　一九一八年生まれ。広島県呉市出身。昭和十四年に日本女子大学英文科を卒業。同大学および東京大学講師を経て「ラティモア・モンゴル研究所」の主任研究員となる。

本書『冬のモンゴル』は、第二次大戦末期に張家口に本拠を置いた「西北研究所」(今西錦司所長)のメンバーであった夫の磯野誠一(法社会学)と共

という厳しい状況が、単なる踏査記録に終わらせず、緊張感を漂わせたある種の日記文学の域にまで高めている点にこそ、本書の価値があるのではなかろうか。

本書の内容については、著者自身が、「シリンゴル盟西ウジムチン旗《キ》（当時内モンゴルは五つの盟に分かれ、各盟はさらにいくつかの旗に分かれていた）で過ごした四ヵ月の日記に、私自身の研究題目であるモンゴルの婦人に関する資料の一部と、時折拾い上げた民間伝承についての簡単な説明を加えたものです」（本書の「まえがき」による）と記している通りで、書中（三六ページ）に〝婦人の一生〟と〝婦人の仕事〟のテーマの下に十二の調査項目が挙げてある。

当時、厳冬期のモンゴルを旅行するのは、想像以上の大仕事だったようだ。服装の準備一つ取っても、その苦労が偲ばれる。本書冒頭、張家口から貝子廟への旅立ちで、著者はこう記す。「（合計十三枚のものを身につけ）十分着ぶくれている上に、普通の外套と毛皮のと二枚重ねるのだから並大抵のことではない。……なお最後に大きな毛皮の手袋を首から両脇にぶら下げる」といった具合だ。軽い良質の羽毛服はじめ、何でも軽量化されつくした現代の登山、踏査行の何と身軽なことか！

著者が旅の前半を過ごした貝子廟は、現在の中国の地図では、錫林浩特（シリン・ホト）であり、北緯四四度、東経一一六度に位置し、大興安嶺の西方にあたる。周囲約二〇万平方キロのシリンゴル草原の中心地。現在の人口は約五万人。シリンゴル盟全体では人口六〇万人に及ぶ。

著者滞在中の貝子廟（バンデイト・ゲゲン・スム）にはラマ教の壮麗な寺院群とモンゴル人の移動式住居（ゲルという。包《パオ》という呼称は、蒙古などという言い方と同様外国人による蔑称）が

に、内モンゴルの貝子廟（現在のシリンホト）で厳冬期のさなかに踏査を行った記録である。

散在していたが、現在では、かなり都市化が進んでいる。

さて、ここでは零下三〇度という寒さの中で、モンゴル人の生活への順化が行われ、女史は、現地における風葬の習慣も聞き書きしている。浮世ばなれした大草原の暮らしのさなかにあっても、日本人である磯野夫妻は、戦時下の日本社会の軛《くびき》から逃れることは出来ない。「召集令状一本くれば、すべては一瞬にして断ち切られてしまい、そして実地調査などできるような機会など、もう決して再び来はしないだろう。召集は明日にも来るかも知れないのだ」（十二月九日の項）という厳しい状況だったのである。古来の風習が色濃く残る西ウジムチン王府へ移動する途上の駱駝車での旅で、雪の平原をさまよいながら弱音をもらす著者と「モンゴルの人はびっくりするほどよく道を知っているんだ。余計なことで気をもむんじゃないよ」とたしなめる夫との会話（十二月十八日の項）のやりとりを読んで、私はラティモア夫人の若き日の踏査行『トルキスタンの再会』（平凡社、東洋文庫）を思い出した。この辺りの雰囲気は、新婚後間もなく行われたラティモア夫妻の中央アジア行を彷彿とさせる。ちなみに、ラティモア夫人の著書を訳した原もと子氏は、磯野女史の従姉で作家の野上弥生子は二人の近親にあたる。

キャラバンの生活は、具体的にいきいき描かれ、他のモンゴル紀行を読む際のよい参考となろう。後半の西ウジムチン王府に滞在中に調査した説話や祭儀の習俗なども興味深い。

召集点呼のため張家口へ残る夫と、北京へ発つ決心をする妻（七月一日の項）。「汽車は無神経にどんどん走っていく。……私の心に描かれていたのは、相変わらず薄紫がかった枯草色に包まれた、冬のモンゴル草原であった」。本書の大団円である。

（一九八六年六月）

インドの大地を喜々として這いまわり インド人の舌に迫る

浅野哲哉『インドを食べる』

同僚のハイ・ミスが春休みにインドへ行って来た。近頃の学校という職場には、そこらの寂しいおとうさん（私もその一人）より、はるかに優雅な生活を楽しんでいる独身貴族が増えているのだ。その彼女、「欧米ツアーにも厭きたから、今度はもっとスリリングな旅をしてみたい」と口をすべらせたから、さあ、いけない。寂しいおとうさんの友人の仕組んだインド・ツアーに参加する破目と相成った。二週間の旅から戻った第一声は「スリリングだったけど、汚い、味ダメ、匂いダメ、私はやっぱりヨーロッパ」だって。ふざけるな、わずか二週間くらいで音を上げるなんて。君たちはあの豊穣の国で、一体何を見てたのだ。だから、君たちの教育は頭でっかちなんだと言いかけて止めた。私はやっぱり、寂しいおとうさんなのだ。彼女らのタイプはバロック音楽の雰囲気にでも封じ込めておくのが一番いいらしい。所詮、辺境、辺地とは縁なき衆生だ。

『インドを食べる』というこの本に出くわした時、これはきっとインドに呑み込まれた人

インドを食べる　一九八六年、立風書房刊。

浅野哲哉　一九五七年東京生まれ。法政大学社会学部中退。同大学探検部OB。学生時代からインドに魅せられ、一九七七年に渡印。広くインドを旅した。それ以来しばしばインドを旅し、滞在日数約二年という。

東京の有名なインド料理店「アジャンタ」でコック見習い、その後インド料理店「シタール」のコックをつとめる。

の話だなと直感したのだが、「まえがき」にもこんな風に書いてあった。

「インドは、僕にとって鏡の向こう側の世界である。日本とは正反対の価値観がある。僕はそれを『インド世界』と呼んでいる。…中略…英語の〝カレー〟の語源は、南インドのタミル語やカンナダ語の〝カリ〟すなわち料理に使われる〝具〟に由来するという。インド料理の極意は、各々の具の味を最大限に活《い》かしながらも、互いの味が相殺されないように調理することにある。この本は、異物にしかすぎなかった僕が、インド世界のゴッタ煮にとりこまれ、ひとつの〝具〟になるまでの旅をまとめたものである」

著者の浅野氏は、法大探検部O・B。一九五七年生まれ、ということだから、私と同じパキスタンの〝具《カリ》〟になってしまった平靖夫君の後輩にあたるので、親しみを感じた。平君は法大探検部中興の祖でもある。

浅野青年は一九七七年（昭和52）を手はじめに前後四回、それぞれ約半年ずつのインドの旅を経験した。一度目は北はデリー、南はインド亜大陸最南端のカニヤークマリに至る間の各地を巡り歩いた。それ以後の旅は主として、南インドのタミル地方の村に滞在して、ヒマラヤへは出入りしていない所に、かえって私の興味はひかれた。

浅野青年は、学生時代から東京のインド料理店「アジャンタ」でコックの見習いをしていたこともあり、インド料理（というよりインド人の食生活といった方が正確だ）全般に対する眼の配り方が、実に広くて貪欲なまでだ。われわれならば、テーブルの上に運ばれてくるものを食べて澄ましているのに、この青年は、料理の名称は勿論、材料、調理の仕方などを丁寧に記録し、現地のさまざまなタイプの食堂を歩き回って、インド人の舌に迫ろうとしている。

本書『インドを食べる』の他、新聞、雑誌への寄稿も多い。

彼自身、第一回目の旅の折、「全インド主要観光地の庶民食堂六十余店を食べ歩いて、インドの食べ物、それも、いわゆる外食系の概念がわかった」としている。こうした経験があって、はじめて、それ以後体験することになる南インド・タミル地方の村々での、〝食生活〟の特徴が明らかにされるのである。近ごろ、エスニック（民族調）という言葉が大はやりだが、この本はそうしたエセ文化、エセ教養主義とは無縁のところで成立している。インドの大地を喜々として這いまわっている。そんな雰囲気が明るく伝わってくるところがよい。明るいばかりが取り柄ではない。この人、なかなかの文章家なのだ。第一部「天竺への門」の中で、知り合いのインド青年の村へ同行し、ホタルの光を目撃する箇所がある。

「清浄無垢、微細なネオン。恥ずかしいことに、東京で生まれ育った僕にとって、これほど慎しい光群を見たのは初めてだった。彼らの小さな閃きと光の残像は、まるで桜の花が咲いて散ってゆくような風情を感じさせてくれた。途方もない思念のスケールをもつインド人にとっては無限の天空に輝く無数の星々の生滅を一瞬に縮めたシュミレーションのように映るかも知れないなあと思った」

というような叙情味たっぷりの文章もあり、もの書きとして大切な何かを持っている人だ。

相馬愛蔵、黒光夫妻が忘れ去られても、中村屋のカレー・ライスは子供でも知っているように、本書で紹介されている南天竺《インド》のイドィリ、ドーサ、ボンガル、ウプマ、ウタパム、ヴァダイ、バジ、イディヤパム等々（詳細は本書参照）のうち、何か一品くらいは、そのうち浅野流天竺料理として本邦に定着するかも知れない。著者筆のイラストもまた秀抜。

（一九八六年七月）

信州の過疎地でただ一軒になった一家の奮闘を九年間撮り続けた——人間らしい暮らしとは

木戸征治『家族原点』

深夜放送を聞いていたら、甲斐大泉の駅上のドンキーハウス（ペンション）主人、加藤則芳氏が、六年前は森の中に数軒しかなかったペンション、別荘のたぐいが、何と九十軒に増えてしまったと嘆いていた。折角の豊かな自然を皆で寄ってたかってダメにしてしまう。自然愛好者や脱都会志向者が増えるのは、勿論、喜ばしい現象だが、一箇所に群れたがる、日本人のこの傾向だけはもう少し何とかならぬものだろうか。一方では、山村の生活者たちは、至るところで山を下り、過疎の村里がどこにでも目撃されるのが現実なのだ。

この『家族原点』という本は、今年（昭和61）の初めに出版されたもので、冬には積雪四メートルを超える信州・小谷村戸土という山村が舞台である。根知川最奥の集落だから、雨飾山や駒三山（鬼ケ面、鋸岳、駒ヶ岳）に行ったことがある登山者なら、知っている土地だろう。

戸土というこの山里も、最近の過疎化の波に洗われ、昭和四三年（一九六八）頃は二三戸、七九人の住民がいたのに、現在では、赤野敬司さん一家（六人）が住むだけの村になってしまった。フリーの報道写真家の木戸征治氏は、九年間もこの一家の奮闘ぶりを撮り続け、本書を

家族原点　一九八六年、晶文社刊。

木戸征治　一九三九年生まれ。東京出身の写真家。東京綜合写真専門学校に学ぶ。

主として過疎地をテーマに取材を長期にわたって行う。主著『家族原点』は信州小谷村の山村戸土を長期にわたって取材。わずかに一家族になってしまった村の姿を描いたユニークな書である。

通し、「人間らしく暮らしてゆくとは、どういうことなのだろうか」と世に問うているのだ。

著者がはじめてこの村を訪ねたのは、昭和五十二年八月。その前に、厳しい自然と闘い踏んばる家族をTV・ドキュメンタリーで知り、「過疎地に一軒になりがんばる人たちとは、いったいどんな一家だろう」と関心を持ったのが、きっかけだった。

根知谷のどんづまりの戸土（標高五四〇メートル）を訪れた木戸氏の眼に、茅ぶきの家々が映るが、ほとんどが空き家で、廃屋同然になっていた。その中の一軒を撮した見開きの写真が印象的だ。屋根の真ん中が陥没し、茅が崩れ落ち、今にも潰れそうな家。この本には村の四季折々の風物、そこに生きる赤野さん一家の生活ぶりが、モノクロ写真でさまざまな角度から映し出されている。

初対面の著者を明るく迎えてくれた「ひげのお父さん」に出会ったことが、この長期（九年間）にわたる戸土通いを可能にし、著者をして、冬の豪雪期も含め、黙々と労働する家族の姿に共感させることになった。戸土の村は何故に過疎化したのか。本書の「戸土集落崩壊の歴史」では、この集落の唯一の当事者となってしまった赤野さんから次のような言葉を引き出している。

「生業の炭がだめになり、米も思わしくない。そこへ大きな地すべりが、部落の一部を破壊した。これが村を去る最大の引き金となった」と。換言すれば、国の減反政策とエネルギー変換が大きな理由だったが、その最大のものは「地すべり」であった。新潟から富山にかけて、日本海側の山すその村々は、名うての地すべり地帯である。小谷村もまたその例外ではない。著者は次のようにコメントする。

「昭和三十八年三月の地すべりは家の倒壊よりも耕地を大半失ったことが痛手であった。何度も続く地すべりで、戸土にとどまることを思案する村人たち。その心の動揺を根こそぎゆさぶったのが、四十一年二月の地すべりだ。村人たちはまさに地すべりのように離村していった」

そんな中で、何故、赤野さんは戸土に頑張り続けるのか。ご本人の答えはこうだ。

「人間どこへ行こうが、何らかの悩みと、災害はついてまわるもの。ならば自分が一番知っている生まれ育った土地でがんばればいい。電気もない車もない昔から先人たちはここに住み、開拓してきた。今は、車も通るし電話もある。こんな便利な時代なのにこの土地に住めないのは不思議でしょうがない」。「人が少なくなり、寂しいと言うが、テレビはあるし、音楽も聴ける。何がいったい寂しいのか。ただ人が、がやがや多くいれば寂しくないのか。……」

と。やわな都会の自然愛好者の、とうてい太刀打ちできない信念があふれている。

戸土が酷薄な自然のみを与える場所だったら救いがない。幸い雪が深い分だけ、ここは自然の豊かさに恵まれている。春の「青物とり」(山菜採り)、熊狩り(他にも種々の動物がいる)、夏は七ヘクタールの山の牧場で牛を放牧。炭焼き(ひと窯六百キロ)、その合間に根知川の岩魚とり。秋はキノコと山ブドウの宝庫だ。山芋はいくらでもある。諏訪大社から大祝《おおほうり》が来て、薙鎌《なぎかま》打ちの神事を行うのもこの時季だ。そして冬、雪との闘いの明け暮れとなる。

赤野さん一家の生きざまが明るく健気なだけに、その無告の悲しみが、読む者の胸を一層強くしめつけるのである。

(一九八六年八月)

山登りを除いたら何もない本など心から好きにはなれない……

水野　勉『ヒマラヤ文献逍遥』

この本の前身（初出）は、日本山書の会の機関誌「山書研究」に三回に分けて収載されたものである。即ち昭和五十四、五十五、五十七年（一九七九、八〇、八二）に刊行されているが、今回加筆訂正され、B５判（18.2×25.7cm）という大型本にみごとに変身して、上梓された。

表紙はライト・ブラウンの麻布で装幀され、しっかりとした造本、しかも天金である。本文二〇三ページという手頃な厚さ（用紙が厚手なので普通の本より厚い感じだ）なので、よくある豪華本の類が持つ、あのオドロオドロしい厳《いか》つさはない。むしろ、瀟洒で清楚な書格を持った本になっている。吟味された用紙といい、美しい印刷といい、ヒマラヤの愛書家としての、水野さんの好みや本に対する配慮がよくうかがえる本だ。見返しのヒマラヤ古地図の複製は、多分、ダンヴィルの地図を使用したものだろう。

ヒマラヤ本については、これまでにも、『ヒマラヤの高峰』に代表される深田久弥の数々

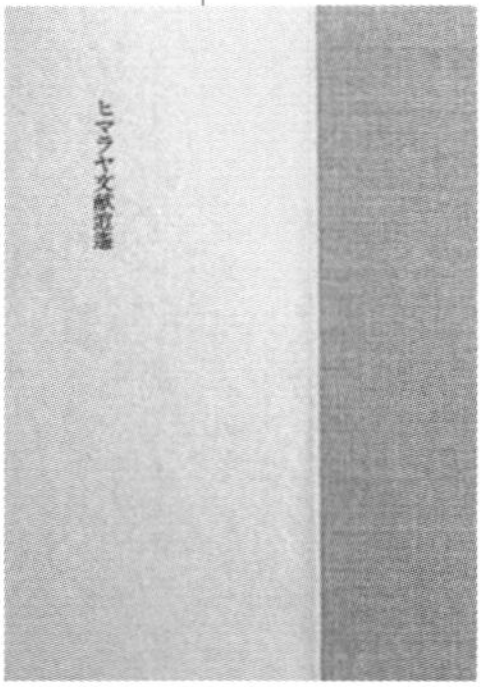

ヒマラヤ文献逍遥　一九八六年、鹿鳴荘刊。

水野　勉　一九三〇年福島県に生まれる。陸軍幼年学校に学び、戦後は長く、東京国税局に勤務した。

ヒマラヤ・中央アジアの文献に通暁し、多くの著作、翻訳書を刊行。翻訳ではM・クルツ『ヒマラヤ編年誌』（一九五九年、邦訳・一九八八年・小学館刊）、S・ヘディン『カラコルム探検誌』（一九二二年、訳書・一九七九

の著作、小林義正の『山と書物』(正続二巻)に豊富に語られており、両氏が心血注いで蒐集したヒマラヤ本は、前者の九山山房蔵書が国会図書館、後者の高嶺文庫は京都の小谷隆一氏の文庫に継承されたのは、周知の通りである。外国ではM・クルツやK・メースンなどのヒマラヤ登山史の中で折に触れ語られているが、特に後者の『ヒマラヤ』の文献抄録(リストであるが)は、ヒマラヤ研究者、ヒマラヤ本博捜者の拠りどころになっていたのである。水野さんも本書「古典としての初期文献」(第五章)の中で、そのことに言及している。以上のものを網羅して、薬師義美氏の『ヒマラヤ文献目録』(本書八〜一〇ページ所収)が刊行されたのは記憶に新しい。こうした東西の優れた典籍を身近な視野に収めた上で、水野さんは、自由に、書物と人物とヒマラヤの間を「逍遥」したわけである。

水野さん自身、「余滴―あとがきに代えて―」(第二十二章)で、「この逍遥は四年にわたったが、楽しい仕事だった。完全なビブリオグラフィをめざすわけでもなく、学問的な研究をするわけでもなく、誤りを恐れることもなく、好きなように好きな本のことを書くのだから、肩が凝らなくて済んだ」と述懐している。五十代半ばにして、達し得た境地であろう。一つ下の世代に属する私には、こうしたふん切り方は未だ出来かねるようだ。うらやましい境地だ。

本書では、現代のヒマラヤ登攀に関する本は、メスナーを取り上げただけで、後は省略されている。「山登りを除いたら何もないような本など心から好きにはなれない。やはり未知を切り拓いていく学問的態度とか世界観とか人間観とかに基づいた思想あるいは感性のひらめきがほしい」(本書「余滴」より)とする水野さんの希求は、残念ながら現代のヒマラヤ本から得られぬ類のものである。好むと好まざるとにかかわらず、ヒマラヤ登攀の現状からは、

年・白水社刊)、Ｊ・Ｒ・Ｌ・アンダーソン『高い山はるかな海』(一四三ページ参照)が知られる。

読書家を満足させるような本は出にくくなっている。前掲文のしばらく後で、「山登りに本が要るか—という問いを発する人には、ぼくは答えまい」と著者がいっているのも、こうした状況を背景にしての言《げん》であろう。活字文化の衰退という世界的な現象と鋭くかみ合っている重大な課題であるが、うまい答えはなかなか見つからないかもしれない。ただし、今のままのヒマラヤ登山では、文化状況としても社会現象としても、すっかり矮少化され、何も生み出さない場になり兼ねない。精神世界の高級なトリップという面も忘れては困る。

二十二章から成る本書はどの章から読んでも実に楽しい。一、二の例をあげるにとどめるが、冒頭「ワークマン夫妻の著作」（第一章）で水野さんは、これまでヒマラヤの玄人筋からないがしろに扱われてきたこの夫妻の本のすばらしさに言及している。特にその写真に注目しているのは流石。カラコルムの地図を作った宮森常雄さんが、ワークマン夫妻の本に出ている写真を大いに役立てていることは、知る人ぞ知る。

ヒマラヤに入った夫妻としては、もう一組有名な「フィッサー夫妻」（第十五章）がある。一九二〇〜三〇年代にかけて、カラコルムを四回も探検した夫妻だが、ここではフィッサー博士の報告書（紀行や日記）が五点紹介されている。この五点セットはなかなか揃わないらしいが、どういうわけか、私の手許には揃っている。初出の文章では、「所持されている方は名乗りをあげて頂きたい」という挑発がある。抜き刷りを以前に頂戴した時に「名乗り」をあげたら、この部分は今回削除されている。神保町辺りの酒亭で、本書を手にしながら、私のところには全部揃っていますよなどと言って、水野さんを口惜しがらせてみたかった。やがて出るという『中央アジア文献逍遥』が楽しみだ。

（一九八六年九月）

墨一色の挿画と、のびやかな文章
山男の目は同行の人々や出会った人に

畦地梅太郎『山の目玉』

山の目玉　一九八六年、美術出版社刊。

畦地梅太郎　一九〇二〜一九九九年。愛媛県生まれの版画家。戦前から山の風物や人物を描き、独自の境地を拓く。雷鳥をかかえた山男などの作品でよく知られるように、登山者の間でも根強いファンが多い。

初期の画文集『山の眼玉』は堂々たる書格を持ったこの分野の代表的存在である。後継の画文集に『山の足音』（一九六〇

信州の爽やかな大気に四、五日浸って、だらけ気分を一掃したように思ったが、夏のさなかの東京へ戻って、一日もたつともう元の木阿弥。思考力も忍耐心も限りなくゼロに近い。ぼやく亭主と子供を東京に置いて、ヨーロッパへ出かけた奥方どのは、今頃コート・ダジュールの白い砂浜で甲羅干しでもしているにちがいない。こちら、つつましく近所の喫茶店に陣取って、古いジャズ・レコードでもかけてもらおう。ブラウニーの〝ベージン・ストリート〟でどうだろうかって。いいね、結構です。その次は、エリントンの〝センチメンタル・ムード〟だって。何だかこっちの気持ちが分かっちゃってるみたいで気味悪いね。

さっき寄ってきた本屋で、畦地梅太郎の第一作『山の目玉』が、復刻されているのを見つけて、なつかしくなってつい買ってしまった。オリジナルは朋文堂版（昭和33・一九五八年）で、元版の題名は『山の眼玉』。題名の文字が変わるのは困る。あとできっと、山の書誌研究者がうっかりミスを犯しそうだ。

昭和三十三年前後、朋文堂は〝山岳文庫〟と題する豪華本シリーズを刊行して、山岳書フ

アンを楽しませてくれた。当時の出版水準からすると、出色の画文集、写真集が次々に送り出された。全部で十二、三点あったと思う。社主の新島章男が、社告か何かで「製版、印刷、造本の面で最高の努力を尽くした」と豪語していたのを、今でも、はっきり覚えている。

　山登りに熱中していた学生の身分では、普通のハードカバーの本（大抵三百円くらい）の三倍くらいする本を次々に買い揃えるのは、なかなか骨が折れた。中でも、上田哲農『日翳の山、ひなたの山』（千二百円）や、田淵行男『尾根路』（二千円）が出た月は、一度も山へ行けず、家でひっそりしていた記憶がある。ちなみに、その五年後、高校教師になった時の、ぼくの初任給が約一万七千円也。

年）、『せつなさの山』（一九六九年）、『南の北の山の話』（一九七二年）（以上すべて創文社刊）があり、画業を総覧した画集『畦地梅太郎全版画集』（一九七九年・講談社刊）もある。

コーヒーがさめかけ、ブラウニーの演奏も終わった。もう本題に入らないといけない。この本の始めに、十五点の木版画がずらりと勢揃いしている。もともとは多色刷りだったのに、原色版は七点だけというのは、寂しい。収載された作品は、初版とかなり異同があるようだが、初版本がよそへ行ってしまっているので、比較できず残念。

　しかし、畦地版画といえば、鬚の山男と雷鳥の取り合わせ、というイメージが、ぼくには強くあるが、本書でも何点か色鮮やかに再現されている。その配色といい、図柄といい、亜流の存在を許さないくらい、個性的で独特な感じがする。

　本書刊行後、畦地画伯は、『アルプ誌』を中心に次々と、画文集をものされたが、ぼくには、どこかとぼけて、ワン・テンポゆっくりしたような、素朴な語り口の出ているこの本が一番印象に残る。チャップリンの映画でも見ているような、ユーモアとペーソスを感じてしまうのである。そういえば、口絵の「鳥と山男」や「鳥をいだく」という作品に描かれている山男の目にもそんな感じが表れている。

文章も何ということもないのだが、余計な飾りや気負いがなくて、今思えば、こういう文章が上等なのではないかという気がする。エスタブリッシュメントになると、よく出る傲慢さや、変な臭味がない。

第二次大戦前後の山間僻地を旅するというか、放浪することの多かった畦地画伯の文章は、一例を挙げれば、次のような感じのものだ。生まれ故郷の四国の山村近くでの話。

「部落の中央にある分教場に、にぶい光のランプがともり、騒がしく人々が動いていた。浪花節があるのだという。わたしにも行けとすすめてくれた。ここまではいってくる浪曲師、大体の想像はつくが見知らぬ旅の男を一人残して出かけられぬ、その家の人々の心情をわたしは考えねばならなかった。……中略……演ずるものも技倆は別として、しんみりと人情物など聞かされ、わたしもかたくなっていた気持をときほぐすことができた。……中入の時間がきて、わたしの前に回ってきた器の中へ、わたしはあたりをはばかるように十銭玉をそっと入れた。」（本書五二～五三ページ）

畦地画伯の目は、剣岳（池ノ平）行っても、尾瀬へ行っても、同行の人々や出会った人に注がれる。墨一色の挿画とのびやかな文章にそのことはよく表現されている。いわば、自然をうたった歌というより、人間をうたった歌なのだ。この本を読んで、ぼくは久しぶりに旅の原郷へ入って行くような気分を味わった。

レコードが〝A列車で行こう〟に変わった。さあ、書を捨てて街へ出てみようか。

（一九八六年一〇月）

「なぜ、ぼくらは攀じ登るのか」岩場の状況、登攀技法をユーモラスに語る

コリン・カーカス／池上　玲訳
『さあ、クライミングに行こう』

本書の著者、コリン・カーカスという登山家をご存じだろうか。この三十歳で夭折（第二次大戦中に戦死）したウェールズ生まれの優れたクライマーの名を知っている人は、相当なビブリオマニアか、変わり者だろう。この人物の名前は、日本では殆ど紹介されていない。

さすがに、深田久弥さんの『ヒマラヤの高峰』には出ている。「レオ・パルギャル」の項に登場してくるのである。本書の末尾の二章で、カーカスは自分のヒマラヤ体験を詳しく書いているので、両方の記述を重ねてみると面白い。〝Let,s go climbing〟（本書の原題）に、ヒマラヤの匂いをかぎ取らなかった私は、『ヒマラヤの高峰』の新版編註を付ける際、本書の記述を引用できず残念に思った。

解説からもれている興味深い事実を一つ付け加えておこう。エベレスト初登時のイギリス隊員として有名なウィルフレッド・ノイスはカーカスの七歳下の〝いとこ〟である。本書の第二章「ぼくの最初の山々」で、カーカスは「七歳のときに最初の山に登った。それはマノッドという高さ六百メートルのごつごつとした岩山で、フェスティニョグの近くにあった。

さあ、クライミングに行こう　一九八六年、森林書房刊。

コリン・カーカス　一九一〇〜一九四〇年。イギリス、リヴァプール生まれの登山家。少年時代からウェールズの山々に親しみ、本格的なクライミングを十七歳の頃から始める。アラン・ハンクリーヴスらとパーティを組み、レーク・ディストクリトなどの岩場で初登攀を次々と行う。

一九三三年、インド・

それはぼくの生涯でも、とてつもなくすばらしい一日で、以後変わることなくぼくはあらゆる山々を憧れの目で眺めつづけることになった」と回想している。

ところで、〝いとこ〟のノイスの最初の著書『山々と人々』（一九四七年）の第一章「ウェールズでの初体験」の中で、ノイスもまた、「八歳の時、私はマノッドに登ることを許された」と書いている。ノイスのこの本には、カーカス家のいとこたちとの交流が詳しく書かれているが、その頃のことを「岩登りという狂気にとり付かれていた」と表現しているところが面白い。もっとも、コリンは当時すでに仰ぎ見る存在だったので、その弟のガイとウェールズ一帯の岩登り修業に励んだ。本書にも出てくるコリンのベン・ネヴィスでの遭難の傷がいえた直後、ノイスは、この尊敬するいとこと、北ウェールズの難ルート〝モンリス・クラック〟の登攀に成功している。コリンが二十四歳、ノイス十七歳の時だ。

当時のイギリス山岳界の新感覚派の旗頭だったメンローブ・エドワーズ（cf・解説）とコリン・カーカスが山小屋で、一晩歓談したのもその頃のことであった。印象深かったとみえ、ノイスはこの晩のことを詳しく描写している。『山々と人々』も、『レッツ・ゴー・クラオミング』（本書）も、ともに彼らの〝若き日の山行〟というべき本なのである。

特にカーカスの本は、単なる登山技術の本ではなく、自らの登山経験をシミュレーション化して語っている点に、独特の価値があると見るべきだろう。

本書は、先ず「なぜ、ぼくらは攀じ登るのか」という命題に解答することから始める。質問したがり屋の多い現代人にとって、どうしても触れざるを得ない項目なのである。カーカスは鮮烈なスポーツとしてのクライミングの魅力を「切り立ったつるつるの壁の上で全神経

ヒマラヤのガンゴトリ山群へ入り、バギラティⅢ峰（六四五四メートル）に初登。この時の隊長マルコ・パリスはこのあと、レオ・パルギャル（六六六〇メートル）にも初登頂した。

なお、カーカスは第二次大戦の勃発に際し、空軍に入隊し、一九四〇年にドイツ爆撃に向かい、戦死をとげた。三十歳の若さであった。

を集中してバランスを保ち、それから用心深く体を引き上げていくと、問題を解決する思いがけない大きな手がかりが現れる—これこそ、何度経験しても君の人生で最高にスリリングな満足感を与えてくれる瞬間ではなかろうか」と語る。

完全な答えにはなっていないかもしれないが、カーカスが目指しているものは、よくわかる。老大家たちなら、もっとうまく逃げを打ってしまうところだ。

カーカスの才能がフルに発揮されているのは、第四章「ロック・クライミング」と第六章「君がリードする番」である。前者では、「いま君は、本物のロック・クライムをやりにいくところだ。しかも、めざすルートは『非常にむづかしい』(Ⅳ級)と格付けされている。あの親切なクライマーが君の熱意にほだされて連れていってくれる」という設定で、この「名無しバットレス」を机上登攀してみせる。麻のザイル、鋲ぐつの時代という古さを感じさせない新鮮さがある。このルートには、岩登りで遭遇する技術的要素が、ほとんどすべて、取り入れてある。先に私が、〝シミュレーション化〟といったのは、こうした点をさす。岩場の種々の状況(スラブ、チムニー、クラック等々)を、登攀の実況にうまく溶け込ませ、登攀技法(すでに、レイバックやジャミングが語られている)が、時にユーモラスに語られている。

本書を再発見した訳者には、〝カーカス流登山塾〟を開講し、大いに山の楽しさをアピールしてもらいたい。訳文の読み口も爽やかで、面白くなりすぎているくらいだ。

(一九八六年一一月)

東京ぐらしの青年が、八ヶ岳南麓に三間四方の丸太小屋を、自分の手で作り上げた

恋沼　薫『丸太小屋格闘記』

現代ドイツの代表的な哲学者、マルティン・ハイデッカー（一九七六年死去）は、晩年の生活のかなりの時間を、ババリアの丘陵地にある林間の山小屋で老夫人と過ごしていたようだ。見通しのいい牧草地を前面にした緩い斜面に立つその小屋は、日本流にいえば、せいぜい三ＬＤＫくらいの平屋建てだ。板張りの素朴な造りで、小屋の脇にはきれいな流れが引き込んであり、くり抜いた丸太の水槽がセットされている。都会のアスファルト・ジャングルでしか、今のところ生きようのない私は、時々このハイデッカーのアルバムを取り出しては、山小屋生活の来るべき日を夢想しているわけである。なんともいじましい話ではあるが。

ログ・ハウス作りは、何年も前から根強い広がりを見せていて、その種の季刊誌もすでに発行されているくらいだ。妙なもので、こうした雑誌は一度買うと病みつきになり、止められなくなるから、その呪縛から逃れるには、早いところ、自分の小屋を作ってしまうことだ。

先日も、地下鉄で酔眼もうろうとしていたら、すぐ目の前に某ログ・ビルダー社の堂々た

丸太小屋格闘記　一九八六年、クロスコード刊。

恋沼　薫　一九五五年、埼玉県所沢市に生まれる。一九七五年に宣伝会議のコピーライター養成講座を終了の後、一九七七年からフリーのコピーライターとして独立。

一九八五年に「自然工房」を設立してからは、広告制作、出版、編集のほか、丸太小屋製作スクールも手がける。

一九八四年の末に、八ヶ岳南麓に丸太小屋を造

る広告が下がっていて、すっかり酔いが醒めてしまった。時代はもうここまで来ているのだなあ、俺もひとつ、足腰がしっかりしているうちに、奮発しないといかんなあという気にさせられたせいである。

東京ぐらしの青年コピー・ライターが、一念発起して、八ヶ岳南麓に、三間四方の丸太小屋（一部二階建て）を、自分の手で作り上げ、この秋、そのドキュメントを出版した。題して『丸太小屋格闘記』、副題に「一八〇日間の男のロマン」とある。これから、小屋造りに励もうという人には、参考になる本だ。机上の空論ではなく、すべてこれ実際の体験そのものだからである。

当然のことながら、小屋造りにかかる前に、人にはそれぞれの願望がある。そこのところをこの青年はこう書いている。「ぼくの丸太小屋構想は、まず家の周辺の環境想定から始まった。それは、手をつけられていない自然が周辺にあり、冬は酷寒、夏は乾燥、豊富な水と緑と静寂があることだった。そしてそこに、小さくていいから、素朴でどっしりとした家をほしいと思った。迷わず、それは丸太小屋であった」（森の丸太小屋、一二ページ）。実際には立木の伐採に始まり、実働一八〇日間の苦闘の末、木の香りのプンプンする丸太小屋が、一九八四年（昭和59）十二月下旬、雪がやって来ている八ヶ岳南麓の大井ケ森の一角に完成する。

森の中に百坪の土地を青年は確保する。どうせならもっと広い方がいいだろうが、隣の家がすぐ目の前にあるわけでなく、周辺すべてが森なのだから、これでもいいのだろう。「丸太小屋を建てようと決めたのが僅か一ヶ月前。それから設計、資金づくり、道具、手続きと、

り上げその成果をドキュメント『丸太小屋格闘記』として出版した。

何から何までひとりでやってやろうと決めたものだから、忙しいは、わからないはで、テンテコマイの一ヶ月であった」という状態で、七月九日、敷地内の立木の伐採から作業が始まった。最初はカマボコ・テントのわび住まいで、トイレと井戸掘りだ。前者は五〇センチくらいの深さがミソだという。深いとミソが、いや便が分解しなくなるからだ。地下水が豊富なので、いい井戸水が得られた。六メートルの深さの井戸作りに、七日かかったという。

伐採のあとの根切りと基礎工事は業者が主としてやった。ユンボという機械が、四十本の根切りをわずか三時間で片づけてしまった。大切な基礎工事は真夏の太陽の下の重労働だが、なんとかこなした。十四基の独立基礎が出来たところで、青年は、半年に及ぶ工期を考え、テント生活を打ち切り、「角材の校倉づくりで、大きさが六畳大のキッド」で仮小屋を建てることにした。これを後に「風呂とゲスト・ルームに改装しよう」というのである。この仮小屋は、数人の友人の手助けもあり、二日で出来上がり、主屋の作業のベースとなった。

小屋造りに使った丸太は、一本六メートル以上のシベリア・カラマツで、重量一五〇キロ、これを一二〇本以上使い、皮ムキから始めたというから大変なものだ。床張り、壁積みを経て、小屋組みにかかる。各項の間には、〝How to〟というページがあり、わかり易い

十月には無事に棟上げが終わり、屋根の工程にかかる。雪が来る前にルーフィングを済ませようとピッチが上がる。紅葉の森の中に威風堂々とした山小屋がほぼ出来上がる。パソコン、ワープロ、ファックス、CDプレーヤーを装着した「新・田舎人」の誕生である。蛇足だが、小屋造りをもって「男のロマン」といいたくはない。中年オジンのどこかにそんなこだわりがあるのも事実なのだ。

（一九八六年一二月）

妻捨てしそりしに耐へつつ魂《たま》こめてヒマラヤ書きし一生《ひとよ》尊し（深田久弥先生）

1987

書誌作りのベテランが詳細、綿密、豊富に年譜、著作目録、研究文献を集成

堀込静香編『深田久弥』（人物書誌大系14）

堀込静香女史が書誌作りのベテランであることは、つとに知られている。深田久弥（久彌）関係以外の分野でも、私の知っているものだけで、『アフガニスタン文献目録稿』（一九八〇年）、『ネパール研究ガイド――解説と文献目録』（一九八四年）、『沼田真年譜・著作目録』（一九八三年）などがある。特に沼田真教授のものは、今回上梓された『深田久弥』書誌の手法と軌を一にしており、堀込女史の書誌作りの方法はすでに何年も前に確立されていた。

今回の深田書誌は総頁数三二〇、山岳関係の人物で、これほど詳細、綿密、豊富に年譜、著作目録、研究文献が集成されたことはなく、今後も簡単に現れないだろう。それだけに深田久弥という著述家の懐の大きさを改めて感じさせる。書誌特有の冷たさはなく（これにはある仕掛けが施されているせいもある――後述）、壮観である。

本書のプロトタイプは、すでに本誌（昭和47・一九七二・1～12月、昭和49・一九七四・1～9月）に連載された「深田久彌の作品と文献(1)～(21)」であり、次に「深田久弥・年譜」（『深

深田久弥　一九八六年、日外アソシエーツ刊。

堀込静香　東京、馬込で生まれる。慶応大学文学部卒業後、ながく千葉大学図書館に司書として勤務。傍ら、沼田真、深田久弥らヒマラヤニストたちの詳細な著作リストの作成を始める。

特に深田久弥についての調査、執筆は詳細を極め、一九七四年から七五年にかけて、「岳人」誌に中馬敏隆と共に「深田久弥の作品と文献」として

297 — 堀込静香編『深田久弥』（人物書誌大系14）

田久弥・山の文学全集Ⅻ』朝日新聞社刊）となったが、これには「山の作品は網羅したが小説、文芸、随筆、評論は入れられなかった」という事情があり、今回は、三度目の挑戦である。堀込女史は「三度目のこの書誌で完全なものを目指したが、初出未詳などまだ遺漏が多い」と謙遜しているが、その「遺漏」は総量から見れば、ほんのわずかで、それによって深田久弥の全体像を見誤るという性質のものでもない。堀込女史が本書で触れなかった参考文献はもっと別のところにあり、そのことの方がより重要であろうと思うので、後述したい。

深田さんの歿後も、私は『ヒマラヤの高峰』（決定版・三巻本）を完成させるため、何度も九山山房へ通ったのだが、或る日、志げ子未亡人が、出版社から届いたばかりの、何刷目かの『津軽の野づら』（新潮文庫）を一冊下さった。その時にぽつりと「この本の印税は半分あちらにも行っているのよ」ともらされた。「あちら」とは鎌倉在住の深田さんの前妻、北畠八穂さんのことで、この類の話を志げ子夫人が私に話されたのは、その時が初めてで、一瞬ぎょっとしたが、しばらく問わず語りでうかがっていた。『津軽の野づら』は、昭和の青春文学の名作として、もはや古典的存在だが、その制作過程の実態には、極めて謎が多い。現在の新潮文庫版に落ち着くまでに、或る場合には独立して発表された幾編もの短篇小説がつぎ合わされ、章立ても版によって迂余曲折を得た珍しい作品である。その様子の一端が本書によってもうかがわれるが、北畠八穂側の文献も併用して欲しかった。

北畠氏晩年の著書、『透きとおった人々』（昭和55・一九八〇・東京新聞出版局刊）には、十八人の文芸関係の人々との交友（主として鎌倉での）が描かれ、『魂やあい』（昭和55・東京新聞出版局刊）には、戦前から北畠氏の身辺をたすけた女中さんたち二十数人の列伝がある。

発表。のちに、それをベースにしてさらに詳細に完備したのが、本書『深田久弥』である。二〇〇三年急逝。

そこに登場する深田さんの姿は、まるで影のようにしか描かれていない。しかし、参考文献目録には、記載されるべきではなかったろうか。北畠氏歿後に出版された『津軽野の雪』(昭和57・一九八二・朝日新聞社刊)の末尾には、北畠氏後半生のパートナー、白柳美彦氏の「北畠八穂、その死、人と文学」という長文の解説が付されていることも見落とせない。

本書は(1)著作目録、(2)著書目録、(3)年譜、(4)参考文献目録、(5)索引の五部から構成され、それぞれ周到な配慮がはらわれている。前に「仕掛けがある」と記したが、例えば年譜の部では、深田自身の語録はもとより、身近な友人たちの深田観が引用され、この項目を辿って行くと、それ自身で一つの評伝を読むように工夫されているのである。

本書を読んで改めて思うのは、深田さんがつくづく努力の人だったということだ。戦後昭和三十年(一九五五・五十二歳)に上京されてから、昭和四十六年(一九七一・六十八歳)で歿する十六年間で執筆された分量は大変なものである。編集者の愚痴として、深田さんは遅筆であったと嘆く向きが多いが、あれだけ密度の濃い仕事を積み上げたのだから、遅筆で当たり前だったと思う。おおらかで芳醇な文章をつむぎ出した努力をこそ尊びたい。

(一九八七年一月)

〔追記〕 堀込静香女史は昨年(二〇〇三年)十一月に逝くなられた。最後にいただいた便りは、同じ年の暑中見舞いで、次のように記してあった。

「中馬(注・晩年のパートナー、千葉大名誉教授・故人。アフガンのミール・サミール登山隊長)との最後の旅はフンザ訪問で、ナンガパルバットやラカポシを眺めました。パキス

299 — 堀込静香編『深田久弥』（人物書誌大系 14）

タンの土や風を味わい、氷河の舌端を見たりしました。時折、五七……と指折り、言葉を探しております。」として次の一首が添えられていた。

名も知らぬ夫《つま》が好みし野の花を摘みに出てみるそこに居るかと

この書誌『深田久弥』は、中馬敏隆・堀込静香の事実上の共著として長く参照される労作である。ご冥福をいのりたい。

（二〇〇四年二月）

天山南路とパミールを中心に、オートバイで走行 めっぽう威勢のいいシルクロード紀行

戸井十月『熱風街道一〇〇〇〇粁』

本書はその題名からも察せられるように、めっぽう威勢のいいシルクロード紀行である。

昨年（昭和61・一九八六）の夏、戸井氏は、天山南路とパミール（クンジェラーブ峠まで往復）を中心に、オートバイで西域各地を走行した。いうなれば、バイクにぞっこん惚れ込んだ、若い作家の体験記だ。

『熱風街道』と題したケースの中に「照相」篇（日誌）と「天馬」篇（紀行）の二冊をセットにしてある。ペラペラの表紙と、真っ赤な背がなんとなく中国っぽい。

威勢がいいといったのは、この若手作家が、マスコミの世界（TV、CM、音楽など）で作られた西域のイメージと、現実との落差を徹底して、引っぱがそうという意気に燃えているせいだ。確かに、CMによく使われるシルクロード「夢街道」といったタイトルや、シンセサイザーのかなでる妙にセンチメンタルな響きに、ぼくらは食傷気味である。ひと頃メスナーの本が洪水のように出版されて、メスナーに食傷したのと同じような現象だ。

この本にも引用されているが、映画監督の吉田喜重のコメント（東京新聞・昭和61・一九八

熱風街道一〇〇〇〇粁
一九八六年、リクルート刊。

戸井十月　一九四八年、東京生まれ。武蔵野美術大学中退。オートバイ走行などによる行動的な作家として知られ、多くの小説、エッセイ、ドキュメンタリーを発表している。

一九九七年に世界五大陸をバイクで一周する旅を敢行し、その記録を『越境記』として刊行している。

六）は、こうした映像の傾向を鋭くついた意見として、傾聴に値する。ここに再録してみよう。

「……日本人の心情のなかに、〝幻想のシルクロード〟といったシナリオが書かれており、制作者はそれに沿って迷わず描いた結果が、あのような感傷的なコメントと風景の過剰となって現われ、中央アジアの辺境に生きる人々へのアプローチは影を薄めてしまった。（後略）」（「天馬」篇二四ページ）

戸井氏の今回の西域オートバイ紀行も、吉田氏の視点を行動に移し、今日ただ今の辺境の民族の表情に迫ろうとしたものだ。

本書には荒っぽくて、挑発的な言辞もあり、そうした箇所にかなり抵抗を感じる読者もいるにちがいないが、「名所旧跡でもなく、額縁に切り取られたポートレートでもなく、過酷であろう大地と、そこに生きているであろう人々と出会うため」（「天馬」篇一六ページ）に旅へ出るという著者の意図は、現地でもさまざまな制約を受けながらも、かなりの程度まで果たされているのではなかろうか。オートバイという鋼鉄の馬にまたがった著者の旅を達成させるために、「バイク（ヤマハXT600テネレ）と五台の車（ダイハツ・ロッキー、トラック）……日本人クルー九名、中国側スタッフ八名（運転手五名、通訳一名、旅行社スタッフ二名）」を要した、という舞台うらを見てしまうと興味索然としてしまうのだが。

そういえば、近年は三十人、四十人という大部隊編成の登山がずいぶん行われているが、これをも登山と呼ぶのだろうか。旅や登山の本質からどんどん遠ざかった所で、事が行われているのが現状だろう。

正直なところ、この本の何箇所かに後味の悪さを感じてしまった。例えば「食は路上にあり」という章（「天馬」篇の第二章）。ウイグル人から羊肉をご馳走になった席で、味付けが淡白なのに、ゴウをにやした著者は、焼き肉のタレを持ち出し「これはいけた。私は、これを別に失礼なことだとは思わない。……私たちにも、少しぐらいは彼らに教えられることがあるはずだ。そうやって、旅の中でのコミュニケーションが生まれる」などとうそぶく。余計なお世話ではないか。ウイグル人には、ウイグル流の何千年かの味覚の歴史がある。逆に、我々日本人が、米の飯は味が淡白だから、タレや得体の知れぬ調味料をどんどんかけて食え、といわれたらどうなるのか。

この人は、余程マズイ中国料理を食べていたらしく、方々で中国料理をコキ下ろしているが、一九八五年夏の私の経験（殆どこの著者と同コース）では、その正反対だった。

次にひどい事実の誤りを指摘したい。「日誌」の七月三十一日と八月一日の項に、日本女子登山隊が天山の最高峰ハンテングリ登山中という記述がくり返され、「天馬」篇八〇ページには最高峰「トムルフォ」にアタック中と平然と書く無神経ぶり。極め付けは、中国製地図を無断挿入した揚句、中ソ国境を勝手に二〇〇キロも越境させた足跡図。ソ連側にもイリという地名があるので、間違えたのだろうか、それにしても、あきれて物が言えない。竜頭蛇尾に終わった本だ。

（一九八七年二月）

中国・アメリカ合同隊の中国側代表の紀行
西域の植物、動物の生態を詳述

周　正／田村達弥訳『崑崙の秘境探検記』

「崑崙の墟は西北に在り。嵩高《すうこう》を去ること五万里、地の中なり。その高きこと万一千里、河水はその東北陬《すう》に出づ」（中国古代の地理書『水経』のことば）

地の中、即ち大地の中央に崑崙は、一万一千里の高さにそびえ、嵩山の西北五万里の彼方にあり、その一隅から黄河が発源するというのが、古代中国人の精神世界の根源を形成していた図式の一つであったようだ。この図式は同時に、中国人の伝統的な死生観にも及び、「人間が死ぬとその死者のもとへ、天上の天帝から使者が遣わされ、崑崙山からも迎えの神が降り、ここに死者は乗物に乗って崑崙山へと昇仙する」（曽布川寛『崑崙山への昇仙』）というのが、古代中国人が描いた死後の世界観であったようだ。丁度、古代のインド亜大陸で起こった仏教の宇宙観の根本に「須弥山（スメール山）」があったように、崑崙は聖なる山だったわけである。

この聖なる名称を継承する今日の崑崙山脈は、現実にはコングールやムスターグ・アタを

崑崙の秘境探検記　一九八六年、中公新書刊。

周　正　一九二九年、中国山西省生まれの登山家。初め、北京の輔仁大学に入学したが、中退して革命運動に参加、新中国成立後、ハルビン外語学院に入り、ロシア語を学ぶ。一九五三年に同学院を卒業し、五五年に中国政府の意向により、ソ連国立登山学校に留学。パミールの高峰に登る。帰国後、中国近代登山運動の指導者として活動を続けてい

盟主とする西部の高峰群にはじまり、東は四川盆地西部まで包括する。その平均高度は五五〇〇メートル以上、直線距離二五〇〇キロにおよぶ大山脈である。

西部の高峰群は早くから探られ、最高峰コングール(クングール)も、中国登山解禁の機をいち早くとらえたイギリス隊が一九八〇年に初登するところとなった。しかし、中部及び東部崑崙については、依然として謎のベールに包まれ、ようやくこの一、二年の間に、それぞれの山群の最高峰が登頂されるに至ったことは周知のとおりで、そのときどきに「岳人」にも報告されている。

中国登山の発展のスピードぶりは、まことに目を見張らせるものがあり、日進月歩という古い表現では、追いつけないような有様である。

さて、今月紹介する本書『崑崙の秘境探検記』のテーマは、東部崑崙の秘峰ウルグ・ムスターグ(六九七三メートル)であり、著者の周正氏(一九二九年生)は、中国・アメリカ合同隊に中央政府代表として現地へおもむいた人である。役割は総顧問。

一九八五年秋に行われたこの登山の、アメリカ側の隊長はN・クリンチ、登攀リーダーはT・ホーンバイン、K2登山で有名なP・ショーニングも隊員として参加している。全隊員二十二人、総経費七十万元(当時の日本円で約五千万円)。

周正氏は、ウルグ・ムスターグの正確な座標を、東経八七度二三分、北緯三六度二五分(同氏の序文による)としていて、これは手許のONC百万分ノ一図(六八年版)のG—7図(西はクングール山群、東はウルグ・ムスターグまでを含む大地図)の二三六七〇ft峰(Mu-tzu-

る。

一九八五年秋にアメリカと新疆登山協会の合同登山隊の総顧問として、ウルグ・ムズターグ(六九七三メートル)の初登頂を成功させた。『崑崙の秘境探検記』はその折の記録である。

T'A-KO と記名あり）の位置と符合する。

このONC図では他の山塊に多くの二三〇〇〇《フィート》峰が記入されているが、現在では中、東部では七〇〇〇《メートル》峰は一座しかないとされている。

一九八五年九月二十一日、ウルムチを出発した登山隊は、コルラから庫若《こじゃく》公路を南下し、チャルリク（若羌《じゃくきょう》）県城に二十三日着。胡楊《こよう》（フォヤン、ウイグル名はトグラーク）や檉柳《ぎょりゅう》（タマリスク紅柳《ホンリュウ》、ウイグル名はユルグン）、スナグミなどの樹木について周氏による説明を興味深く読んだ。これまでの紀行書にもよく出てくる西域特有の植物である。

この本の見どころは、第二部の「東崑崙の秘境博物誌」。十月二日に月牙河奥にBCを設営するまでの間に走行中（トヨタ・ランドクルーザーも活躍した）に見聞した多くの動物たちの生態、特にチベット・ヤク、野驢《イエルウ》（野生ロバ）、チルー（蔵羚《ザンリン》）、チベット・ガゼル（原羚《ユアンリン》）、バラール（岩羊《イエンヤン》）、アルガリ（大角羊《タアチアオヤン》）、キツネ、オオカミ、オオヤマネコ（猞猁《ショーリイ》）、クマなどの記述が豊富でわかりやすい。また、ウルグ・ムスターグの北で、巨大な破砕帯「ユーラシア大陸の巨大な傷痕」を発見した貴重な報告も詳述されている。登山の方は、十月二十一日午後七時二十七分、張保華ら五人の隊員がめでたく初登を果たした。

国威発揚を離れた、読みごたえのある内容で、崑崙に興味を持つ人には一読の価値ある本である。

（一九八七年三月）

高山湖は主役である山々や樹林、草原を引き立たせる絶好の素材だ

大塚　大『北アルプスの湖沼』

縦走路からかなり離れた這松の斜面の底に、その高山湖は半ば雪に埋もれるようにして静まり返っていた。チングルマやシナノキンバイの群落の切れ目の砂礫地に小テントを張り、熱いコーヒーをすすっているうちに、北空遠く、剣のピラミッドに夕陽が輝き始める。二十五年前の夏にこの湖を知ってからというもの、ぼくは何度かそこでテントを張るほど惚れ込んでいたのである。

「アルプスの真珠」という表現では、ハイカラすぎる。ぼくには万葉人の造り出した「隠《こも》沼《りぬ》」という言葉の方がぴったりくる。今月取り上げた『北アルプスの湖沼』にも、ぼくの「隠沼」は顔を出しているが、今でもここは、清浄無垢といった感じのサンクチュアリー（聖域）だ。

永年にわたり北アルプスを撮り続けている大塚大氏が、この山域の全湖沼を踏査し、集成したものが本書である。山岳カメラマンである著者（本業は都立高校の教師）による、風景写

北アルプスの湖沼　一九八六年、山と溪谷社刊。

大塚　大　一九二七年、高知生まれ。長い間、都立高校教諭として勤務する傍ら、北アルプスの湖沼を撮り続け、その集大成として、一九七一、七二年の二年間「北アルプスの湖沼」を「山と溪谷」誌に連載した。これを増補改訂としてまとめたものが、本書『北アルプスの湖沼』である。

真のカンどころをとらえたカラー作品が何点も本書に収められているが、一点だけ選べといわれたら、ぼくはためらわず「雲の平から俯瞰した水晶池」（本書一一三ページ）をとる。深い樹林の真っただ中に瑠璃色に染まった小さな高山湖がひそんでいるところが、「隠沼」というにまことにふさわしいからだ。

こうした写真を見ていると、高山湖は主役である山々や樹林、草原を引き立たせる絶好の素材だということが、よくわかる。湖沼たちは、大自然の景観に「画竜点睛」の役割を果たしているのだ。

本書は七章から成るが、しばらく内容を追っていこう。第一章は「後立山連峰」であり、まず「高浪池」から始まる。以前紹介した『家族原点』の舞台でもある。大塚氏もその第一印象を「こんなに大きく、神秘的な湖に出合ったのはここが初めてであった」としている。

しかし、この項の末尾に近年再訪して「池にはボートが浮かび、池畔にはゲートボール場までできて、あたりの景色はすっかり変わってしまっていた」と記しているから、ご用心あれ。昔の可憐な恋人が二十年もたてばどう変身するか、有為転変は、何も人間世界だけの出来ごとに限らない。

最近は林道開発や車の乗り入れなどで、アプローチが容易になった所も多いので、かつて恋人と一つ寝袋（米軍放出の巨大寝袋というのがあったっけ）に収まり、湖畔で星空を眺めたなどという人は、最新の地図や情報をよく確かめてから出かけるようおすすめする次第である。

次いで「風吹大池火口湖群」、「朝日岳湖沼群」、「白馬湖沼群」と記述が続くが、ここではやはり、雪倉岳から朝日岳を経て長栂山へかけての豊富な池溏群とそこをとりまく高山植物の宝庫が圧巻であろう。空きカンをすてて歩く手合いは逆さハリツケにされても文句はいえぬところだ。

第二章「剣、立山、薬師岳周辺」の中で、大塚氏も別山二ノ池が空きカンなどのゴミ捨て場になっていることを指摘している。一度そうになってしまったら、折角の「アルプスの真珠」もおしまいである。

この山域の代表的な存在は、「仙人池」だが、この剣の八ッ峰やチンネを眺める絶好の池も、双六池や黒部乗越のテント場の荒れ方からして、「近い将来荒廃してしまうだろう」と大塚氏は恐ろしい予言をしている。大量のカン飲料消費、空きカンのポイ捨てに慣れている若い世代の生態を毎日目にしているぼく（東京の高校にはカン飲料の自販機が設置されている所も多い）には、この予言が、恐ろしいスピードで現出してしまうのではないかという実感がある。ぼくの「隠沼」の実名を明かさなかった所以でもある。

入門書という性格からか、個々の湖の記述量が少なかったのは残念だ。第六章「仁科三湖」、第七章「四つの大人造湖」は削除して、本来の高山湖の部分を強化した方がベターだったのではあるまいか。

（一九八七年四月）

ＪＡＣ生活半世紀をこえる著者と深い交友を重ねた登山家たちとの交友録

望月達夫『忘れえぬ山の人びと』

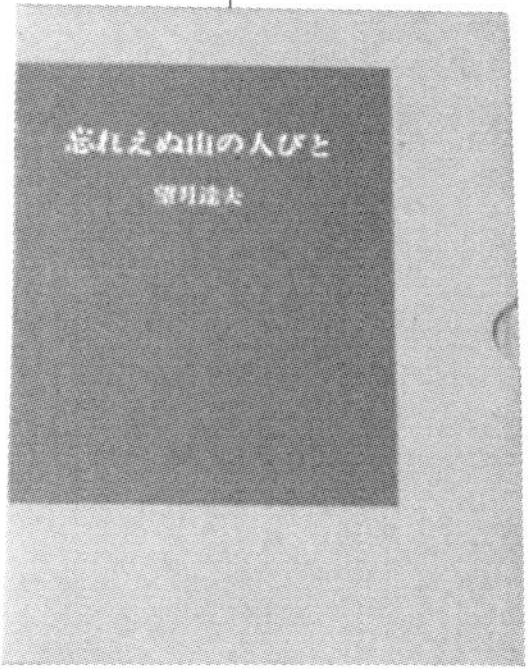

忘れえぬ山の人びと　一九八六年、茗溪堂刊。

望月達夫　八七ページ参照。

先日、たまたま、中島正文の大著『北アルプスの史的研究』（覆刻・桂書房）を読んでいたら、こういう文章が目についた。昭和十七年（一九四二）春のある午後、大陸から上京して、虎の門の日本山岳会ルームで談笑中の中島氏は、次のような場面に出くわす。

「……そうした所へ一人の若い人がそそくさと入って来た。〝明日は応召入営します。山岳会だけは無断で失敬も出来ぬから、申し送りに来ました。〟と言い乍らテーブルに向って何か忙し相に書き出した。この人は山岳会々報を受持っている望月達夫君と直ぐ判った。……（中略）この人達はすぐにも応召して勇躍戦場に赴くと言うのに、寸暇を盗んで、懐しの心の故里、日本山岳会に最後の別れを惜しみに来たのかと思うと何となく大きな感慨がこみ上げて来て、ジーンと眼頭の熱して来るのを覚えた」

四十五年も昔のある邂逅の場面だが、誠実で生真面目であったにちがいない望月青年の横顔と、緊迫した戦時下のＪＡＣのクラブ・ライフの一端がよく伝えられている。

今月紹介する望月さんの『忘れえぬ山の人びと』は、昨年の夏に上梓された本だが、JAC生活半世紀をこえる著者と深い交友を重ねた登山家たちとの交友録である。

前著『折々の山』は登山紀行の集成であり、本書は「交友記」の集成であるから、両々相俟ち、相互に補完し合っている。山行記に登場する人そのものが、本書では前面に浮かび上がり、その人々から折々、著者へ宛てられた書簡が豊富に引用されていることも興味深い点である。

本書の主だった項目だけをあげてみても、藤島敏男、深田久弥、岡野金次郎、中村清太郎、小林義正、伊藤秀五郎、袋一平、林和夫、山崎安治、小谷部全助、上條孫人、外国人ではT・ロングスタッフ、K・メイスンなど、そうそうたる人々が並んでいる。日本の登山や山岳、ヒマラヤ研究などを語る上で見逃すことのできない貴重な資料ともなっているのだ。

冒頭の「藤島敏男」の項は三十九ページにわたるが、特に印象深いのは、「藤島さんくらい本会（JAC）のクラブ・ライフをエンジョイし、また本会がよいクラブであることに献身した人を知らない。……（中略）それだから藤島さんは、クラブから受けるものは常に無形の良さであることを強調し、その反面クラブから収奪することは有形無形を問わず、極めてこれを忌み嫌ったのである。……世代が変わってゆく日本山岳会に、この点だけは強く遺してゆきたい気分にかられることが、最近特に少なくない」（昭和52・一九七七年六月執筆）と記された箇所である。藤島さん、高橋照さん、山崎安治さんなどの歿後JACルームの土曜会から足の遠のいている筆者に、そんなことを言う資格はないが、大登山隊の隊長に現職の大臣をいただくような安易さなども、クラブ・ライフから最も遠い発想であり、不見識を示すものであろう。

反俗的で、時流に媚びることを最も嫌悪していた藤島さんが存命だったら、この望月さんの言《げん》に〝我が意を得たり〟と言うにちがいない。

次に「深田久彌」の項に入ると、「岩と雪」誌その他に掲載された追悼記や回想文があり、私たちの記憶に残っている文章が多く集まっている。「九山山房蔵書について」は『国立国会図書館所蔵・深田久彌旧蔵書目録』（昭和51・一九七六年）所収のもので、深田さんが心血そそいで蒐《あつ》めたヒマラヤ本についての行き届いた紹介になっている。ご両人が、互いに訳書や著書を交換し、誤植、誤訳を注意し合っている書簡が数通入っているが、交友ぶりの深さを示すものとして、ほほえましくもなつかしい。深田さんの一字ずつ丁寧に書いた手紙は、望月さんの言う通り「いま改めて読んでみても、深田さんのあたたかい体温が、じかに伝わってくるような文章」なのであった。

小谷部全助や森川真三郎とザイル・パートナーだった望月さんは、二人を偲んで短いが、哀切極まりない文章を書いている（一四八ページ）。また、「山の本の思い出」の最後にC・クルッカー（アルプスの名ガイド）の死について、七十五歳のクルッカーが「とあるレストランでお茶を注文したが、その一杯を飲み終わらぬうちに、まったく静かに、何の苦しみもなく息をひきとった」と伝えるストラットの文章を引き、望月さんは《ひそかなる心をもりて　をはりけむ。　命のきはに　言ふこともなく》（釋迢空）という歌で結んでいる。この歌は、ひとりクルッカーだけにではなく、先立たれた全ての山の先進、知己に捧げた挽歌に他ならぬと私は感じた。

（一九八七年五月）

難民を乗せ、ペシャワールからボンベイへひた走る列車の眼をかりて、凄惨な状況を……

クリシャン・チャンダル／謝秀麗訳『ペシャワール急行』（現代インド文学選集1）

ペシャワール急行　一九八七年、めこん社刊。

クリシャン・チャンダル　一九一四年～一九六九年。ワズィーラーバード（現パキスタン、パンジャブ地方）の医師の子として生まれた。インドの作家。カシミールの高校を出たのち、パンジャブ大学で一九三四年に英文学の修士号を得た。さらに父の希望を入れて法律学士号も取得。

学生時代から共産主義や社会主義の影響の濃い

クリシャン・チャンダル（一九一四―一九七六）の文学は「たましい」の文学である。といったら少し事ごとしいだろうか。とにかく、中間小説全盛といった感じの日本の文学からは得られない、奥行きの深さと質の高さがある。惰眠をむさぼっているような我が国の文学状況にショックを与えるインパクトの強さを持っていると言っても言い過ぎではない。

アジア各国の優れた書物を発掘することに努めている「めこん社」では、昨年から「現代インド文学選集」を刊行を開始。第一冊（ウルドゥ篇）が、『ペシャワール急行』である。

チャンダルはウルドゥ、ヒンディ両文学界を代表する作家だが、我が国ではほとんど知られていない。今回の選集には、表題作をはじめ、十篇の短篇小説が入っていて、この作家の才能の輝きが見てとれる。

インド亜大陸を旅してると、さまざまな場所で、さまざまな出版物にお目にかかる。バザールや駅頭の雑踏の中で。戦時中の仙花紙といった感じの粗い紙に、どぎつい色のインクで印刷された粗末な雑誌や書籍が埃まみれになっていて、わざわざ手にしようとする物好きな日本人客もない。

五百篇をこえるといわれるチャンダルの短篇小説の多くも、恐らくこうした出版物となって、世に出て行ったのではあるまいか。丁度、この本の中のどこかで、彼自身の「わら屑の中にかくされた紅玉《ルビー》」という表現があったように。

第二次大戦後、インド亜大陸は二つの国家に分離独立し、ぼう大な数の民衆たちは故郷をすてて、ムスリム（回教徒）はパキスタンへ、ヒンドゥ教徒はインドへと、民族の大移動を行った。その途上、各地で大殺戮が行われた事は、周知の通りである。

表題作「ペシャワール急行」は、その凄惨な状況を、難民をのせてペシャワールからインドのボンベイへひた走る「列車の眼」を借りて述べた作品である。

今ではガンダーラ美術の宝庫として、多くの旅行客が足をとどめるタキシラの、その駅頭では大勢のヒンドゥ教徒が殺害された。アムリトサル駅での大量殺戮の場面を、チャンダルは次のように描く。

「ムリスムの奉仕隊は円陣を作った。手には短刀があった。そして円陣内には次々と一人ずつの避難民が短刀の下に送り込まれ、驚くべき巧みさと熟練さをもって殺害されていった。数分のうちに四百人が片付けられてしまうと私は再び進み出した。今や私の全身から吐気がこみ上げてきていた」

この殺戮の対象は、ヒンドゥの居住区へ入るとムリスムに向けられた。さまざまの悲劇を

文学活動を行ったが。一九四〇年代後半は映画制作も行う。筆力旺盛な作家で五百篇以上の短篇、長篇を残すが、『ペシャワール急行』は、七つの短篇にインド・パキスタン分離時に起こった動乱をテーマにした秀作を集め、読むものに非常な衝撃を与えた。ウルドゥ・ヒンディ両文学に於ける最大の現代作家である。

のせて走り、やがてボンベイの車庫で血を洗い流された列車に、作者はこんな風に語らせる。「私は祈るだけだ。私はこの車庫から外へ出たくない。私はあんな恐ろしい旅へ二度と行きたくない。今度行くとしたら、私の旅して行く両側に黄金の小麦の穂が波打ち、菜の花が風に揺れてパンジャーブのこぼれるような幸福にあふれた歌を歌い……ような時に行きたい」と。

一九四三年のベンガルの大飢饉を背景にした、死に瀕したシタール弾きの話「アンヌ・ダータ」(食物を与えるものの意)や、スリナガルのハウス・ボートを舞台にした、美しい自然の中での苦いロマンスを描いた「天国と地獄」、インドという大地に根ざした一人の女性に対する、近親者としての愛や尊敬を描いた「イーサリーおばさん」も印象深い。

しかし、それ以上の秀作は、汽車の中で知り合った老シーク教徒の口を通して語られる物語「ピレートゥー」。男女間の嫉妬から、その妻を切り殺してしまう男の心理を描いた完成度の高い作品だ。

インド文化と言えば古くはタゴール、近くは映画「大地のうた」を作ったサダジット・レイ、音楽のラビ・シャンカールくらいしか知らなかった私も今回の作品『ペシャワール急行』を読むに到って、インド文学に無知であった自分の迂闊さに、しゅんとなってしまった。「めこん社」の宣伝文句ではないが、クリシャン・チャンダルの小説集を読了した今、私の気分は「十本の短剣で心を」ぐさっと突かれた感じなのである。

今年の夏は、山の上にばかり目を向けないで、人の心のひだに隠されているものを意識しながら、パキスタンを歩いてみたいと思った。

(一九八七年六月)

鮫に片腕を奪われた太地のもり打ちがのちに外国船の船長となる冒険ロマン

C・W・ニコル／村上博基訳『勇魚（いさな）上・下』

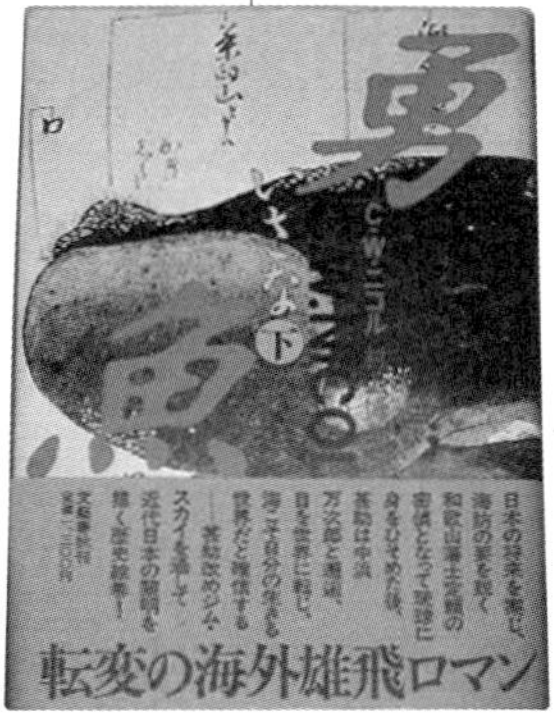

勇魚　一九八七年、文藝春秋社刊。

C・W・ニコル　一八五ページ参照。

ニコル氏の『野生との対話』が出た時、私はこの書評欄（二五三ページ参照）で氏の次作の長篇小説は、生命力の衰えかけた現代日本の文学界を震撼させる作品になるにちがいないなどと、うっかりしたことを口走ってしまった。春たけなわの頃、その作品『勇魚（いさな）』（上下二巻）が出版された。世界八か国で同時発売ということだから、この作品にかける著者や出版社の意気込みのほどが察せられるだろう。

さて、その出来栄えや如何。お先棒を担いでしまった私としては、本欄で一言コメントする責任があろう。

二、三の新聞の書評でも、外国人である著者が、日本人の心情や生活ぶりをよくここまで描けたと讃辞を呈している。訳者の「あとがき」を見ると、早くも映画化の話もあるという。著者自身にも新生面を開いたという自負があることだろう。

しかし、私の評価はそれとは別のものである。「八年前、C・W・ニコルは『勇魚（いさな）』

を書くために、日本にやって来た」という謳い文句などを見ると「ちょっと待ってくれよ」といいたくなるのだ。

本書の読後感を一言で言えば、エンターテイメントの要素が強すぎるということだ。これでは、NHKの歴史大河ドラマとあまり変わらないということになる。

前著『テキシィ』で、極北の自然と超自然の合一をみごとに表現し得た著者のふしぎな魅力（松田銑氏は、ほかの作家とは「魂のありようが違う」と言っている）にとらわれた者が、ニコル氏が八年がかりで、日本を舞台にした長篇小説を書いていると聞けば、『テキシィ』を超える《たましい》の小説が読めると期待するのが、当然ではないか。期待が大きすぎただけ、失望もまた、大きかったというのが正直な感想である。

実は、新聞広告で、この小説が出版されたことを知って、その日のうちに私は、近所の書店へ走った。新刊書が平積みになっている台には、せみ鯨が踊り上がっているような古絵図を装幀した本書が異彩を放っていた。しかし、オビの文句〝風雲の幕末の冒険ロマン〟や〝転変の海外雄飛ロマン〟というでかい活字が目につき、やはりこれは、中間小説であったかと、初手からガックリきてしまった次第であった。

どんな筋立てのロマンなのか、ちょっとだけ、まとめてみよう。

幕末、日本の海防を説き、和歌山藩の領内をくまなく巡察する藩士、松平定頼は、鯨取りの村として知られる太地に現れ、同地の捕鯨船団のすばらしい能力にほれ込み、藩主にこの船団を一朝ことある時に、軍用に転用するよう献策する。藩主の面前で、みごとにもり打ちを演じて見せるのは、将来の筆頭刃刺し（もり打ち）と目される甚助という青年、本書の主人公の登場である。

上巻三分の一ほどは、太地の村や海、捕鯨の場面であり、ニコル氏の実地の体験が生彩を与え、勇壮な絵巻を見るようである。

さて、この若者（甚助）は鮫に片腕を奪われ、失意のうちに過ごしているうちに、例の藩士（定頼）の依頼で、密偵となり、琉球にのがれる。琉球もニコル氏熟知の土地であり、空手の演武場面もふんだんに出てくる。のちに江戸で、当時の欧米通の中浜（ジョン）万次郎と出会った甚助は、目を海外に向け、外国船の船長ジム・スカイとなって海に生きる、というのが、おおよその話である。

この物語には、吉田松陰、佐久間象山、坂本竜馬、西郷隆盛、若き日の東郷平八郎といった幕末に活躍した、おなじみの面々が出て来て、それぞれに「せりふ」を吐いたりするものだから、却って時代小説の色がついてしまう。それなりに面白く、しっかり書き込んだ小説という気はするが、それならばなにも、ニコル氏が書かずとも、司馬遼太郎にまさせておけばよい、という世界なのである。

私がニコル氏の小説に期待するのは、今回のような「冒険ロマン」ではなく、例えば、この小説の献辞に「船長にして砲手、庄司峯雄さんに捧げる」とあるような、現代の海の男たちをテーマにした物語なのである。

（一九八七年七月）

鳥人メスナーの八千メートル峰、十四座の完登記録

R・メスナー／横川文雄訳
『ÜBERLEBT 生きた、還った』

昨年（昭和61・一九八六年）の十月十六日、ラインホルト・メスナーは、ネパールのローツェ（八五一六メートル）に登頂し、地球上に存在するすべての八千メートル峰に足跡を残すという離れ業を完成させた。一九七〇年のナンガ・パルバートを手はじめとして、十六年の歳月とメスナーの人生そのものが、丸ごと費やされているのだ。

本書（原題＝ÜBERLEBT）は、その十四座の完登記録をすべて収録し、見事な出版物となった。「無酸素、軽装備、少人数、短期間」という、メスナーの標榜するタクティクスと、もはや単なる技術を超えた登山の倫理——極限状況から生還する中で、血肉化した一種の哲学——のありようが、実によくわかり易く描かれた本である。

本書はメスナーが登った八千メートル峰を一座ごとに、登頂年代順に配列し、彼自身の率直な感想を綴ったもので、彼を八千メートル峰の「収集家《コレクター》」ときめつける一部の批評も、この本を虚心に読めば一掃されることだろう。彼とその僚友たちが、苛酷な高々度の登攀のさなかで撮った写真の数々が収録され、八千メートル登攀の最も今日的な状況を生々しく伝えてくれる。

ÜBERLEBT 生きた、還った　一九八七年、東京新聞出版局刊。

ラインホルト・メスナー
一九四四年生まれ。オーストリーの南チロルの人。一九六〇年代にアルプスで単独登攀を行っているが、ヒマラヤニストとして、初めに名を高めたのは、一九七〇年のナンガ・パルバッドのルパール壁の初登攀である。登頂に成功したが、下降中に弟のギュンターをそこで失った。

山麓から仰ぎ見る高峰の写真ならともかく、山頂からの俯瞰や登攀などデテールをこれほど集成したヒマラヤ本も、当然のことながら、他に例を見ない。その意味からも、本書は「岳人」誌の創刊四十周年を記念するにふさわしい内容と充実感のある書物である。

メスナーを「鉄人」と表現しだしたのは、いつ頃からのことだろうか。繊細でしなやかな彼の風貌や登攀には、あまりそぐわない異名である。その軽快で強靱な点、金属で喩えると「チタン」だろうが、「チタンの男」では、いささか落ちつきが悪い。今のところ「鳥人」とでも表現しておこう。

この鳥人メスナーは、初めての八千メートル峰ナンガ・パルバートで、弟のギュンターを失い、彼自身も「六本の足指と、数本の指頭を切断された。そのときはもう二度と再び山登りができるとは思わなかった」(二七ページ)と述懐している。彼を「鉄人」と呼ぶとき、人々は、彼がヒマラヤ登攀の第一歩で受けたこの大きな肉体的ハンデを忘れているのではないか。

ナンガはメスナーにとって、文字通り、天国と地獄を二つながら味わわせた山で、他の高峰とは、そのかかわり方がまったく異なる。七〇年の挫折(登頂はしたが、失敗の登山)と七八年のディアミール壁の成功(単独登攀による完登)は、その登攀的人生を象徴している。計り知れない精神と肉体のダメージに打ちかった自信は、その後の彼の登山を大きく変えていったのである。

それにしても、高差四千メートルのディアミール壁はすさまじい。その全容を示す写真(二四ページ)が収録されているが、この巨大な氷壁を短期間で、しかも単独で登下降したメスナーは、や

それ以後、毎年のようにネパール・ヒマラヤやカラコルムの八千メートルの高峰のアルパイン・スタイルによる、無酸素、単独登攀を試み、多大の成功を収めた。一九八六年、四十二歳の十月十六日、ネパールのローツェ(八五一六メートル)に登頂し、メスナーはヒマラヤの全ての八千メートル峰に足跡を残すという離れ業をやってのけた。

多くの著書があるが、『挑戦—二人で8000メートル峰へ』(一九七六年)、『第7級—極限の登攀』(一九七三年)などはよく読まれている。さらに、八千メートル峰十四座の究登記録を全て収めた本書『生きた、還った』も出版されて、大きな反響を呼んだ。

はり「鳥人」とでもいうほかない。

七二年のマナスル南面を経て、七五年のヒドン・ピーク（ガッシャーブルムI峰）で、メスナーは「新しいアイデアによる古いスタイル」と呼ぶアルパイン・スタイルを確立した。ヒドン・ピークの章には、この方式を採らざるを得なかった必然性が詳細に語られている。それまでの登山隊が部分的にしか採用しなかった方法を、彼は意志的に徹底しておこなった。これなくしてメスナーの登山はあり得なかった。かくして、登山界の既成概念は次々に打破されていったのである。七〇年代の彼は、ボナッティやデメゾンのような名士ではなかったので、資金を捻出する工夫や苦渋が、この章では多く語られ、後続の若い登攀家によきアドバイスが示唆されている。年々に新しいアイデアを実践するには、アルピニストとしての能力と同時に、優れたマネジャーとしての能力が必要だというのである。

彼のアルパイン・スタイルは、七八年のチョモランマ、七八年のチョゴリ（K2）での実践を経て深化し、安定度を増した。八四年には、ガッシャーブルム山群で八千メートル峰三座を連続して登る「ハット・トリック」をやってのけた。

十四座最後の八千メートル峰ローツェから生還した時、メスナーは「とにかく生きている喜びだった。もう他のことも自由にやれるぞ」という気持ちだったという。そんな安らぎが、最後の写真の表情にもよく出ていて、長い緊張を強いられた筆者もほっとしてしまった。

（一九八七年八月）

自然の中に抱かれて、悠々として山々と戯れあう

石川欣一『可愛い山』（山岳名著選）

ふた昔前の学生時代のことだが、ぼくは芝居狂いの友人に連れられて、六本木の俳優座によく出入りした。仲代達也が新人としていくらか名前が出かかって来た頃のことだ。

劇場の向かい側に面白い本が掘り出せる古本屋が一軒あり、芝居の行き帰りに、その本屋をのぞいたものだった。ある日、そこでぼくは妙な本に出くわした。留置所に入れられた戦前の左翼文化人への差し入れ品だということは、表紙の付箋の監房の番号でピンと来たし、伊藤某という所有者が、どうやら俳優座の重鎮である千田是也氏らしいことにも気づいた。

その夕方、劇場のロビーで煙草を喫っている千田氏を見つけて、記念に署名を乞うと、氏は懐かしげにその本をぱらぱらめくり、「当時は、こういう本を読むのが唯一の楽しみだったのでね」といって、大きな文字で、茶目っ気たっぷりに著名してくれた。

こうして、ぼくは石川欣一の『山へ入る日』と妙な出会いをしたのだった。

その石川欣一の『可愛い山』（初版、昭和29・一九五四年、中央公論社）が今回、白水社の《山

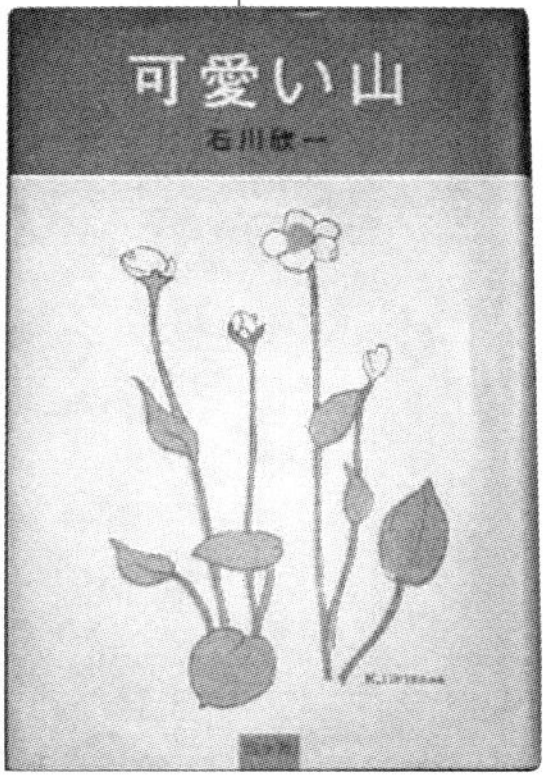

可愛い山　一九八七年、白水社刊。

石川欣一　一八九五〜一九五八年。東京生まれのジャーナリスト。父は東京大学教授石川千代松。旧制二高から東京大学（中退）へ進み、米国プリンストン大学卒業後、長く毎日新聞社に勤めた。

古くから軽妙な文章の名手として知られ、長い間の欧米滞在の生活経験に支えられた滋味豊かな著作が多い。信州の山歩きを好み、山の分野のエ

岳名著選》の一冊として復刊されたのは、ちょっとした驚きだった。なにしろ、他の四冊とは全く異質な本だからである。他の本は、山と人間が命がけで闘争しているのに、この本ばかりは自然の中に抱かれて、悠々として山々と戯れあっているという趣の本だからである。

本書の解説で柏瀬祐之が「ここには大正から昭和にかけての最も良質な滞在型登山が描かれている」と評したのは、簡にして要を得た指摘である。石川欣一が足しげく通った大町の對山館主人、百瀬慎太郎とは肝胆照らし合う仲だったから、後立山を最も愛した石川にとって、「滞在型登山」は名実ともに身についたものになっていたのであろう。

この「滞在型登山」の雰囲気が濃厚に出ている章が「平の二夜」（本書一一ページ）であり、「よき山旅の思い出」（同四七ページ）であり、「鹿島槍の月」（同五四ページ）である。

本書中で石川欣一の文質が最もよく表れているのは、表題作となった「可愛い山」（同三六ページ）であろう。

「岩と土から成る非情の山に、憎いとか可愛いとかいう人間の情をかけるのは、いささか変であるが、私は可愛くてならぬ山を一つもっている。もう十数年間、可愛い、可愛いと思っているのだから、男女の間ならばとっくに心中しているか、夫婦になっているかであろう」という文章で始まるこの章には、石川の持っている茶目っ気や洒落っ気や純一さもよく出ている。

もう少し後で、「私としてはこの山が妙に好きなので、而もその好きになりようが、英語で言えばLove at first sightであり、日本語で言えば一目ぼれなのである」と書いている。この一目ぼれの山、雨飾山を著者は遠望するばかりで、生涯登ることなく終始したようである。

ッセイ集では『山へ入る日』（一九二九年）、『可愛い山』が代表作。パイプの愛好家としても知られ、『煙草とパイプ』（一九二五年）が名作。

ちなみに、雨飾山は、深田久弥先生の後半の人生を一変させた山であることは知る人ぞ知る。深田さんが雨飾山に興味を抱くようになったきっかけは、この石川欣一の「可愛い山」によるものではあるまいか。ご両人の交友ぶりは、この本の中にも出てくるから、ぼくの憶測もまんざら捨てたものでもなかろう。してみると、深田久弥をして後年ヒマラヤ登攀史の研究に立ち向かわせることになる最大の功労者は、「可愛い山」という一文であろうか。

理学博士石川千代松の子として生まれ、東大から米国プリンストン大学に学んだ彼は、ジャーナリズムに身を投じ、その生涯を通して新聞と関わりを持っていた。よき、古き時代のジャーナリストとして育まれた軽妙で洒脱なその文章は、エッセイの醍醐味をたっぷり堪能させてくれる。

「山の本」（一六三ページ）という山岳図書の紹介文がある。実に楽しい書きぶりで、末尾の「シュテム！」と「ジュテム！」のくだりなど、三十年前に読んだ頃の印象がはっきり蘇ってくる。

「お洒落で都会的な、血統書つきの典型的な文化人の姿」を目に浮かべるという解説に異を唱えるつもりはないが、大戦末期にルソン島の山中を北へ北へと敗走する中で、石川欣一はシュラーフ・ザックや蚊帳を自分で作り、山中を彷徨することが別に苦にならなかったと述懐する。このたくましい生活者としての一面を、ぼくらは注視すべきではないか。

（一九八七年九月）

青蔵高原学術登山隊による揚子江発源の地、青蔵高原の横断と、グラタンドン雪山の登頂

松本徰夫・松原正毅共編『遥かなる揚子江源流』

一九八五年夏、青蔵高原学術登山隊は、北は格爾木《ゴルムド》から南はチベット自治区の主都である拉薩《ラサ》に至る長大なルートを縦断した。ここは青蔵（青海・西蔵の合成地名）高原の心臓部で、平均高度五〇〇〇メートルに近く、その中心部には唐古拉《タングラ》山脈がそびえる。その主峰は各拉丹冬《グラタンドン》雪山（六六二一メートル）。同時に、この地こそ中国の母なる川、揚子江の発源の地であり、ここまで足を踏み入れた外国人はそれまでにほとんどいなかった秘境である。

この快挙をやってのけた学術登山隊の母体となったのは、松本徰夫《ゆきお》博士（山口大教授）の組織した青蔵高原登山研究会と京都大学探検部であった。

松本徰夫博士（以降は松本さんと呼ばせていただく）は、この二十年来、HKT（ヒンドゥクシュ・カラコルム研究会）では隠れもない酒豪であり、カラミストとして知られる。HKT初日のはねた夜ともなれば、深更におよんで松本さんの舌ぽう冴えわたり（氏はやや巻き舌、べらんめえ調である）、談論風発うむ所を知らず、その学問的厳格さと執拗な追求ぶりに、鼻

遥かなる揚子江源流
一九八七年、日本放送出版協会刊。

松本徰夫　一九二九年生まれ。福岡（現・北九州市）出身の登山・探検家、地質学者。

一九五二年、九州大学理学部（地質学科）卒。長崎大学、山口大学教授として地質学を研究。初期は阿蘇火山を、その後は中央アジア、ヒマラヤなどを対象に研究領域を広げた。

学生時代から登山に励

柱の強い若者たちもギブ・アップせざるを得なかったことをすっぱ抜いておこう。

この厳格さと執拗な追求は、松本さんの学問にもよく現れている。氏は書斎で理論の構築を楽しむ人ではなく、あくまでもフィールドに出て研究を行うことに情熱を傾ける。去年のHKTの夜の部で、氏がある人にプレート・テクトニクス論を安易にふりまわすことの非をきびしくただしている場に、私も居合わせた。その間えんえん四時間、勿論ある人は、松本さんの軍門にくだった。松本さんはなかなか簡単には眠らない人である。

私は貴重な踏査報告としての本書を、第四章「各拉丹冬雪山登頂記」と五章「青蔵高原縦断記」、つまり最後の二章から読んだ。第二章の「青蔵高原の自然のなかで」には、地質学、植物、動物、魚類などの詳細な報告が入っており、あとからゆっくり読んでみよう。

学術登山隊は、西寧市を七月二十五日に出発し、崑崙山口を経由し、ガルチューの広大な氾濫原を突っ切り、グラタンドン雪山（チベット語で「鋭く尖った高い山」の意）に東から突き上げる谷間にベース・キャンプ（五二八〇メートル）を設営した。ここまでは自動車十一台（四輪駆動車十台とトラック一台）をつらねて走行して来た。このルートはいわゆる青蔵公路である。日中それぞれ二十人ずつの大部隊だ。

グラタンドン雪山は、タングラ山脈中でも山容の最も美しく、鋭く尖った山（主峰）であり、本書にも北東からのすばらしいカラー写真がある。この山脈全体の詳細を示す、グラタンドン雪山頂上からのすばらしいパノラマ写真が収められているので、青蔵の山岳の特徴がよくわかる。六〇〇〇メートル級の処女峰約四十座が、氷河と雪原に埋もれるようにして起伏して

み、わが国のヒマラヤ登山の興隆期に、一九六九年の福岡県登山隊のティリチ・ミール峰登山に同行し、地図を作成。また、公職を退いた一九九〇年代には毎年、中央アジア（中国領）の辺境を縦横に踏査しつづけている。その成果は、本書の『遥かなる揚子江源流』や『シルクロード探遊』（二〇〇一年・葦書房刊）にまとめられた。

松原正毅　一九四二年生まれ。京都大学文学部を卒業後、同大学大学院文学研究科修士課程修了。専門は社会人類学。

アフガニスタン、イラン、トルコなどで、民族学的調査、研究に従事する。現在は国立民族学博物館教授。

一九八五年に青蔵高原学術登山隊の学術隊長と

いる様子は、壮観そのもの。やや独立峰的な表情に乏しいのは、崑崙山系一般に通じる特徴のようだ。

ベースから四キロほど上流にABC（五四〇〇メートル）を置き、そこから先は、一人平均三五〜四五キロの荷をボッカする。八月十一日には氷河モレーン脇にC1（五六八〇メートル）を建設。ここに十人の隊員が入った。グラタンドン峰が真正面に立ちはだかる。翌十二日には、氷河上部を大トラバースして、北西稜上のコルにC2（六一〇〇メートル）設営。十五日には第一次アタックが行われたが、北西稜上六五二〇メートル、あと一〇〇メートルの高度差を残し、濃いガスにはばまれ、雪洞ビバーク。川下隊員ら四人のアタック隊である。

翌十六日も悪天のため、アタック隊はC2へ下った。

八月十九日、高尾隊員以下六人のメンバーによって第二次アタック。唯一の難場（第三のコブ）を越えると、あとは頂部雪原になる。腐った雪で高ゲタのようになったアイゼンをピッケルでたたきながら、倉知隊員を先頭に進む。ついに一五時六分、六六二一メートルの山頂をきわめた。山頂からの眺めを、高尾隊員は次のように表現している。

「三六〇度、眼前に展開する大自然のパノラマに目をむけた。……南はわたしたちがこのあとゆく予定のチャングディシュ雪山群の山々。そのあいだにキラキラ光っているのは揚子江の正源……大地が深緑色、灰色になってみえる」と。

（一九八七年一〇月）

して参加、揚子江源流域で貴重な踏査を実現し、その成果を松本徂夫（隊長）との共著である本書『遙かなる揚子江源流』で世に問うた。

日常生活に欠かせない野菜の原産地をたずねて
そのルーツに迫る

池部　誠『野菜探検隊世界を歩く』

世はあげて飽食の時代である。試みに都会の繁華街へ出てみるがよい。大通りの大半は飲食店とブティックが占めている。だが、飽食といってみたところで、一皮むいてみると、その内実はといえば、何やらまがい物めいた、うさん臭い食品が大手を振って、まかり通っている状況でもある。

二、三日前も近くのトンカツ屋へ入ったら「当店ではキャベツはいくらでもお代わりできます」と貼り紙がしてあったが、水気が半分なくなってパサパサしたキャベツなど「お代わり」出来ますか。TVのニュースでは余ったキャベツをトラクターが踏みつぶしている光景を放映したばかりだったので、余計に腹立たしかった。

飽食の時代は同時に、「まやかし」の時代でもあるのだ。工場生産による似て非なる野菜が、今やわれわれの胃袋を満たそうかという時代に入っているのである。

「まやかし」の食品に満ちた時代であればあるほど、本物の食品とは何かにこだわり、そのルーツを探ろうとする人が出てきて不思議はない。

野菜探検隊世界を歩く
一九八七年、文藝春秋社刊。

池部　誠　一九四二年生まれ。東京出身。成蹊大学政経学部を卒業。のちに文藝春秋社の広告部に勤務する。

出版社に勤務する傍ら、黒沢純の筆名で、世界各地に野菜のルーツを訪ねる旅を行い週刊誌に執筆。その後、それらを網羅した本書『野菜探検隊世界を歩く』を出版し好評を得た。のちにその続篇も刊行された。

本書『野菜探検隊世界を歩く』も、そんなこだわりから生まれたユニークな紀行である。われわれの日常生活に欠かせない野菜の原産地をたずね、そのルーツに迫るために、出版社の広告部に勤務する著者が、三人の専門家と同行して、この楽しい本を造り上げた。本書の原型は半分は「週刊文春」に掲載されたものだが、残りの半分は新しい文章である。

本書は四つの部分に分かれるが、先ず初めは「キャベツの故郷は地中海沿岸の岩壁」という章。キャベツの祖先の一つ、クレティカ（カリフラワーやブロッコリーの祖先でもある）を求めて、池部氏らは地中海沿岸を駆けめぐる。クレティカは、キャベツの野生種として、この地方で発見された唯一のものだ。そして、この野生キャベツに結球したものはない。「結球は人間が栽培化してからの現象」という。

文献に結球キャベツの記述が現れるのは十二世紀以降のことだから、古代の人類（ギリシア文明圏の）は、長く伸びた茎から生えた何枚かの葉っぱを、むしって食べていたのだろうか。

著者は手始めに、古代ギリシア文明圏の東部に相当する、トルコの地中海沿岸を探った。トルコはクレティカばかりではなく、野菜の祖先たちの宝庫だ。ここでレタス、セロリ、人参、アーティチョーク、ケシ、クローバーなどの原生種を目撃。イズミールのアテナ神殿近くの岩壁で、実際にこのクレティカを手にする。「多年草だから、茎は木のようだ。葉をむしって食べると最初紙のように噛めなかったが、二、三度噛むと大根のような苦みがした」とある。結球キャベツを作り上げ、柔らかくて甘味のある葉を何世代もかかって育成して来た人類の営々辛苦の道すじがしのばれる。

クレティカの名の由来するクレタ島からイタリアのシシリー島へ、さらにチュニジアへ回り、スペインはマジョルカ島の東にあるメノルカ島のマオン（マヨネーズ発祥の地）へ足を伸ばす。どこでもキャベツの野生種たちは海に面した断崖や荒れ地に、黄色の美しい花を咲かせていた。著者たちの最後に辿り着いたドーバーの白い崖で撮影した写真が印象的である。

池部氏たちの推理した結球キャベツの出来る道すじは次のようになる。

「まず、野生種を栽培化すると、今のケールのような葉の巻かないキャベツが出来る。……中略……広い葉が出来るうちに、その広い葉の中で内の葉を包みこんだまま大きくなるものが出来た。結球の始まりである。……この変わりものを人間は好んだ。何故なら、内側の葉は柔らかいし、長い間貯蔵することができるのである。……地中海でゆるく結球しあたキャベツが、ドーバーのシルベストリスと交配されて、現在の形になったということにすれば、私の見たすべての野生種に顔のたつ結論になる」

次章「シルクロードは『野菜の道』だった」にしても、第三章「ジャガイモはアンデスの高山植物だった」も、終章「ある原生地再現農法」も、実証的で説得力に満ちている。しかも、楽しく読める。そして、世界各地へ出かけているわが国の登山者にとっても、発想法の芽を与えてくれる刺激に富んだ本である。

（一九八七年一一月）

西洋流アルピニズムから日本的登山（原登山）への回帰を宣言

高木泰夫『奥美濃——ヤブ山登山のすすめ』

このところ、ＨＳＫ（ヒンズークシュ・カラコルム研究会）の仲間が次々にユニークな著作を出版しているのは心強い限りだ。松本徰夫博士の揚子江源流行の記録（三二四ページ参照）に続き、ＨＳＫ創設期から十数年間にわたり、名事務局長として会の屋台骨を支えた高木泰夫さんの『奥美濃』が上梓された。

高木さんは、ＨＫ登山の興隆期にアフガンの、シャー・イ・アンジュマン（六〇二六メートル）に初登を果たした大垣隊のリーダーであった。本業は岐阜県の高校の植物学の教師で校長。その克明、誠実な仕事ぶりは『ヒンズー・クシュ＝カラコルム研究誌・同登山探検誌』（昭和55・一九八〇年刊）に結実している。

今回の『奥美濃』の内容をひと言で要約すれば、西洋流アルピニズムから日本的登山（原登山）への回帰を宣言した本ということになる。そのいきさつは、序文に次のように明らかに記されている。

「その日、私たちは猿ヶ馬場山の頂上にいた。思えば、あの時が私にとって山登りの転

奥美濃　一九八七年、ナカニシヤ出版刊。

高木泰夫　一九三〇年生まれ。岐阜県出身の登山家。金沢大学(生物学専攻)を卒業後、岐阜県の高校に長く勤め、傍ら奥美濃の山々をホーム・グランドに活動。

一九六八年、アフガン・ヒンドゥ・クシュのシャー・イ・アンジュマン(約六〇〇〇メートル)の初登頂を成功させた。

「日本ヒンズー・クシュ会議」の事務局長として、

回点だった。……そんな時、今西錦司先生(当時、岐阜大学学長)に出会い、ヤブ山登山の楽しみを教わった。あの日から世界が変わった。……谷を溯り滝を攀じ、ヤブをくぐって頂上にたつことになる。その間、緑林と碧渓、去来する白雲と息づく風の歌声さえ相手にしておればよい。まこと眼前には自由闊達の世界がひろがっているではないか」

本書の全編にこの考えは貫かれ、対象はヤブ山であっても、高木さんの登山はまことに悠々かつ、さっそうとしている。一種の開き直りともとれるが、カッコいいのだ。ハダカになってボルダリングしなくたって、人はカッコよい登山者になれるのだ。

高木さんは「アルプス的登山との訣別」の章で「そうだ、今まではアルプス的登山に対してヤブ山登山などと卑下して来たが、これを探検的登山といいかえしてもよい。したがってそこで要求されるものは読図力もさることながら、動物的なカンであり、右せんか左せんかの決意、すなわち主体の問題である。これこそまさに人間性回復のために残された一条の道であり、人が求めてやまないロマンの世界への招待状ではないか」とまで言っている。

こうした山の楽しみ方に、若者たちの眼が向くとよいが、ボルダリング一辺倒の今の若者が、手甲脚絆の世界に入り込んでくるだろうか。はなはだ悲観的にならざるを得ない。この世界では第一、彼らの好むハダカの肉体美を披露する場面は皆無。〝安逸と快楽〟の惰眠をむさぼっている現代の若者に、茨のヤブをコグという覚悟はほとんどないのが現状だろう。

これをヒマラヤ登山に置きかえてみると、辺境へのアプローチが飛行機やジープによっていくら短縮されたからといっても体育的アクロバティクな技術が発揮されるのは、全体のせいぜい十分の一程度。あとは動物的カン、ないしは環境に順応する心身のバイタリティーが

会の発展に尽力し、その編著『ヒンズー・クシュ カラコルム登山探検誌』(一九八〇年)はこの山域を研究する上で、必須の文献。

なお、『奥美濃—ヤブ山登山のすすめ』に年来のユニークな登山論が明確に開陳されている。

すべてを制する世界なのである。

今日では低圧室に入って人工的に高所を経験させる方法が流行しているが、こんな人工的方法が破綻することは目に見えている。高所でつまらぬミスで遭難する人が急増しているのは、その現われではないか。

高木さんが本書で紹介してくれた平家岳、冠山、ドウの天井、大洞山（アマゴの宝庫）など数十座の奥美濃の山々は、われわれには未知なる世界だ。そこには、まだまだ豊かな自然が息づいていて、そこに浸り切った著者の境地はうらやましい限りだ。彼はその中で「空ゆく雲を眺め、風の歌声を聴いているだけで、心は至福に満たされる」山行を今日も続けているのだ。

もっとも、高木さんが心ゆくまで美濃の山々を歩けるのは、よき奥さんを持った果報だろう。さればこそ、「あとがき」の末尾に和子夫人の名をあげ、感謝の言葉で結んでいるのである。

そろそろ秋もたけなわ、豪勢な焚き火でも囲んで、きのこをサカナに（本当はアマゴのほうがいいが）うま酒に酔いつつ、日本の山のよさを一晩とくと味わおうではありませんか。中国の文人はいい言葉を知っている。曰く、「山静似太古、日永如少年」と。

（一九八七年一二月）

1988

五十歳を過ぎてからの山行を、油彩・水彩・スケッチ画を入れて年代順に配列

本多勝一『五〇歳から再開した山歩き』

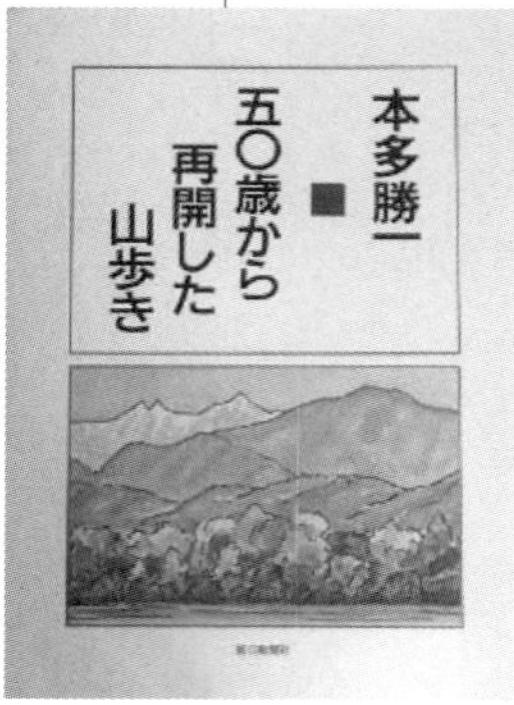

五〇歳から再開した山歩き　一九八七年、朝日新聞社刊。

本多勝一　二七〇ページ参照。

本多勝一氏の新しい本が出た。問題意識に貫かれ、ある種の緊張を好むと好まざるとにかかわらず強いられる、これまでの本多氏の本とは、ちょっとばかり異質の本だ。読者は安んじて山を楽しんでいられる。

個人的なことになるが、私は二十年前に本多氏から大きな恩義をうけたことがある。一九六八年夏、ヒンドゥー・ラジ山脈の主峰コヨ・ゾム（六八八九メートル）登山で、同行の友二人を失った。遭難の経緯をどうやって迅速に、しかも正確に日本へ伝えるか、おおいに悩んだ。交話不能の国際電話、判読困難な電報、日本人旅行者の極度に少ない地域といった当時の状況だった。幸いギルギットへの途上、偶然ある日本人に会い、詳細な手紙を託すことができた。宛先は朝日新聞社社会部の本多勝一記者。

この手紙は本多氏から深田久弥先生に渡され、同時に運動部の片山全平記者（故人）が「週刊朝日」で記事にしてくれた。全平さんはいつも山好きな若者を応援してくれていたのである。

さて、本多氏との縁はめぐり巡って二十年。一九八七年（昭和62）のシャハーン・ドク登山を機に、かつての恩義にいささか報いたいという私の思いは、実現するかに見えた。この隊には、私の最も信頼する山仲間である大竹重信君（都立神代高校山岳部ＯＢ）が参加することになっていたのだ。

しかし、誠に好事魔多し。大竹君は春富士の八合目から大沢へ滑落して死亡。六月五日付の朝日新聞は、本多氏の「魔の山・富士山」という長文の署名記事を掲載した。その冒頭で、氏は大竹君の追悼登山を富士山で行ったと報告している。もって、氏の人柄の一端を知ることが出来よう。

本書は五十歳を過ぎてからの山行を、年代順に配列した山岳紀行である。具体的には、「再開第一山から第十八山まで、つまり、一九八二年十月から一九八四年八月までの山歩きを収録」（本書の「あとがき」による）したものとなる。

開巻の章「東駒ヶ岳」（木曾駒）に、なぜ「五十歳からの登山」を再開したのか、そのいきさつが詳しく書いてある。曰く、「とうとう『知命』の年になってしまった。はっきり『五〇歳』といえばいいのに、知命などとわざと書くのは、この年齢に達したこの腹立たしさ、てれくささ、かなしさ、焦りなどの入りまじった感情を、できれば隠したいという不純な気持ちがあるからに違いない」。相当なこだわりようである。しかし、本多さんほどの人物でも、私たちフツウの人間と同じようにジタバタしているのだとわかって、かえって安心した。「残された人生、やりたいことをやってやろうと思うのは、こんな節目を迎えた者の自然な感情」だとよく理解できるからだ。

本多さんは、山行の柱に「絵」をすえた。「故・深田久弥氏は『日本百名山』をていねいに登って珠玉文集をのこした。そこで私も先人の足跡を横目にしながら考える。……私の場合は、写生をしながら登ることにしよう」という次第で、この本には沢山の絵が入っている。それも、本格的な油彩、水彩、スケッチ画とバラエティーに富む。私としては、セピア色に着色した「駒津峰の頂上から見る北岳」、「冬の昭和新山」（ともに水彩）が印象に残る。

冒頭の「東駒ヶ岳」も「宝剣岳」も本多さんの故郷、伊那谷をかこむ名山だから、少年時代の思い出が、オーバー・ラップして、文章もこまやかである。

次いで、著者が新聞記者になりたての頃、三年間暮らしていた北海道の山四座が続く。この中では「海別岳」が圧巻だ。二十ページも費やした山スキーの紀行で、記述がたっぷりしていて、山スキーの醍醐味を伝えてくれる点では、「岩木山」とともに本書中の白眉であろう。

本書中で唯一、異色の章は「赤岳」（本書一二四ページ）である。四月初めの赤岳で遭難した高校生の母親と同行して、五月の赤岳へ登った時の紀行だ。遺された親の心情が克明に描かれていて、私のように高校山岳部を二十年間にわたって引率していた者には、やり切れない感情を起こさせる章でもあった。

ともあれ、書評子も来年は「知命」の齢。「山登りというものは大人のスポーツ」（松方三郎）という言に励まされて、五十歳からのヒマラヤに努めよう。

（一九八八年一月）

悲劇の隊長スコットが淡々と率直に日々の観察を綴った南極探検日誌の全訳

L・ハックスレイ編／中田　修訳『スコット　南極探検日誌』

二十世紀最大の冒険レースは、いうまでもなく、南極を舞台にして行われたスコットとアムンセンによる、南極点到達の先陣争いということになろう。時は一九一一年。極地探検の伝統が古くから根付くイギリスや北欧の人々にとって、ヒマラヤ登山の比ではないほどのセンセーショナルな「事件」であったのだ。

このレースは、片やアムンセンによる初の南極点到達の成功、片やスコットによる一か月後の到達と帰途での隊長以下全員の遭難死という、栄光の悲劇をもたらしたのである。

このほど私は、悲劇の主人公スコットの『南極探検日誌』を通読する機会に恵まれた。センセーショナルな受け取られ方とはうらはらに、日誌という性格もあるが、スコットの記述は、淡々と、また極めて率直に日々の観察を綴っている。

この記録の原題は〈Scott's Last Expedition〉（一九一三）で、その死の翌年に早くもロンドンで刊行された。もってそのセンセーショナルな受け取られ方が想像される。本書はその二巻本のうちの上巻（日誌の部）を収めたものである。

南極におけるスコットの墓

スコット　南極探検日誌　一九八六年、ドルフィン・プレス刊。

R・スコット　一八六八～一九一二年。イギリスの南極探検家。ノルウェーのアムンセンと南極点の初到達を争った。一九一一年～一二年の南極探検で、アムンセン隊に約一か月遅く極点に達したものの、帰途の荒天の中で、体力を消耗し遭難死を遂げた。

死の七か月後に遺体が発見されたが、そこには詳細な日記も残されていた。本書の原典は死後一本書は、訳者中田修氏（英文学者）の辛苦によって刊行された労作。日誌本文だけでも約四〇〇ページという大冊で、原注、用語解説、付表などを加え四四〇ページに達する。

この労作としかいいようのない出版物について、訳者は「南極探検史上指折りの一次資料であり、優れた記録文学でもある点で、その全訳があってもよいのではと考え、出版のあてのないまま、その仕事にとりかかり、少しずつ進めてきたのでした」（あとがき）と述懐している。良心的な仕事が必ずしも報われることにはならない、という出版事情の貧困さが、身につまされる。

私は昨夏、パキスタン北辺の山中に本書を携行し、ある時はテントの中で、ある時は氷河のほとりの陽光あふれる中で、じっくり読み通すことが出来て読書の醍醐味をたっぷり味わった。本書の開巻は、先ずニュージーランドでの最終準備に始まる、テラノバ号に積み込まれた莫大な物品では、特に小型馬《ポニー》数十頭と四十五トンの馬糧（主として圧搾カラス麦わら）のあることが注目される。

ポニーを重用することは、イギリス隊の伝統となっており、始めから犬ゾリを使用したアムンセン隊と比べて、極点行きでの致命傷となった。このため、さいごは人間がソリを引くことになる。

かくして、テラノバ号は「荒海を渡って」（第一章）「流氷の中で」（第二章）を通り、「陸地」（第三章）へ到着する。

隊員名簿（スコット隊長以下本隊三三人）には幹部隊員、科学隊員、普通隊員が分類され、ほとんどが海軍軍人で占められる。階級社会におけるリーダー・シップとさまざまの人間関

年を経ず刊行され、センセーショナルな話題を呼んだ。

なお、生き残りの隊員C・ガラードの『世界最悪の旅』は、この探検行を描いたもので、二十世紀有数のドキュメンタリーとして知られる。

係のひずみも取り沙汰される原因となっているようだ（cf・西堀栄三郎「二つのリーダー・シップ」）。

その後、基地設計、科学的調査、数々の内陸旅行（本書の大部分を占める）を経て、最後のハイライトの南極点行きが始まる。

スコットは新しいノートの初めに、五人の隊員の年齢を記している。「自分（四三）ウィルソン（三九）エバンズ（三七）オーツ（三二）バウズ（二八）」。これに続けて、「十二月二十二日、金曜。四四号野営地、気温マイナス一八・三度、今朝貯蔵庫を作ったあと、帰途につく隊員たちと胸に迫る別れの挨拶を交わした」とある。実はこの日から六日前の十二月十五日（推定）、アムンセン隊は極点に到達していた。勿論そのことは、スコットの知る由もない。アムンセンに遅れること約一か月、一九一一年一月十八日にスコットも極点に立ち、死の遁走譜ともいえる帰途につく。

日誌の最後の日付けは三月二十九日。「…テントの外はあいかわらず渦巻く地吹雪だ。もはや好転は望めまい。…一同おとろえているし、最期も決して遠くない。…最後に、どうかわれわれの家族をよろしく」（本書三八九ページ）

いまや、モーター・トボガンが走り回るマクマード基地を見下ろす丘の上に、スコットら五人の名前を刻んだ木の十字架が現存すると聞く。

（一九八八年二月）

未知のアングルから写し出された意外性に富む新鮮な名峰の数々

山田圭一『空撮・世界の名峰』

出来たてのほやほやで、まだインクの匂いがプンプンしているこの本の「名峰」たちに見入っていると、そばにいた同僚の若い女性教師がのたもうた。

「わたし、この冬休みに、そのガウリ・サンカールのすぐそばへ行って来たの」と事もなげな様子。短い休みの間に、よくロールワリンの山中へ入ったと感心していると、ツアー中の一日が、空からの高峰観望のおまけ付きだった由で得心。私としてはもっと奥のメンルンツェの方が、気がかりの山だが、そちらの関心は、彼女になかったようだ。

ともあれ、いまや同じ職場にインド亜大陸や中国の辺境を歩いたという人が二人、三人いてもおかしくないご時勢。第一、旅行費用の大半を占める航空運賃自体が、私が初めてヒマラヤ（広義の）へ出かけた二十三年前に比べて、もっと安くなっているのだ。ヒマラヤの高峰を目のあたりにした日本人の数が飛躍的に増大しているのも当然の話だ。

ところで、山岳航空写真の生命は何だろうか。それをわたくし流に表現すると、未知のア

空撮・世界の名峰　一九八八年、白水社刊。

山田圭一　一九三一年、東京生まれ。技術論、社会工学の専門家として、東京工大、筑波大などで、長く講じた。傍ら空中（航空）撮影に取り組み、世界各地で新鮮な写角の山岳写真を撮り続ける。

特にヒマラヤを対象に困難な撮影条件の中で見事な成果をあげた『ヒマラヤを飛ぶ』（一九八七年・東京新聞出版局刊）や『白き聖地・ヒマラヤ』

（一九八二年・講談社刊）、そして本書など世評の高い写真集がある。

ングルから映し出された意外性に富む新鮮な写真というに尽きる。

特に登山者にとっては、通常は隠されているはずの登頂ルートや、対象の山の全ての方向からの写真が、未知のヴェールをまったくはぎ取られた姿で、突き付けられることになるのだ。これはショッキングである。

その意味では、山田圭一氏ほど山岳写真の分野で、わが国のヒマラヤ登山家にショックを与えた人はいない。十三年前に『ヒマラヤを飛ぶ』（東京新聞出版局）が出た時、ネパールの山に登ろうとする人なら誰でも、戦慄的と言ってもよいほど、強いインパクトを受けたはずだ。

341 — 山田圭一『空撮・世界の名峰』

この写真集の作品は、ヒマラヤ、アルプス、アフリカ、北アメリカ、アンデスの五部に分かれているが、ここでは、「ヒマラヤ」の部を見て行こう。

開巻の「カンチェンジュンガ」山群はのっけから凄いパノラマで始まる。見開きページの中央やや左にカンチ主峰群が天に近く、どっかり腰をすえ、そのすぐ前に怪峰ジャヌーの山塊が写っているが、カンチに比べるとまるで子供といった感じでしかない。航空写真でしか写せない新鮮かつ意外なアングルである。

同じことは、作品17のロールワリン上空からのギャチュン・カンについても言える。見開き右端のエヴェレストと左端のチョー・オユーに挟まれて、間近で見る独特の破風型の独立峰としての個性に乏しくなる。その左のゴジュンバ・カンに至ってはもう論外と行った感じでしかない。高さよりも「姿」そのものを一瞬のうちに物語ってしまう写真とは冷酷なものでもある。

解説のプロフェッサー・佐貫亦男氏に言わせると、このチョー・オユーは、「こんななげやりな山を見たことがない。まるで引っ越し騒ぎの後片づけを忘れたさまに似ている」（一一〇ページ）という面白い表現になる。最もインティメートにヒマラヤに浸り切っていた初登頂者のティッヒーには、ちょっと気の毒だが、佐貫氏の表現は、ここばかりでなく、ユニークな比喩が多くて面白い。

「クーンプ・ヒマール」に移ると、作品6のマカール西壁と南壁のすさまじいボリュウムが圧倒的。そのあとに西壁を下から上まで克明に描写する縦長の写真が続く。未踏のルートが手にとるように写っている。この写真一枚あれば偵察登山無用、といっても過言ではない。

実は私は、それぞれの山に行き着く前の、この写真集では省略されているアプローチを、中野融の『ネパールヒマラヤ・トレッキング案内』を片手に楽しんだ。ヒマラヤを二倍、三倍楽しんでやろうという「机上登攀者」のやり方である。

山田氏の積年の辛苦や、その人となりについては、巻末の杉本誠氏の「山岳航空写真を拓く」で詳しく紹介されている。また著者の手記「私と山岳航空写真」で、自己流写真術に始まる率直な心情が吐露されている。

この作品集に山田氏自身のカラコルムやヒンドゥー・クシュの航空写真が入っていないが、せめて、カラコルムの八千メートル峰くらいは全て、入れて欲しかった。「世界の名峰」と銘うつためにも。

（一九八八年三月）

「バズー峠よりヒマラヤの眺望」「ダウラギリ峰夕映え」の他、全八十点収録

風見武秀『世界の山稜』

世界の山稜　一九八八年、グラフィック社刊。
風見武秀　一二八ページ参照。

風見武秀さんの最初の作品集『山岳写真集・étude of alps』（昭和28・一九五三年刊）の口絵にのっている氏の肖像から受ける第一印象は、「精悍」そのものの面構えであった。活力が全身からあふれているいいポートレイトであった。人格円満、穏やかな笑みを絶やさない氏の現在を知るだけのわれわれを一驚させるくらいだ。

一九八一年（昭和56年）夏、私は四十日間にわたり、中国西域の広範囲を風見さんと旅した。ジープを乗り継いでの、八〇〇〇キロにおよぶ撮影行であった。その間ただの一度として、トラブルらしいトラブルが起こらなかったのは、ひとえに風見さんの円満で、人なつこい人柄によるものだった。果てしない砂漠や平原の広がりの大景観を前にして、タバコをくわえてボーッとしているばかりの私は、恐らくお荷物でしかなかったに相違ない。

深田久弥さんはかつて、風見さんを評して、「健康優良児」、「山の優等生」と言った。「根気、努力、マメ、勤勉」の四つの要素がすべて備わっていると太鼓判を押したのである。こ

の人物評はとても印象的で本書『世界の山稜』の序文でも杉本誠氏が引用している。

本書のカバー写真は、「朝焼けのバイネ・チマ」（チリ）でパイネの岩壁に朝一番の陽光が当たった一瞬をとらえた作品で、作品73（パイネの双角の間に大きな月が輝いている）と好一対の素晴らしい写真だ。この時、風見さんは寒気の中でじっとシャッター・チャンスをうかがっていたはずである。山岳写真家は、深田さんのいう通り「健康優良児」であり、「山の優等生」でなければ、つとまらない仕事だ。この作品集自体がまるごと、その証明であろう。

本書所収の作品は全部で八十点。内訳は、チベット側からのヒマラヤ九点、ネパール・ヒマラヤ十一点、カラコルム九点、アルプス二十二点、北米十三点、南米十点、その他六点となる。アルプスの作品を多く収めたのは、ヒマラヤ行以後、アルプスに滞在することが多くなり、その質量兼ね備えた作品のストックが膨大なものに達するからであろう。

本作品の冒頭は、チベット撮影行の折の成果で、かつて、アサヒ・グラフで特集されていたのは記憶に新しい。特に作品5の「パズー峠よりヒマラヤの眺望」（北側）が素晴らしい。赤褐色のチベットの丘陵地帯の果てに、チョモランマからチョー・オユーへかけて氷雪の大パノラマが輝く。この撮影行に風見さんは、フジカG・6×17Cのパノラマ撮影カメラを駆使した。

チベット、西域の大景観を前にして、風見さんは通常のブローニー・サイズフィルムの限界を痛感し、パノラマ撮影機を併用している。作品8「チベット高地の旅人」もそのよい作例の一つだ。われわれの使っている普通の35ミリ・カメラでは、とてもこのチベット高地の風物を再現させることは困難だ。

ネパール・ヒマラヤでは、作品20「ダウラギリ峰夕映え」が美しい。シルエットになった山の上に、一面の夕焼けの空がひろがっている。実地に立った人だけが知る至福の一瞬だったろう。

カラコルムでは、作品22のガッシャーブルムⅣの三〇〇〇メートルの「輝く壁」の夕映えの写真。K２（作品21）は、K２のみをもっと大きく撮った雄渾な作品がほしかった。

アルプスは、風見さんの撮影行二十二回におよぶプレイ・グランド。作品にも変化があって楽しいが、私にとっては美しすぎる。

北米では「アッシニボイン峰」（作品57・58）。岩登りの好きな人が見たらふるいつきたくなる山だ。南米は前述のパイネの角と、作品71の「アルパマヨ」の空撮写真がとどめだ。

本書には邦文と同趣旨の英文が併載されているので、外国の読者にも大いに喜ばれるに違いない。特にこれからの写真集には必要不可欠の配慮であろう。付言すれば、どの写真にも撮影の方向を必ず明記してほしい。例えば、作品13のマナスルとピーク29は、邦文と英文が逆になっている。こんな時、撮影方向が厳密に示されていれば、読者は自分で解決できるのである。すべての山岳写真集（とくに、外国の山岳を対象としているもの）で、忘れないで明記してほしい点である。

（一九八八年四月）

「人はなぜ冒険するのか」——謎に満ちた命題に挑んだ知的冒険の書

『現代の冒険 上・下』

クリスチャン・ボニントン／田口二郎・中村輝子訳

本書は「人がなぜ冒険するのか」という、すぐれて謎に満ちた命題に挑んだ知的冒険の書である。正直なところ、私は、ボニントンがこんなに豊かなライターとしての才能に恵まれていることに、これまで注目したことがなかった。迂闊といえばそれまでの話だが。ボニントンのこれまで書いた本、例えば『アンナプルナ南壁』（一九七一年）や『エヴェレスト南西壁』（七五年）にしても、その行動の質の高さが、同質のレベルのドキュメンタリーとして再現され、並みいるヒマラヤの名著を圧倒する存在だったとは、言い切れないからである。文筆家としてのボニントンよりも行動者としての彼に魅力を感じていたせいでもある。

本書の原題は〈Quest for Adventure〉（八一年）で、第二次大戦後に行われたユニークな冒険行が二十例、それぞれ一章ずつにまとめられている。訳書は上下二巻に分かれ、上巻には、山（七章）、極地（三章）、河（一章）、下巻には海（六章）、空（一章）、洞窟（一章）、宇宙（一章）、が収録された。そして、最後の章に「冒険の諸相」が加わって本書全体を鳥瞰でき

現代の冒険上・下　一九八八年、岩波書店刊。

クリスチャン・ボニントン　一九三四年生まれ。イギリス・ロンドン出身の登山家。十代からスコットランドの山を登り、アルプス登山を行ったのち、一九六〇年、アンナプルナII峰に初登頂。翌年ヌプツェにも初登した。さらに一九七五年に難ルートとして知られるエベレスト南西壁の初登攀に成功している。

著書も多いが、ヒマラ

るように構成されている。

本書を書くにあたって、著者は現存する多くの冒険者たちにインタビューを行い、物故者については、彼らの著書や多くの資料を綿密に読み、時には当事者たちの書かなかった点にまで言及している。本書の持つ面白さの一面である。

とくに、七〇年代のヒマラヤで難ルートを切り拓いて来たボニントンの豊富な経験が、本書の三分の一を占める「山」の各章に生かされ、鋭い目くばりでふるい分けられる。しばらく、「山」の各章を取り上げてみよう。

冒頭の章「アンナプルナ――人類最初の八〇〇〇メートル」では、リーダー・シップ論が面白い。こんなことを著者は言っている。

「ある意味で私は、エルツォーグがあの時一身に引き受けた権限の大きさを羨ましく思う。私が率いた一九七〇年のアンナプルナ南壁の遠征では、各隊員が遠征中のリーダーの命令に従う誓約を含む同意書に署名した。……遠征リーダーの権威というものは、一片の紙や公的な誓約の上で成り立つものでない。本当はリーダーその人の人柄に依存しているものである。……一九五〇年にエルツォーグの持ったリーダーとしての権威が八〇年代の今日の遠征リーダーにくらべいかに強力であったかは興味深い。五〇年代初期の時代感覚は登山の世界の中でさえ、権威という観念に対して今日よりはるかに従順であった」

右の文章から、私には何やら自分勝手な動き方をするクライマーたちを目の前にして、ボニントンその人が「舌打ち」をしているような図が目に浮かぶのだが。

著者はエルツォーグ隊への評価を次のように結論づける。

ヤに関するものでは、特に『アンナプルナ南壁』(一九七一年)と『エベレスト南西壁』(一九七六年)が知られる。

「現代のあと知恵で、エルツォーグ隊の犯したさまざまな誤ちを指摘し、またアンナプルナ北面は技術的に難しくないなどと、あげつらうのはやさしい。しかし、このような論議は、一九五〇年という時代にはヒマラヤ登攀についていかにわずかしか知られていなかったか、またヒマラヤ登山の成功率はこの時代まで、どんなに小さいものだったかを忘れている。……彼らはひとたび登攀に取り組むと、多くの点で時代を先取りした活動ぶりを見せた」

こうした文章にも、著者の時代感覚のバランスの確かさと説得力がはっきり出ている。「エヴェレスト」でも、「ブロード・ピーク」でも、うら話的なエピソードが出てくる。例えば、シプトンがエヴェレスト登山隊のリーダーから引きずり下ろされたいきさつ。さらに、ナンガ登頂のヒーロー、ヘルマン・プールーの死を、下り坂の名登山家がパートナーに対抗意識を燃やしすぎたためと推定したことなど。「美談」に眼を向けがちなヒマラヤ冒険の世界が、実は日常生活の場に見られる人間関係の確執、栄光や名誉に対する野心、自己顕示欲などの入り乱れた場となることも指摘している。そうした「生々しい」エネルギーに支えられている面も「現代」の冒険の重要な要素なのだ。

冒険を求める心とは「人間という複雑な存在に潜む謎」というのが、ボニントンの至り着いた結論の一つである。

（一九八八年五月）

北八ヶ岳東面、一六〇〇メートル地点に建つ
上智大八ヶ岳小屋の誕生から半世紀の物語

千坂正郎『北八ヶ岳の黒い森から　ソフィア・ヒュッテ物語』

北八ヶ岳の黒い森から　一九八八年、東京新聞出版局刊。

千坂正郎　一九一二年〜歿年不明。静岡県生まれの登山家、著述家。鐘紡（のち、カネボウ）に長く勤務。戦前すでに山岳小説『山の仲間』ほかで知られる。戦後は山岳雑誌「岳人」に拠り、思念的なエッセイで、高須茂、諏訪多栄蔵と共に同誌の屋台骨を支えた。戦後の代表作が本書である。

ひとさまの年齢のことをあれこれ取り沙汰することはよくないことだ。とは言いながら、この本の著者の場合、一言それに触れぬわけにはいかない。

千坂さんは大正元年生まれ、今年七十八歳である。八十歳近い人といえば、ふつうはかなり頑迷になっていてもおかしくない年齢であろう。ところが、本書の文章には、そういう嫌味なところがまったくない。それどころか、柔軟で瑞々しい。全編に流れるものは、清々としたリリシズムである。

北八ヶ岳東面、標高一六〇〇メートル地点に立つソフィア・ヒュッテ（正式な名称は、上智大学八ヶ岳小屋）が黒い森の木立の中に完成したのは、昭和十年（一九三五）十一月。本書にはその山小屋の誕生から、半世紀間の変遷を記した十一編の物語が入っている。

冒頭の章「漂泊者夜の歌」はこう始まる。

「コンクリートでがっしり固められた石段を数段上がると、ソフィア・ヒュッテの入口

の前に立つ。扉の面が、建物の壁から五〇センチメートルほど、内側にくぼんでいるのは、入口に辿り着いた者が、扉の開かれるまで立っているところを、吹雪や風雨に叩かれないように、という山小屋の設計者であるドイツ人の心づかいが伝わってくる造りである」。

さて扉を開けると、二《メートル》四方の小部屋になっていて、扉の上に白い文字でUbi Caritas ibi Zeus（愛あるところ、わが神います）と掲げてある。すでに上智大の山小屋らしい雰囲気になっている。写真から判断すると、小屋の材は今ふうに言うと両面カットの、ログ・ハウスである。

この小屋に五十年ぶりに上がって来た著者は、懐かしいあるものを見つけ出した。「それは横の長さが二メートル、縦幅三〇センチメートルばかりの板切れである。その表面には二行のドイツ文字が刻まれている」とある。その文字で刻まれたのが、「漂泊者夜の歌」（ゲーテ作）だ。

この詩は戦前の大学生に広く愛誦されていたようで、深田久弥さんの文章にもよく出てくる。Über allen Gipfeln Ist Ruh,（なべての山に憩いあり）……で始まる短い八行詩である。千坂氏の友人、篠原正瑛（後年哲学者になる）が、ストーブで焼いた火箸をもって刻んだものという。

なぜ、この詩を篠原氏が刻んだかについての謎ときが、この章で行われている。それは著者自身も忘れていた山小屋日記（現在、全十七巻が大学図書館史料室に収蔵）の昭和十二年十月二十二日の項で、千坂氏が篠原氏に要望したことに発する、とわかった。

「山小屋とゲーテ」、「漂泊者夜の歌」の翻訳などでも千坂氏は興味深い考察を次々と行っている。ゲーテは青年期、友人から「ワンダラー」と呼ばれ、自らもそう呼ぶようになったが、「ゲーテの中には人間の一生は『遍歴』であるという思いがあり、それが晩年に『ウィルヘルム・マイスターの遍歴時代』『詩と真実』など発展ロマンを完成される契機となった」という指摘も重要であろう。

第二章「ソフィア・ヒュッテ」では、この「浪漫的な山小屋誕生」のいきさつが語られる。昭和九年、家形山中腹の吾妻山荘に合宿した上智大山岳部の面々が、そのすばらしい山荘に魅せられ、当時、シュティフターの小説に出てくるボヘミアの黒い森に憧れていた千坂氏が、北八ヶ岳の森林台地に白羽の矢を立てる、千坂氏は記す。「早速に佐久の臼田山岳会の責任者となっていた原田文作氏のもとへ手紙で案内を乞うた。これがソフィア・ヒュッテ誕生の緒となったのである」と。

次いで、民俗学、考古学的考察を駆使した「ニュウとサムソリ」が面白い。ニュウはご存じだろうが「サムソリ」とは漢字を宛てると「寒草里」、六一ページ以下にその考証がある。「黒い森」や「縞枯れ」、「黒耀石」「ひかりごけ」には、ホーム・グランドの北八ヶ岳の地形、地物、自然現象に触発された思いが深くこもっている。そして、その核とも言える「回想の山小屋」、「山小屋日記のあるページから」、「ヒュッテ物語断章」の三篇でこの〝浪漫的山登り〟の書は閉じる。最後になったが、安川茂雄追悼文集『蒼い星』に千坂氏が寄稿した「『アルピニストの愛と死』について」は、この著者を知る上で重要な「鍵」となることを付言しておく。

（一九八八年六月）

ロプ・ノール問題を平易に正確に現代の科学の目でとらえ直す

石井良治『湖がきえた　ロプ・ノールの謎』

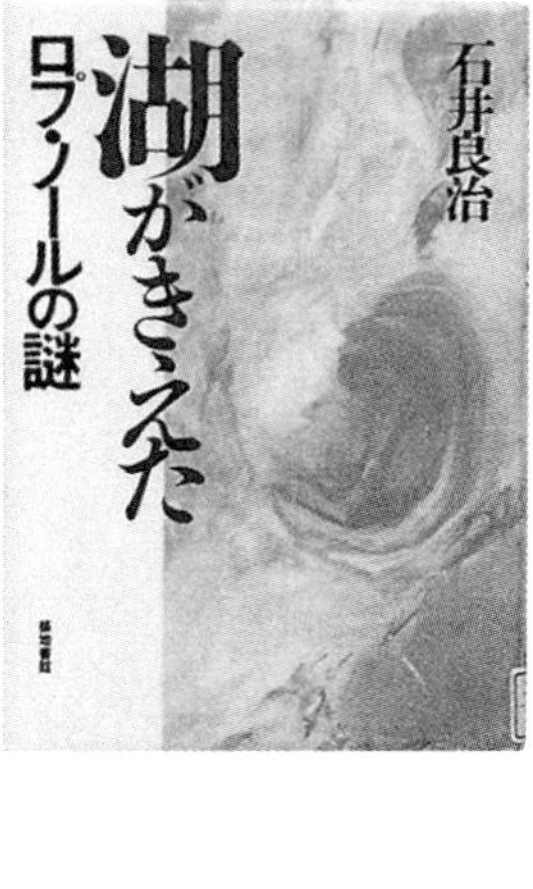

湖がきえた　ロプ・ノールの謎　一九八八年、築地書館刊。

石井良治　一九三四年、大阪府に生まれる。一九五六年、東京教育大学理学部地質学科を卒業。長く都立高校教諭として地学を教えた。

　地質学や化石採集の著書のほかに、「シルクロードを往く会」の代表として活動する。中央アジアに関する著書としては、本書『湖がきえた　ロプ・ノールの謎』が代表

へディンの数多い著作の中で、『さまよえる湖』（一九三七年刊）という書名ほど魅力的なものは他にない。日本人に熱狂的ともいえるヘディン・ファンが多いのは、皮肉っぽくいえば、ひとえに「さまよえる」湖という、ロマンティックなネーミングのせいである。冷静な目で見ると、内容やや単調にして平板、特にヘディンの傑作ともいえぬのではあるまいか。タクラマカン砂漠の魔力、魅力を余すところなく伝える傑作は、『アジアの砂漠を越えて』（原著は一八九八年刊）であろう。

　戦前に岩村忍氏の名訳『中央亜細亜探検記』（抄訳・昭和14年富山房刊）が出て、小学生の頃に私もこの本を読み、砂漠で九死に一生を得たヘディン初期の探検行の「とりこ」にされてしまった。爾来、内容においては『アジアの砂漠を越えて』、ネーミングは『さまよえる湖』というのが、私の持論である。

　昨年春（一九八八年・昭和63）、朝日新聞が報じた日中共同「楼蘭」探検・学術調査隊が、その活動を始動させた頃だろうか。原水爆の実験地としての物騒な話題は別として、時に新

作である。

聞の紙面を賑わせるのは、それだけこのロプ・ノール地域に人々が謎とロマンを感じ続けている証拠であろう。

例えば、ここに一九八一年十一月二十五日付朝日新聞の切り抜きがある。「〝さまよう湖〟説は誤り?」というなかなかにショッキングな見出しがついていて、その結論は、これまでの外国の地理学者の説のように、約百五十年を周期に時計の振り子のように南北へ移るということではなく、「気候の変化や地殻変動で拡大したり、縮小したが、……本来の湖の範囲を越えて移動したことはなかった」という中国科学院ロプ・ノール総合考察隊の見解を示したものであった。

さて、日頃からこのロプ・ノール問題を平易に、正確に現代の科学の目でとらえ直した本が欲しいと思っていた折に、タイミングよく、石井良治さんの『湖がきえた』が出た。

石井さんは五十代半ばの地質学徒で、井尻正二氏との共著をはじめ、数冊のその道の啓蒙書を刊行している。そうした経験が本書にも実によく生かされ、誰が読んでもわかるように丁寧に、バランスのいい文体を生んでいる。奇をてらった文章が一つとして見当たらないのは、むしろ清々しいくらいだ。

〈「水がないぞ」「湖などどこにも見えないぞ」ヘリコプターの爆音にまじって、驚いたような大声が聞こえます〉という一九八〇年四月のNHK取材班の実況再現の場から、本書は始まる。こうして読者は、「二〇〇〇年を越える長大な歴史と、多くの人々とのかかわりを秘めた」舞台に誘われていくのである。

本書は三つの章に分かれ、第一章「失われた湖」は、前述の導入部を経て、「楼蘭とロプ・ノールの記録と謎」で中国古代の武帝や張騫の記録を整理し、「ロプ・ノールをめぐって」では、その後の中国側文書、例えば『水経注』、『法顕伝』、『大唐西域記』、『西域図志』（清代の書、地図がたくさん入っている）などでは、ロプ・ノール（古くは蒲昌海、塩沢などと表記されている）はどのように描かれているかを考察。さらに「ロプ・ノールの再発見」で、プルジェワルスキーの登場までを描いている。

次いで第二章「さまよえる湖」では、ヘディンを主役に、多くの探検家たちの事蹟や所説をわかりやすく解説した。特に複雑なロプ・ノール論争の問題点を取り出して整理し、地質学的な面からコメントが加えられているのが注目される。

この点は第三章「今日のロプ・ノール」として、「生きている地球の営み」の一環として、大きな視野でとらえ直されている。

特に「宇宙から見たロプ・ノール」の項では、九二〇キロの高さからランドサットの撮影したロプ・ノール地方の写真（一三五ページおよび表紙参照）を分析し、「最近のロプ・ノールは時には水がよみがえることはあっても、ほとんど涸れはてた状態になっているものと考えられます」とし、その原因についても、「全地球的な規模で起きるさまざまな現象のひとつのあらわれという意識」でこの問題をみたいと提言している。

ロプ・ノールの謎ときも、単なる「動いた、動かない」という次元から、新しい局面が開けて来そうだ。

（一九八八年七月）

東北大学西蔵学術登山隊人文班のリーダーが「もう一つのシルクロード」を求めた壮絶な紀行

色川大吉『雲表の国　青海・チベット踏査行』

いつも若々しい風貌の色川教授も、今年（一九八八年・昭和63年）六十三歳。本書『雲表の国』は、一九八六年四月から五月末にかけて行われた青海・チベット行の個人手記である。東北大学西蔵学術登山隊の人文班のリーダーとして、積年の憧れを果たすべく「もう一つのシルクロード」を求めて、六二〇〇キロを長駆した壮絶ともいえる紀行。

還暦を超えたこの歴史学者の、今なお瑞々しい情念がほとばしっていて、何よりも、私は、その点に胸打たれた。

人文班の隊員は色川教授のほか、山折哲雄（民俗学）、河野亮仙（仏教、ヒンドゥ芸能）、奥山直司（チベット学）、柴崎徹（自然環境学）、松本栄一（写真家）、岩垂弘（朝日新聞記者）の七人。登山班（葛西森夫隊長ら）の費用を含め、当初の予算は中国側隊員二十人分も併せ、八千万円にふくれ上がった。

一地方大学の踏査行としては、その莫大な資金の準備にどれほどの苦労があったか、多少こうしたイベントに関係した者なら容易に察せられよう。

雲表の国　青海・チベット踏査行　一九八八年、小学館刊。

色川大吉　一九二五年、千葉県佐原市生まれの歴史学者、特に近・現代史を専門とする。

東京大学文学部を卒業し、その後ながく東京経済大学教授を務めた。明治期の自由民権運動の研究家として知られ、その方面の著作が多い。

学生時代から登山に親しみ、その延長上にシルクロードへの憧れがあっ著者は、「はしがき」で、調査のテーマを四つあげている。第一に入吐蕃道《にゅうとばんどう》（唐と吐蕃＝チベットを結んでいた最短の公路）、青蔵公路（西寧―ラサ間）と中尼公路《ちゅうに》（中国―尼泊爾《ネパール》、ラサ―カトマンズ間）を実際にたどり、「もう一つのシルクロード」の実態を確認する。

第二に、チベット仏教の古寺を訪ね、その信仰の状況や仏教美術を調査する。

第三に、日本人と同じモンゴロイドに属するチベット人の生活や民俗、とくに高地民の生活文化が、急激な社会主義的近代化政策の中でどう変化したかを調べようというもの。

第四に、極限的にきびしいチベットの自然環境が、そこに住む人や家畜や生物にどんな影響を与え、人はどのように適応して生きているのかを観察、記録しようとしたものであった。

そうして、これらのテーマについては、中国側（主として、青海省登山協会）との大小さまざまのトラブルを克服して、多くの成果をあげることに成功している。

その成果の一端は、すでに松本栄一による写真集『極限の高地チベット世界』（小学館刊）として刊行されているが、学問的成果を問うまでには、何年もかかるのではあるまいか。


チベット世界の東の入口、西寧へ集結した人文班の面々は、登山協会側との最初の交渉の場で、北京からくわしい情報が、青海省当局に伝えられていないことを知りめんくらう。

「協会側はビジネス・ライクだ。契約や金銭上の支払事項について一つ一つきびしく諒解をとってゆく。日本側の要求はそれにくらべて遠慮がちで、どこか情緒的だ」と記しているが、この彼我の態度の相違は以後さまざまの場面で顔を出す。

西寧では、塔爾寺《タール》（世界一荘厳といわれるラマ教の大僧院）や楽都《らくと》にある古寺の瞿曇寺《チュタン》（瞿

たが、後年、ポルトガルからインド東端へ及ぶ自動車を駆っての旅を学生たちと行い、『ユーラシア大陸思索行』（一九七三年・平凡社刊）を著す。さらにチベット踏査行である本書『雲表の国―青海、チベット踏査行』も広く読まれた好著である。

曇とは釈迦牟尼の姓氏の尊称）を訪れた。この寺の回廊には四百平方メートルにおよぶ、素晴らしい壁画がある。

四月十六日、一行はいよいよ入吐蕃道へ出発。中国側クルーも含め、十一人が二台の車に分乗した。「なぜか、泣きたいような嬉しい感動」と記す著者の気持ちが伝わってくる。湟源（丹噶爾《タンガル》）の町から、唐とチベット軍の激戦地だった日月山へ上る。ここは文成公主の入蔵ルートだ。この辺り一帯は、私の行った夏頃だと、丘を埋める一面の菜の花とラベンダーの花が、青海湖《ココノール》へ至るまで咲き乱れていた所だ。

本書で一番興味深く読んだのは、第三章「風塵に眠る古代騎馬王の遺跡」である。著者のいうもう一つのシルクロード沿いに残る重要な遺跡のルポルタージュである。

先ず赤嶺近くの黒城。この古代の城は、その大きさが一二〇×八六メートル、高さ約五メートルの城壁で囲まれ、遺構から古銭や馬具が見つかった。

第二の遺跡、伏俟城《フースー》は青海湖の北、鉄卜加《ディエブチャ》草原のまんなかにあり、「六世紀の半ば、北周に逐《お》われた吐谷渾《とよくこん》が国都として築いた都城にふさわしい」とある。さらに都蘭の「王墓群」を調査した著者は数十の牛馬が埋められているのを目撃して瞠目する。本書の山場である。

後半、ラサで亡くなった友人のチベット葬（鳥葬）を巡っての緊迫した場面や、文革による荒廃に対する直言の数々など、本書を特異な思索紀行としている。

（一九八八年八月）

灼熱のアラビアの砂漠に森を育てる——破天荒な夢を果たした元ヒマラヤニスト

向後元彦『緑の冒険　砂漠にマングローブを育てる』

灼熱のアラビアの砂漠に森を育てる——そんな破天荒な夢にとりつかれ、十年余の辛苦の末、ついにその夢を果たした、かつてのヒマラヤニストがいる。

もっとも、成功の暁は一口三十万円の株式会社「砂漠に緑を」出資者に約束した「成功したら運転手付きロールスルイス」を進呈するという状況では目下のところないが、ここまで来たら「ロールスロイス」も夢ではない。この非常識ともいえるロマンの仕掛人が、本書の著者・向後元彦君だ。

向後君もぼくも、ほぼ同じ頃、故深田久弥先生の「ヒマラヤ塾」に盛んに出入りした仲間だ。彼はネパール、ぼくはヒンドゥ・クシュ党という違いはあったが、居心地のいい九山山房の炬燵で、ウイスキーの相伴にあずかりながら気炎を上げたものである。

一九六八年の夏、ヒンドゥ・ラジのコヨ・ゾム（六八八九メートル）で二人の仲間を失い、すっかり落ち込んでいたぼくが、なんとか立ち直れたのは、翌春の海外登山研究会の席上、深田

緑の冒険　一九八八年、岩波新書。

向後元彦　一九四〇年生まれ。東京出身の登山家、著述家。「砂漠に緑を」代表。一九六五年、東京農大（農学部）に在学中からヒマラヤ登山、探検を志す。農大のネパール登山に参加した体験を『一人ぼっちのヒマラヤ』（一九六四年）で描いた。

その後妻子と共に世界各地を旅し、一九七八年から、アラビア半島でマングローブ植林に成功。

359 — 向後元彦『緑の冒険　砂漠にマングローブを育てる』

さんがユニークなヒマラヤ体験者の例として、薬師義美さんは別格としても、向後君とぼくの名を挙げて賞揚して下さったおかげだった。

向後君はネパールからヒンドゥ・クシュへそのほこ先を転じ、ぼくの開拓？　したチトラールの山へ現れた。愛妻紀代美さんを伴って。

彼らは六〇〇〇《メートル》峰の初登を果たしたが、ぼくの手をつけかけたカフィリスタンにじっくり滞在し、豊かな発想にあふれた文章をいくつもものした（「あるく・みる・きく」三六号参照）。

その数年後、ぼくが結婚したての女房（十九年前の話だが）を連れてカフィリスタンへ入ったのは、向後君たちに刺激されたせいもあるが、人生持ちつ持たれつの感がする。爾来ぼくらは、東南アジアからヨーロッパ、イギリスあたりまで股にかけた、この行動者たちのファンなのである。

ヒンドゥ・クシュ体験は、彼の行動に大きな転機をもたらしたはずだ。それまでと異質のイスラム世界に対する関心は、ご本家アラブ世界へ向けられるのが当然だからだ。

ジェトロに在職したわずかな期間を除いては、向後君という人は、月々きまった俸給をもらったことのない人だ。近年は別として、その重荷の過半は紀代美さんが担った。それだけでもなかなかできることではないのに、彼らは二人の幼い娘を連れて毎年のように、各地の辺境を旅した。紀代美さんの著書『エミちゃんの世界探検』（毎日新聞社）に、その頃のことが詳しく描かれている。この夫婦の絆の強さがよくうかがわれ、自分のことのみにきゅうきゅうとしているぼくには、まぶしい存在なのである。

一九七七年、向後君はクウェートを訪れた。砂漠の国にすでにラクダの影はなく、片面四

その十数年の苦難の物語を本書『緑の冒険』に記した。

車線の道路にロールスロイスが走りまわっていた。なにしろ、ほおっておいても、毎時三億円（年間実に二兆六百億円）のオイルダラーがあふれる国なのである。慢性失業者の向後君が、妙な気になるのは無理もない。

ある日、クウェート人の別荘に招待されたこの風来坊は、砂丘があるだけの〝グリーン・ハウス〟で想念にふける。

「緑のもつ意味、その大切さを本当に知っているのは、日常はゲヘナ（沙漠）に住まわねばならない砂漠の民ではなかろうか。だから、彼らは石油で富を得て、真っ先に緑を育てた。その時である。それは天啓、いやオイル・マネーの毒気にあてられた幻覚だったかもしれないが、『沙漠を緑にできれば、大金儲けができる』という声が聞こえてきた」とある。

すぐその気になって行動を起こすのが得意な向後君は、昔のヒマラヤ仲間や探検部の仲間を組織化する。無限の海水にかこまれたアラビアに、海で育つマングローブの林を作る。かくして〝沙漠のマングローブ計画〟は、かつてのヒマラヤや、「南極最高峰登山」計画の時と同様、仲間を総動員してスタートする。頼りは一人三十万円の資金カンパ。苦節十年、三万本の樹が育つ。

本書では、マングローブ植栽の現場の記録、東南アジアの林の破壊（日本人の存在のため）の報告などが印象的だ。しかし、それにもまして、ぼくには、ヒマラヤニストが下界で何をなしうるか、という命題にみごとな答えを与えてくれたことがうれしいのである。

（一九八八年九月）

第二次大戦直後に、若いフランス人女性が広漠の大地の日々を的確に描写

アンヌ・フィリップ／吉田花子・朝倉剛共訳
『シルクロード・キャラバン』（双書20世紀紀行）

四十年前、つまり第二次大戦直後に一人の若いフランス人女性が、中国領トルキスタンから印度へ抜ける騎馬による旅をした。ルートそのものは、ミンタカ峠（四七一二メートル）越えの、一時代前の公道（現代の公路はクンジェラープ峠を越える）だから、特に目新しくはないが、本書を稀有な記録にしたものは、若々しく柔軟な感受性と、いかにもフランス人らしい確かな人間観察、さらに広漠の大地に生起する日々の出来事を的確に描写する豊かな表現力である。加えるに中国革命前夜の生々しい状況と、印パ両国誕生時の騒乱の真っ只中で行われた旅であることも注意しておく必要があろう。

著者は当時中国のフランス大使館員であった夫とこの旅を共にしたが、一九五一年に戦後のフランス映画・演劇界を代表する、ジェラール・フィリップと再婚した。一九五七年に夫のジェラールがガンのため三十六歳の若さで急逝したが、その折の彼女の手記（邦訳『ためいきのとき』角田房子訳、平凡社刊）は広く話題を呼び、以後は本格的な作家としての道を歩んでいる。

シルクロード・キャラバン　一九八八年、昌文社刊。

アンヌ・フィリップ　生年不詳。一九四六年、駐中国フランス大使館に勤務する夫のフランソワ（一九四九年癌のため急逝）と南京に滞在。一九四八年に中国を再訪し、新疆省から南下して、インドのカシミールまでシルクロードの旅をした。この夫との旅を『シルクロード・キャラバン』として出版。

一九四八年四月七日、著者のアンヌは夫のフランソワと共に南京から空路ウルムチを目指した。古いダコタ機による西安、蘭州、酒泉を経由する空の旅だ。蒋介石の国民党治下の中国では毛沢東の率いる紅軍（中国共産党の軍）との内戦下にあり、ここまでこぎつけること自体が大変だった。この旅の費用にしても、ルビーや元といった通貨は信頼するに足りず、二人は金の延べ棒を用意した。

この当時、新疆省一帯ではソ連代表部が省政府に絶大な影響力を行使していた。このことに留意しておかないと「一週間ほど前、夫と私はソ連領事館に身分証明書を登録した」（七一ページ）という記述は奇異なことに映るかも知れない。

アンヌはウルムチ滞在中に、国民政府の官吏やウィグル族の省主席マスード・サブリ、アメリカの副領事ドレッセン、同じく総領事バクストンなどと交流して、それぞれの立場の違いに言及しているのが面白い。なんとバクストンは、帰国途上のカシュガルのイギリス総領事E・シプトンの夫人を伴っていた。「魅力的な夫人で、この国をよく知り、愛しているらしい」というコメントがある。

ウルムチで早くも、彼女ののびやかな表現力が発揮される。引用してみる。

「私ははじめて平原というものを見た。ここかしこを円丘でさえぎられた広大な平原が、不動の波となって地平線まで続き、その果てに雪をいただいた山々が浮かんでいる。一木一草の影もなく、緑は風景から締め出されている。その均斉と色彩の調和の何という美しさ、何という気高さ！　ここには甘やかなものは何もないが——私はイル・ド・フランスの甘美な風景を思い出さずにはいられない——いっさいをかなぐり捨てた雄々しさがあ

夫の死後、一九五一年俳優として著名なジェラール・フィリップと再婚、六二年に急逝したジェラールとの愛の日々を追想した『ためいきのとき』（一九六三年、邦訳・角田房子・平凡社刊）で文壇の注目を集めた。以後、活発に作家活動を展開し、多くの著作が、ガリマール社（フランス）から出版されている。

る」（五五ページ）。

次の舞台は、ウルムチからカシュガルへ至るおんぼろトラック旅行（第三章「砂漠の乗り合いバス」参照）。旅の全行程をともにしたのは、この外交官夫妻のほか、チベット人の友人の、アブドル・ワヒッド。このワヒッド（名前からすると、チベット人らしくない。むしろ回教徒の名前なのだが）の存在はこの紀行では重要である。夫妻の間に介在する第三者は、夾雑物というより、むしろ一種のショック・アブソーバーとなる。彼がカラシャールで馬を駆ける場面が美しい。

「彼は雄叫びをあげながら、馬の背に伏し、両腕で馬の首を抱きしめ、手綱になんぞ目もくれない。『馬と話しているところです』と、私に向かって大声で叫ぶ」（本書一〇一ページ）。

チャーターのはずのトラックに、さまざまな連中が便乗。中でもコーラン氏（愛称）は興味ある愛すべき人物だ。

コルラ、クチャ、アクスなどのオアシスを経て、アカシヤの咲く五月初めにカシュガル着。前述のE・シプトンが折よく当地のイギリス領事として駐在、ギルギットへのキャラバンの手はずを整えてくれる。以後の行程を略述すると、カシュガル発五月十四日、ミンタカ峠越え六月二日、フンザのバルチット着六月八日（第五章「シルクロード・キャラバン」による）。

建国直後のパキスタンで出会った軍人の「人間は無一物であるべきです」という箴言《しんげん》にも似たひと言が、この紀行の末尾をしめくくる重石となった。よくこなれた立派な翻訳だが、人名、地名の読み方に誤りが散見するのが惜しまれる。巻末に鶴見俊輔と長田弘の対談「馬上の孤独」もあるが、本文そのものをよく味わいたい。

（一九八八年一〇月）

インド亜大陸の花、木、草、果実にまつわる豊富なエピソードをちりばめる

西岡直樹『インド花綴り　印度植物誌』

この本は小ぶりだが、内容充実、しかも楽しく読めるように工夫されているところがよい。「インドの息吹きが聞こえる」といううたい文句が、素直に受け取れるいい本だ。

「つる草の腕輪　チョウマメ」から始まり、「ポッド・フルー　ハスとスレイン」に終わる六十余の項目のどれ一つ取ってみても、インド亜大陸の花、木、草、果実にまつわる豊富なエピソードをちりばめ、読者を飽きさせることがない。

著者の西岡氏は、一九七三年から七八年にかけて西ベンガルの大学に留学し、言語を学ぶかたわら、村々を巡り、民話や植物にかかわる話を収集した人で、その体験が、この本のしっとりとしたリリカルな味わいの文章に定着している。

本書の各項目の見出しが面白い。インド亜大陸狂を自認するほどの人は、よろしく以下の見出しが、なんという樹木なのか解答を試みられたい。三問のうち二問正解までは合格、それ以下は落第だ。

インド花綴り　一九八八年、木犀社刊。

西岡直樹　一九四六年生まれ。宇都宮大学農学部を卒業後、一九七三年から七八年にインドの西ベンガルの大学へ留学。ベンガル語を学び、村々を回って、民話や植物にかかわる話を収集。一九八八年『インド花綴り』を刊行して好評を得る。その後しばらくして続篇『続・インド花綴り』（一九九一年）も出版された。

さて、「木の結婚式」「締め殺しの木」「血を好むカーリーの花」とはそれぞれなんという植物であるか。勿論一度でもかの地を旅した人なら、軽く正解を出すことだろう。

第一問の「木の結婚式」とは、インドを代表する高木（三〇メートルに達する）の「インドボダイジュ」のこと。釈尊がこの大木の樹下で瞑想し、真の悟り「菩提」を得て、覚者となったゆかりの木だということは先刻ご存知のことであろう。ちなみに日本語名のボダイジュは中国原産のシナノキ科で印度菩提樹とは異なる。本物はクワ科、ハート型の葉の先端が尻尾のように伸びているから誰にでもわかる。著者はこんな指摘をしてくれている。

「（この木は）ヒンドゥ教でも聖木として崇められている。その根はブラフマー、幹はシヴァ、枝はヴィシュヌの三神が棲むと考えられ、ヒンドゥーの主要三神と深い係わりをもっている」

とし、さらに、インドの村では「この木を夫とし、インドセンダやバナナなどを妻として木の結婚式をし、二本を対にして植える習慣がある……」と語る。かつて、滞印中に著者の家主のおばあさんが、「昔はね、白い布を用意し、ごちそうを作ってちゃんと結婚式を挙げてから植えたもんだよ」と教えてくれたという。インド民族の文化の奥行きの深さと、やさしさを表すエピソードではないか。

第二問、「締め殺しの木」とは何か。著者によると「着生した宿主を根で包み込み、殺してしまうような木を『ストラングラー・ツリー』（締め殺しの木）と呼んでいる。イチジク属の樹木にはこんな生長形態をとるものが多い」という。その代表的な高木が、バンヤンジュだ。ベンガルボダイジュの別称でも知られる。

この樹木、大変な生命力を持ち、木が木を生む。「カルカッタの植物園にあるバンヤンジュは、直径一三〇メートルの大地を覆うに至り、一個体の樹木としては世界最大のものなのだ」というが、なんともすさまじい樹木だ。小岩・善養寺の名木、「星降りの松」どころのさわぎではない。ヒマラヤの帰りにでも一見したいものだ。人間にたとえると、男を喰い殺す深情けの女といったところか。

さて、長くなったが、最後の第三問、「血を好むカリーの花」とは。それは仏桑華《ブッソウゲ》の花(アオイ科)である。ハイビスカスの原種だといえばよくおわかりでしょう。

「カーリーは、非常に好戦的で殺りくを好む女神として恐れられているが、またそれだけに霊験あらたかな母神として崇められている。ベンガル語でロクト・ジョバ(血のハイビスカス)と呼ばれるこの花は、血の好きなカーリーのプージャ(祭)には欠かせない花なのである」とある。

さいごに「ヘンナ」植物を紹介してこの小文を締めくくろう。

パキスタンへ行った人は、辺境の地で、イスラムの男たちが頭髪やあごひげを赤茶色に染めているのに出会い、異様な感じを持ったことがあるだろう。この色を出す主要な素材が「ヘンナ」(ミソハギ科)の葉を粉にしたものである。インドでは、女性たちが指先を赤く染めたり、手のひらを紅色の点々の模様で飾ったりする大切な化粧料である。

この本片手に辺境の村々を訪ねるとき、旅人は自然の持つ豊穣さと、そこに生活する人々の持つ伝承の奥深さを、二つながら実感するに違いない。

(一九八八年一一月)

篆刻家の著者が専門的に収集した シルクロード、オリエントの古印を紹介

小田玉瑛『神々の譜　シルクロードの印章』

十年ほど前のこと、パキスタン北西辺境からの帰途、香港で五日ばかり骨休めをしたことがある。聖なる山々の世界のあとは、いかにも俗っぽいゴチャゴチャした人臭い街なかをほっつき回るというパターンを、僕は愛するものである。スムーズに日本の社会へ馴化《じゅんか》するのに、必要な手立てでもあるのだ。

そんなある日のこと、香港島皇后大道の文房具の老舗「集大荘」で、ぼくは、古印数顆《か》を得た。聞けば清の文人遺愛の品の由。その中の一つに「抱琴軒主」と刻してあった。その時のややうらぶれた気分では、ギターかかえた渡り鳥といった感じにぴったりで、以来ぼくはこの古印を愛用している。

古来、中国は文字の国。北京の瑠璃廠《ルリチエン》でも、どこでも、こうした古印がたくさん目につく。旅の帰りに二、三求めておくと、実にいいお土産になる。まだまだ安いし、第一かさばらなくていい。旅のささやかな楽しみとして、おすすめする次第だある。

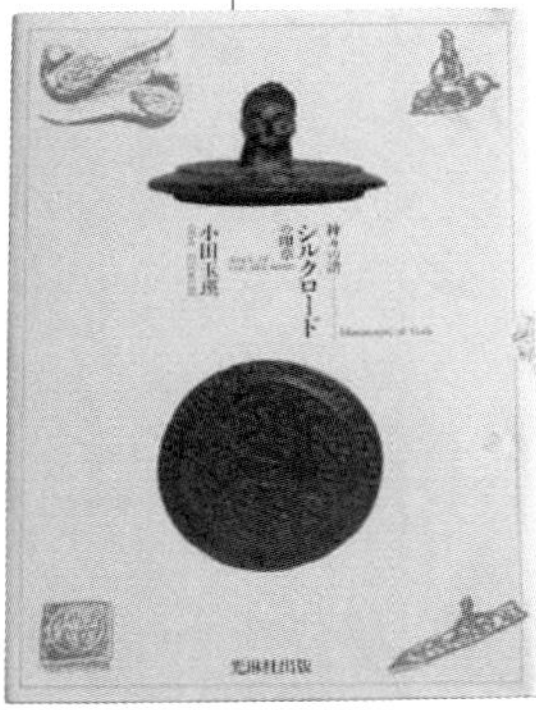

神々の譜　シルクロードの印章　一九八八年、光琳社刊。

小田玉瑛　一九三二年、東京の駒込に生まれる。一九五二年、殿木春洋に師事し、書と篆刻を学ぶ。同四十六年、東洋大学大学院の博士課程（文学研究科）を修了。

一九七八年以来、個展を数多く開く。その篆刻作品は『小田玉瑛印譜集』（全三巻・光琳社刊）に集成されている。作品制作の間にインド亜大陸、シ

実は、今月紹介する本は、この古印を多年にわたり専門的に収集した人の異色の書だ。しかも、シルクロード、オリエント全域をカバーした本とあれば、見逃すわけにはいかない。

著者の小田玉瑛氏は、女流には珍しい篆刻《てんこく》家で、「印に遊ぶ」（一四三メートル）によると、「私がシルクロードを歩きはじめてから、すでに十五・六年がたち、数えてみると、インドだけでも二十数回くらいは旅しており、パキスタンへも十回くらい、その他アフガニスタン、イラン、トルコと同じ場所へ数回旅している」というからすごい。

小田女史を旅へ駆り立てる根源は何か。彼女はそれを、次のように記している。

「古くさい云い方だが、『万里の波濤を越え、熱砂の沙漠を越える』という一種の冒険心であったろうか。そして、私が篆刻家であったが故に、印章の収集に心燃やしたのも当然な成りゆきと思われる」

冒険心は、何も男の専売特許ではない。しかし、女史の情念のこもった申し分、けなげであっぱれではないか。

本書はインドを手始めに九つの地域に分類し、一つずつの印顆の印影と、刻文や文様の解説文が並置してあり、読者の理解を助けてくれる。

まずは、小田女史が最も足繁く通ったインドの古印から。ここでの印章は、十七、八世紀のものが多く、印材もほとんど銅や真鍮だから、石や玉を素材にする中国、日本の印章とはまったく異質な感じがする。印面の意匠も、文字を刻したものより、ヒンドゥー教の神々をシンポライズした幾何学文様、シャンク（法螺貝）の文様、また当然のことながら、神々そのものの像を彫ったものが多い。

ルクロード各地を訪ね、多くの印章を集め、本書『神々の譜　シルクロードの印章』というユニークな著書を出版し、注目された。

例えば、ヴィシュヌ神殿印（一二一ページ）として掲出の印影が五つあるが、いずれも法螺貝《シャンタ》を渦巻き状に線刻したものである。その解説には、「ヴィシュヌ神は、シヴァ神とブラフマー神と共にヒンドゥー教の三大神の一つとして祀られているが、特に北インドの地方にヴィシュヌ神殿が多い。この神の所持品であるシャンクをヴィシュヌ神のシンボルとしている」とある。恐らく、巡礼の多い神殿では、こうした印を参拝記念の品として使用したものであろう。

次に本書で、質、量ともに豊富な作例を示したものが、チベットの印章である。二十ほど収めてある印章の形状は、ほとんどがリンガム（男根）を形どったもので、鈕（つまみ）の部分が銀、台座や印面が鉄でできている例も二、三見られる。

ヒマラヤにちなむものを一つあげると、蓮華葉鈕蓮華印と題される例（六一メートル）がのっている。解説では「この印章は明らかにティベット人の信仰の対象であり、一生に一度は巡礼するといわれるカイラーサ山の蓮華の池を表示し、カイラーサ山巡礼の記念印であるのは云うまでもない」とある。

更に西へ向かって、アフガンで収集されたものは、イスラム圏の特徴として鈕の部分のデザインが簡素化され、指輪形となる。もっと西の文明発祥の地では、封泥《シール》用の鈕のない代わりに、印面の大きな印章が多く、文様も美しい。

最後に、小田女史がかの地への思いをこめて作った歌を引用しておこう。

いつ果つる戦ひならむアフガンに購ひてもつ古印を見つつ
われわれ山岳党とて、思いはひとつである。

（一九八八年一二月）

T.K

1989

古書肆の主人が本、客、古本屋、山行などについて体験を綴る

小林静生『山の本屋の日記』

西新小岩の古本屋さん「小林書店」といえば、今では山岳書の専門店として押しも押されぬ存在だが、京成電鉄の立石駅（葛飾区）近くに、二十四年前に呱々の声を挙げた頃のことを知る人は少なかろう。

私は偶然のことながら、このできたての小さな古本屋さんを知っていた。たまたま、通勤の途中で目に入ったためだった。学生気分の抜けていない頃でもあり、週末ともなれば、早稲田、本郷、神保町といった古書のメッカを一巡するのが楽しみだった私には、この街の片隅の本屋さんが、後年、山の古書肆として成功を収めるとは、まったく予測できなかった。甚だ失礼ないい方になるが、いつつぶれるか分からない危うげな小書店というふうに、目に映ったものである。

本書に納められた文章は、大部分が『山書月報』（「日本山書の会」の機関誌）に連載されたもので、「本の話」、「客の話」、「古本屋の話」、「山行など」の四つに分類されている。機関

山の本屋の日記　一九八八年、鹿鳴荘刊。

小林静生　一九三五年生まれ。現在のつくば市出身の古書店主（主として山岳図書を扱う）。
一九五〇年代の末に葛飾区の立石で開業。一九六三年に江戸川区小岩で山の古書店として再スタート。
「日本山書の会」会員として、文筆活動も行い、『山の本屋の日記』『山の本屋の手帖』（一九九六年）を刊行して注目された。

誌、月報への連載というスペースの制限があり、一つひとつの文章が二ページ程度で次の話題へ変わってしまうので、資料的な期待を本書に抱くのは間違いだ。あくまでも、一古書肆の主人が、長い年月にわたり特殊な体験を続けて来たことを、随筆として綴ったもの、というふうにとらえるべき性格の本である。

とはいっても、やはり、折角の話題が短すぎて、読者に欲求不満を起こさせてしまううらみがのこる。例えば、第一部に出てくる「烏水の手紙」にしても、小林氏は、前後数十通の烏水書簡を入手するチャンスに恵まれながら、本書ではそのごく一部（『小島烏水全集』には入っているようだが）しか紹介されていない。これが、小林氏の兄事する青木正美氏（堀切の「青木書店」主人）であったら、巻末付録としてその全文を掲載し、資料的な価値を高めたのではあるまいか。

「署名本」の項にしても、一般的なことで終わっていて、物足りない。むしろ、小林氏がこれまで目にしてきたはずの、特別な本の、特別な人物による署名本を具体的に開陳してこそ、『山の本屋の日記』という書名にふさわしい内容になったのではあるまいか。

第二部「客の話」では、小文ながら八つのエピソードが語られ、いずれも本を買う側と売る側の心情の違いがよくわかって面白い。とくに売る側の心情の機微をとらえるのは、著者のような立場の人には極めて大切な能力になる。

例えば、「価値観の相違」という文章ではある時、元東大の佐貫亦男教授の許へ百冊ほどの山の本を買い取りに出かけた著者が、その中の眼玉と思われる『アルプス記』（限定版）をいよいよ値踏みをする段になって、教授に「この『アルプス記』だけは記念に置いてもらって、あとは幾らでもよいから持っていって下さい」といわれ、身体中から力が抜けたような経験を披露する。

私には、アルプス通で知られるこの教授のとぼけた風貌が目に見えるようでおかしかった。これでは、サヌキではなく、プロフェッサー・タヌキみたいだと私は一人で苦笑してしまった。

第三部「古本屋の話」には、本書で一番の力作と思われる「立場のはなし」が入っている。〝立場〟というのは屑屋さんの回収してきた雑誌や古本が集荷される場所の意のようだ。若い頃の著者は、下町から市川辺りへかけていくつもの立場を巡り、相当量の古本を得て、開店当初の急場をしのぐ。その立場の主人夫婦との交友を描き、「その夫婦のことを生涯忘れることはできないであろう」と結ぶこの文章は、私小説的な味わいが濃厚で、その土地柄をよく知っている私には、特に印象深い一篇である。

本書は、造本も装幀も印刷も非常に丁寧な仕事ぶりで、その面では申し分のない仕上がりとなっている。

私なりの注文をつけるとしたら、最後の「山行など」を思いきって切り捨て、その代わりに、資料的な価値のあるものを入れて、内容を引き締めて欲しかった。

例えば、山の古書の値段の変遷（ヒマラヤ本の分野では、故小林義正氏が試みられた）でもいい、何か山の古書の考現学に類するものがあってしかるべきだったと、私はその点を残念に思うものである。

（一九八九年一月）

TV番組の取材に同行した著述家の異色紀行

池上正治『西域縦断歌日記』

西域縦断歌日記　一九八八年、平河出版社刊。

池上正治　一九四六年新潟県生まれ。一九七〇年に東京外国大学（中国語科）を卒業し、中国に関する著述、翻訳が多い。特に東アジア医学の研究、現地交流などを活発に行っている。近年の代表的な著書に『天山山脈　薬草紀行』（二〇〇一年、平凡社刊）がある。

本書は、昨年（一九八八年・昭和63）十一月下旬から十二月上旬、四回にわたり放映された「新世界紀行」（TBS・TV）の取材に同行した著述家の短歌と日記による異色の紀行である。

歌日記と題した所が異色の異色たる所以なのだが、その出来栄えや如何。すでにTVの放映をご覧の方も多いはずだ。本書の内容は、第二次大戦中に、その筋の密命により、七年間もモンゴルからチベット、さらにインドへ潜入した西川一三氏（一九一八年生まれ、盛岡在住）のルートを、昨年（一九八八年）の八月から十月にかけてジープで走破した記録である。

先ずは本書で売り物にしている短歌を引きながら、西川氏の潜入から四十年たった現地の様子を辿ってみよう。

八月九日、北京入りした一行は取材行の出発準備に忙殺される。開巻第一首目に〈買いだしのあわただしさに知るべし五省区縦断一万キロの旅〉とある。粗っぽい措辞、平俗な感じ方も、旅の始めで調子出ないと同情して読んだが、モンゴル入り、包頭へ至っても、この俗調は改まらない。〈草原に蕎麦畑あるは何語る牧と農とはいかにあるべし〉などと言ってみても、大平楽をならべているとしか言いようがない。

〈奶茶《ナイチャー》に炒米《ボタ》を浮かせた朝食に困り顔あり好奇の眼あり〉にして、もっと単純に作ればいいものを、ゴタゴタといろいろな事物を詰め込みすぎる。

単純化は短歌制作の第一の要諦であることを、このご仁はとんとお忘れらしい。「困り顔」などという言い草がどこにありますか。以下の百数十首さんたんたる有様である。

夏の生気あふれるモンゴル大草原で、著者の作った歌では、〈套馬《タオマー》にモンゴルの業《わざ》みいだしぬ大地どよめき蹄はひびく〉あたりが、わずかに受け入れられそうだが、この程度の歌すら数えるほどしかないのだ。〈今回は腕のちがいか一人にてラクダ六頭悠然と往く〉などもひどい歌で、上句などうしろの文章を読まないことには訳がわからぬ代物だ。

少なくとも著述家を名のる人が「歌」日記と題して、公刊する以上、ひとさまの批評にたえる作品と自負しているはずだ。今回の、これらの作品のひどさ加減に、もし気づかないとすれば、表現者としての感性や能力を疑われても仕方あるまい。本書を編集した人々のチェック機能は、一体どこへ行ってしまったのだろうか。

ずい分厳しいことを言うという向きもあるかも知れないが、こうした程度の「歌」が大手を振ってまかり通ると考えているなら、読者を愚弄するものとしか思えない。

八月下旬、一行はアラシャンに入った。この辺は、大正期の初めに大陸浪人の青年、副島次郎が単騎、蘭州へ向かったところ。副島はこの行で、何首もの漢詩をものしているが、本書所収の短歌に比べると、詩想も表現も、二十九歳の青年ながら、堂々たる風格を備えている。しかも、いつ公表できるか分からない日誌にノートしていたのである。以って他山の石としたい。

一行は、西川氏の足跡を追い、内蒙古から黄河に並行するように、西から南へ屈曲しつつ蘭州へ至るが、ここまでは、大正十三年（一九二四）一月から二月にかけての、前述の副島次郎の足跡と等しい。副島の旅の記録『アジアを跨ぐ』（八七年復刻・白水社）に詳しい日誌があるので、併読すると面白い。大正期の旅は、騎馬によるものであり、現代はジープによる旅である。前者は一月一日北京出発、約二か月を要して蘭州へ到着。後者は約二十日、途中の各地で取材を繰り返しながらの旅だ。

この辺りでの一行の収穫は、アラシャンのバロン廟で西川氏を知るラマ僧の絵師を探りあてたことだ。西川氏はこの廟に約十か月滞在したという。「西北支那に潜入し、支那辺境民族の友となり、永住せよ」という命令を実践しつつあったのだ。

この本の柱になっている短歌さえなければ、全体としては、ごくふつうの日記風のわかりのいい文章で本書は出来上がっている。歌と文章との間の大きな落差が、私には解せぬ。本書の読者にしても、同じような感想をもつはずである。

踏査行の後半、一行は青海からラサ入りを果たす。途中、隊員の一人が高山病で瀕死の重態になったり、吹雪の唐古拉《タンゴラ》山口（五二三一メートル）を越えるところが、最大の山場だ。ラサではこの調査行の目的の一つ、西川氏の師であったイシラマの大法要を哲蚌《レボン》寺で執り行った。

昨年のアララギ夏季歌会での小暮政次氏の歌評、「外国まで行ってこんな下手な歌を作る必要はない」は、本書読後の私にことさら痛切にひびくのである。妄言多謝。（一九八九年二月）

スキー・ツアーの楽しさと醍醐味を体験にもとづいて伝える

佐伯邦夫『スキー・ツーリングに乾杯』

スキー・ツーリングに乾杯　一九八九年、山と溪谷社刊。
佐伯邦夫　一四八ページ参照。

この一月中旬（一九八九年・平成元）、「岳人」五百号記念の一大パーティーが開かれた。明治生まれの吉沢一郎、海野治良のご両所が、かくしゃくたる姿を現し、大正生まれの近藤等先生も相変わらず元気そのもの。怪女田中澄江、坂倉登喜子両女史も健在。昔、といっても二十年ばかり前、そそたる美女だった今井（高橋）通子は肝っ玉かあさんに変身、これでなくては八〇〇〇メートル峰には登れませんという感じであった。今が働きざかりの写真家・白旗史朗、藤田弘基、内田良平の三氏も精気はつらつ。集う岳人、無慮二、三百人。さながら半世紀の「岳人」の歴史そのものが居並ぶ盛会で、三時間はあっという間に過ぎてしまった。

当夜の会場で、幸運にも北陸の雄、佐伯邦夫さんに会った。初対面である。今月は、出版されたばかりの『スキー・ツーリングに乾杯』を取り上げるつもりでいたので、まことに、グッド・タイミング。

さて、本題に入ろう。本書はスキー・ツアーの醍醐味を伝える七篇の紀行を収めた本だ。近年も、スキーの技術書やツアー案内は、書店でよく見かける。しかし、スキー・ツアーの個人的体験を描いた本は実に少ない。二年前に出た本多勝一さんの『山とスキーとジャングル』（山と溪谷社刊）が面白い本だが、スキー・ツアーは三篇しか入っていない。

本書の「あとがき」で、著者が述べているように、スキーの実用書がほぼ充足している現在、「その上に立ってそれぞれの人が、それをいかに楽しんだかということが問題にされるべき時に来ている」とする意見に、筆者も同感だ。

神田の街に出かける毎に、街の要衝を占めるスキー量販店のビル群を見て、何やら恐ろしい気になるのだが、隆盛を極めるスキー人口のうち、山に入ってツアーを楽しむ人の数は、ほんのひと握りに過ぎまい。人の足で踏み固められたゲレンデを一歩離れれば、無垢の大自然が待っていてくれるのに、何ともったいない話だ。この本のトップ・バッターは、スケールの大きい「利尻島一周クロカン・ツーリング」（一九八一年・昭和56）。ホーム・グラウンドを遠く離れた著者の遠征気分（こんな言葉を使ったら、地元の人に叱られそうだが）が伝わってくる爽快な紀行だ。

三月下旬、稚内に辿り着いた佐伯、大坪ペアは、手はじめにノシャップ半島の先端近くを横断、次いでフェリーにのり、利尻島北端のオシドマリへ渡る。いよいよ一周七〇キロ、三日間にわたるツアーが始まる。

「スキーをつけるや、すでに駆け出していた。利尻山は左手の雲の中。その裾野はまことに広大だ。それは白い白い雪原。黄色く枯れ切った笹の葉がところどころに風にはためいているだけだった」

とある。大平原の雪の白さと風紋の美しさを印象的に伝えつつ、第一夜を島内最大の町

「沓形」で過ごす。途中の新湊で越中出身の人々と思いがけぬ交歓があった。

翌日は仙法志を経て、島の最南端にある御崎燈台へ至る。「海は鉄色のままどこまでもつづいている。半分来た。今、折返し点に来たのだ。あとは東岸をひたすら北上すればぼくらの足あとがつながる――。陽ざしがあたたかく、心地よく、ひとときの満足をかみしめた」と達意の文が綴られている。普段なら無関係の燈台とスキーヤーが何の違和感もなく収まった写真が旅情をかき立てる。

鬼脇の港の宿（半年ぶりの客という）のおばあさんの素朴で美味しい手料理に元気を回復した二人は、野塚岬の高台を快走して、すばらしかった孤島のクロカン・ツアーをしめくくる。

後続の酔いどれ紀行「笹ケ峰から火打山」（七一年・昭和46）、中級山岳ツアーのエリアを描いた「境川源流一周」（八三年・昭和58）、ホームグラウンドで行った、勤務先の高校生たちと同行の「田籾川から鋲岳、烏帽子山」（八三年・昭和58）には、スキー・ツアーに誘われるような楽しさがあふれている。

バリバリの現役山ヤ諸氏には、本書のトリを受け持つ最終章、「立山山頂から馬場島」（八七年・昭和62）の逆さ落としのハードなツアー行が刺激的だ。本書の刊行を呼び水に、青森で、秋田で、岩手で、会津で、ユニークなスキー紀行書が出現することを期待したい

（一九八九年三月）

巨大サイズの迫力と日本人の持つ感覚のこまやかさが見えかくれする

白籏史朗『THE GREAT HIMALAYA ネパールヒマラヤ写真集』

大変な写真集が出たものである。白籏史朗が渾身の力を傾注したと思われるこのネパール・ヒマラヤ写真集を開くと、まず天地三八センチ左右五二・五センチ（B３判と呼ばれる）という巨大サイズのもたらす迫力に圧倒される。

普通の写真集のサイズはA４判が多いが、今回の大画面はA４判を三冊入れて、なお余りある面積ということになる。ハイビジョン・TVでも見る思いがするのである。

白籏氏の作風を一言で言えば、剛直にして強靱ということになろうが、その中に日本人の持つ感覚のこまやかさといったものが見えかくれする。外国のヒマラヤ写真集と比較すれば、その感性のちがいは、かなり明瞭にあらわれるのではなかろうか。そうした点にポイントをおいて、白籏氏の作品を眺めてみよう。

開巻の数点はカンチェンジュンガ（八五八六メートル）山群の作。ここでは作品③のヤルン氷河からカンチを仰いだ作品が印象的だ。カンチ中腹の雪壁を落日の黄金色の輝きがベルトのように移ろっていく。本書には他の山々を撮った作品にも、夕景を撮ったものが、ずい分ある。

THE GREAT HIMALAYA 一九八九年、東京新聞出版局刊。

白籏史朗　一九三三年生まれ。山梨県出身の山岳写真家。富士山の写真家として著名な岡田紅陽に五年間師事したのちに独立。

一九六六年にアフガン・ヒンズークシュに登山。一九七〇年には日本山岳会東海支部によるマカール登山隊に参加し、高所で撮影する。その後世界各地の山岳地域へ撮作品⑧の「ジャヌーの夕映え」など見事な作例だ。雲の蒼い影を前景に、正面に肩をいからせ、頂部岩塔を突出させてジャヌーの全山が黄金色に燃える。背後の青空とのバランスが絶妙。岩壁の質感が実によく描写されている。

ヒマラヤの高峰の持つ特徴の一つとして、よく取り上げられるのが、ヒマラヤひだである。本書では、作品④「ウェッジ・ピークのヒマラヤひだ」がすばらしい。六八一二メートルという高さしかないこの山は、この壮麗とも言うべきヒマラヤひだがなければ、他の七〇〇〇メートル、八〇〇〇メートル峰に伍して本書に登場することはなかったろう。他に作品⑬、⑭、㉕の作例もあるが、このウェッジ・ピークの作品は会心の作といえよう。

白簱氏とは古くから縁の深いマカルー（八四六三メートル）では、作品⑪「笠雲におおわれたマカルー」がすばらしい。マカルー本峰から長く延びる山稜と、それらをふんわりとおおうレンズ雲。大自然がもたらす一瞬の変化と絶妙の構図。写真というアートの生命をつかんだ作品ともいえよう。

朝の光線で撮った作品では、㉑「チュクン四七〇〇メートル付近からのローツェの朝」に魅かれた。私は本書でもそうだが、朝より夕方の写真が好きだ。この作品にしても、ローツェの朝の景観というより、前景のモレーンの凍りついた小川がもたらす効果に魅かれるのである。

過日、山岳写真家の藤田弘基さんに、朝焼けの写真と夕映えの写真のうち、どちらか一方を撮れと言われたら、どちらをとるかというばかげた質問をしたら、この真面目なプロは、「それはもう夕映えです」と答えてくれた。

ヒマラヤの山々は、太陽光との位置関係が、夕方に、いい写真が撮れるようになっている

影行を重ねる。
代表的な写真集に『Nepal Himalaya』（一九八三年・山と溪谷社刊）、本書『The Great Himalaya』など多数。

のだという。細かい理屈は忘れてしまったが、「山の写真は夕方」という言葉が、頭にこびりついている。私の知り合いに、「夕陽評論家」という肩書を持った男がいるが、これからは、「ヒマラヤ夕陽写真家」というのが、出てきそうだなあ、と思う。

閑話休題。先に私は、白籏氏の作品の中に日本人特有の感覚のこまやかさを見ると記したが、この写真集の中では、例えば作品㊼の「テン・カン・ポチェ（六四九九メートル）と彩雲」がそれだ。淡いピンクとも紫ともつかぬ薄雲が、氷雪の谷間に浮かぶ。恐らく、山岳写真家のみが出会う至福の一瞬だろう。微妙な雲の色彩は次の瞬間、その美しいバランスを失ってしまうにちがいない。

同じようなことは、作品(53)の「チャリング氷河からの月とエベレスト」にも言える。ここでは、月そのものが主役で、エベレストは脇役だ。それにしても、ヌプツェ山稜から、まさに全き姿を現そうとする満月の輝きの見事さはどうだ。私には、冷たい光の月というより、太陽光にまごうホットな月に見えた。

最後になったが、白籏氏の見識を示すことを一つあげておこう。こうした大きな写真集（本書は「岳人」五〇〇号記念出版でもある）には、著名な人々のたくさんの寄稿文が並ぶのが通例である。しかし、本書では著者自身の「あとがき」や作品解説以外、一切の夾雑物を排している。みごとな見識である。写真家はあくまでカメラで、文筆家はペンそのもので勝負すべきなのだ。

（一九八九年四月）

「ランタン谷解明」のパイオニアが健筆をふるった、ネパールの百科全書

トニー・ハーゲン／町田靖治訳『ネパール――ヒマラヤの王国』

今朝（一九八九年三月二十三日）の新聞各紙は、一斉に法政大学山岳部のランタン・リルン登山隊の遭難を伝えている。最近の若い人々には、この山は、ネパールに沢山ある七〇〇〇《メートル》峰の単なる一つの山という程度の認識しかないかもしれないが、古くからの日本のヒマラヤニストたちには、一種特別のニュアンスを感じさせる山域である。

今から約三十年前、深田久弥の率いる小パーティーが、何のバックも持たない登山家でも、情熱と多少の資金の工面さえつけばヒマラヤへ行けるのだ、ということを身をもって示したのがジュガール、ランタン・ヒマールへの果敢な山行だった。

それ以来、この山域へ入った日本隊の足跡は枚挙にいとまない。一九六七年（昭和42）春に行われた海外登山研究会（日山協主催）の主要テーマの最大のものが、当時すでに登山史、山座同定などの面で錯綜を極めていた「ランタン谷の解明」であり、このテーマをまとめ、一応の解明を行った中心的存在が、諏訪多栄蔵氏であった。そして諏訪多氏の最も重要な拠り所としたのが、ペーター・アウフシュナイターや、今月ここで取り上げた『ネパール』

ネパール―ヒマラヤの王国　一九八九年、白水社刊。

トニー・ハーゲン　一九一七年生まれ、スイスの地質学者。一九五〇年以来、十年以上もネパールに在住し、国連の技術援助機関で働く。ネパール政府の依頼により、地質図作成のため、ネパール全土に足跡を残す。

専門的な著作も多いが、一般的な図書の代表作としては、本書の『ネパールヒマラヤの王国』がある。

（原典初版発行・一九六〇年）の著者トニー・ハーゲンによる資料である。この二人こそ、「ランタン谷の解明」に欠くことのできぬ重要なパイオニアだったのである。

スイス生まれの登山家・探検家であったハーゲン（一九一七年生まれ）は、一九五二年に、カトマンドゥ北東約八十《キロ》にあるランタン氷河左岸の一鞍部（五七六〇《メートル》）に達した。

その当時、謎の八〇〇〇《メートル》峰とされていたシシャ・パンマ（ゴザインタン＝八〇一三《メートル》）の位置を確認し、地上最後の八〇〇〇《メートル》峰の秘密のヴェールを取り去ったのだ。「ランタン谷の解明」で重要な資料となったアウフシュナイターの地図でも、この五七六〇《メートル》の鞍部は、「ハーゲルのコル」と記されている。

ハーゲンはもともと地質学者であり、故国スイスで水力発電計画や写真地質学に取り組んだ後、一九五〇年にスイス技術使節団の一員として、初めてネパールの土を踏んだ。時あたかも、ネパールが永い鎖国の眠りから覚める前夜であった。

一九五三年から国連技術援助ミッション代表になったハーゲンは、その立場をフルにいかして、以後七年間にわたり、ネパール全土にその足跡を網の目のように拡げた。五〇年代、六〇年代を通し、彼は何人にもまさるネパール通となり、ネパール人よりはるかにネパールの国土をよく知る人物となった。

今回邦訳された本書『ネパール——ヒマラヤの王国』は、このパイオニアが、その面目をフルに発揮した記念碑的著作であり、邦訳の刊行そのものが、遅きにすぎたくらいである。ハーゲンは、本書中でいみじくも「一九五〇年代に、私は自分の著書に参考文献名をなん

学者としての厳密さと、多年在住したネパールへの愛情に満ちた、当時の最良のネパール案内の本として知られる。

ら書き入れる必要がないという、人もうらやむまれな立場にあった」と記しているが、これこそパイオニアに与えられた名誉というものであろう。

本書刊行時、この豪華なヒマラヤ本の、すばらしい写真と、ネパール全土をカバーする足跡図（全長一四〇〇〇キロに達する）は、読者の目を見はらせたものであった。私にしても、当時この本は、気軽に買える程度の値段ではなく、丸善でしばしば、そのルート図を眺めては、ため息をついていたものである。

初版刊行から二十八年を経たとはいえ、ネパールの政治、経済、文化、自然の各領域にわたって、信頼するに足りるデータを一手に集め、実地踏査の確固たる裏付けをもつ本書は、ネパールに関する百科全書的存在として、今日なお、その存在理由を持つ。今では、ネパールのさまざまな案内書、地図、写真集が刊行されているが、その全体像を鳥瞰的にとらえた本は、意外なほど少ないからである。近年のネパールの国情までフォローし、充分な補訂をほどこした本書の価値は、今なお不変である。

決してバラ色の未来ともいい難いネパールの厳しい状況についても、本書中でハーゲンは数々の創造的な建言を行っているが、そこにも彼の公正で信頼すべき観察眼を見てとれよう。

なお、本書には訳者による訳注が随所に挿入されているが、通読する際にわずらわしさを感じた。また、不必要な註が混入している点、一考をうながしたい。

（一九八九年五月）

ヒマラヤ広域の自然と人々の生活と文化の諸相をヴィジュアルに編集

A・ガンサー、B・オルシャーク他／薬師義美監訳

『ヒマラヤ――自然・神秘・人間』

先月のトニー・ハーゲンの『ネパール』に続いて、今月もヒマラヤの大型本を取りあげる。ハーゲンに劣らぬヒマラヤ研究の大立物A・ガンサー（地質学）、B・オルシャーク女史（仏教哲学）らによる『ヒマラヤ―自然・神秘・人間』である。

本書は、ヒマラヤ広域の自然と、そこに古代から居住してきた人々の生活、さらにそれらの人々が生み出した文化の諸相をさまざまな角度から、ヴィジュアルな姿で編集したものである。

近年、中央アジア、ヒマラヤ関係の書物の出版はますます盛んになっている。しかも、内外を問わず、出版のあり方も国際的なものに広がり、判型も大きく、豪華なものが多い。日本語版そのものも、外国で印刷し、造本も同時に行ってしまうというケースが多くなってきた。本書の場合もイタリアで印刷、製本を行っている。

日本語版の刊行については監訳者の薬師義美氏が大きな働きをして、専門的知識の裏付けを必要とする本書刊行に遺漏なきを期した。

ヒマラヤ―自然・神秘・人間　一九八九年、日本テレビ放送網刊。

アウグスト・ガンサー

一九一〇年生まれの地質学者、探検家。スイス出身。チューリッヒ大学で地質学と岩石学の研究を行う。

一九三六年、師のアーノルト・ハイムと共に、インドのガルワールから

近年のヒマラヤ本出版の流行には、それなりの理由がある。その最大のものは、中国登山解禁以後、特にチベットの新しい情報が飛躍的に増大したことである。つまり、これまでわれわれの知っていたヒマラヤは、ほとんど南のインド側のものであり、近年、北のチベット側の詳細が伝えられ、ヒマラヤ愛好者は、そこに新鮮な魅力を感じたためにほかならない。未知なるものに対する好奇心をかき立て、満たしてくれる書物ほど、存在価値の高い本はないのだ。

本書にもそうした魅力的な写真がたくさん入っているので、つぎに紹介してみよう。

この本は十二章に分かれているが、第一章「ヒマラヤ」には、古代インドの典型プラーナの「たとえ幾多の神々の時代を費やしても、我は汝にヒマラヤの名声と栄光を語り尽くすことはできない！」という言葉で開巻する。そして、その見開きページには、パステル画のような色調の、ニェンチェン・タン・グラ山脈の雪嶺を背にしたナム・ツォ（天の湖・四七一八メートル）の写真があり、旅心を刺激する。

この章に入っている「宇宙曼陀羅」の色鮮やかな写真は、かつて出版されたガンサーの『ブータン』（一九七〇年・改版一九八〇年刊）の表紙に使われていたと記憶しているが、現代人のイメージの世界にも違和感なく感受できる。

第二章「ヒマラヤの形式」では、ガンサーの積年の地質調査に基づく説明はさすがに説得力を持つが、ブータンの山地へ入った折の写真が新鮮だ。さらに瞠目すべきは、スペース・シャトルによる四ページにおよぶ鮮明な空中写真。一つは南チベットのツィゲタン・ツォ湖を中心にした湖沼地帯、およそ一八〇キロが見開きページに拡大されているので、迫力満点。

チベットに潜入して、カイラス山を一周した。その折の紀行に『神々の御座』（邦訳・一九六七年・あかね書房刊）がある。

次の一枚はシガツェ近くのヤルルン・ツァンポ川で、いずれも上空二五〇〇キロからの撮影。湖の氷結しているありさままで、はっきり撮しとってしまうのだから驚きである。

次章からしばらくの間は、カイラスを巡る五つの大河、即ち①ヤルルン・ツァンポ、②インダス、③サトレジ、④カルナリ、⑤ガンジスの五大河にそれぞれ一章ずつを割いている。地図でみてもこの五大河がカイラス山を中心に蝟集するさまは不思議な感じがするが、このカイラスこそ、古代ヒマラヤ地域の人々にとって地上の顕現であると同時に、精神世界の中心となっていた聖域である。一九〇〜一九一ページの、西北からカイラスを大きくとらえた写真といい、一九三ページのタンカ（仏画）に描かれたカイラス山への「巡礼絵地図」といい、本書のクライマックスといっても過言ではない。前述したカイラスの持つ二面性を実によく表している例である。

この写真の入っている章「聖なる山と湖」とその前の章「神話と現実のあいだ」はオルシャーク女史の執筆と思われるが、多くのタンカや仏像の写真につけられた的確な解説には、教えられることが多かった。

本書には『ヒマラヤ』という題が付けられているが、単なる高峰の写真集ではなく、そこに生活を営む人々に力点をおいて、誰が見ても親しみやすい内容になっている。

願わくば、各地の図書館に多く収蔵され、若い世代の人々が気軽に手に取り、ヒマラヤの持つ魅力に眼を開く契機となってほしいものである。

（一九八九年六月）

神秘の山カイラスと、そこから流れ出す四つの大河の水源を明らかにした人々

C・アレン／宮持　優訳
『チベットの山』

先月の書評で、ガンサーの『ヒマラヤ』を取り上げたが、その中で、カイラス山は、古代インド人の精神世界の中心を形成した観念上の山、スメル山（須弥山）の地上の顕現として、極めて特別な位置を与えられていた。本書『チベットの山』は、その神秘の山カイラスと、そこから流れ出すアジアの四つの大河の水源を明らかにしようとした人々の物語である。

本書の著者C・アレンは、この本を書く人物として、まさに適役。カイラス探検史を語る著述家としてこれ以上の恵まれた環境は考えられないという家庭に育った人である。

彼の父はジェフリー・セント・G・T・アレンといい、アッサムの行政補佐官の経歴を持ち、著者の幼少の頃、サディアの官舎で暮らしていたという。更に曽祖父は二十世紀初頭のインド測量局長のセント・G・C・ゴア大佐（この人のヒマラヤ本は一冊立派なものがある）であるから、著者は幼少の頃から、パンディットのナイン・シンや、インド測量局の大立者、G・エベレスト、ゴドウィン＝オースティンらの事蹟を身近に聞かされていたことになる。

この本に登場してくるさまざまの人物の関連資料を、著者は後継者に当たる家族たちから

チベットの山　一九八九年、未来社刊。

チャールズ・アレン
生年不詳。インド生まれのイギリス人。ジャーナリスト。近代の植民史の専門家である。父のジェフリー・がアッサム辺境の行政官であったため、幼時をサディアの官舎で暮らす。曾祖父は二十世紀初頭のインド測量局長官であったセント・G・ゴア。身近に探検、登山史の人物がいたため、辺境史を研究、調査する上

提供されている。ここに本書の叙述の持つ厚味や信頼度が生まれてくる。多くの書簡、日記、手記、写真、地図など、並みの著述家の手にし得ない貴重な資料を駆使した本である。

ところがである。この立派な内容の本（原典は総アート紙、大判で、多数の写真、図版を使用）の、日本語版はどうしたことか、原著の堂々たる風格をまったく貧しげな姿に一変させてしまった。原著者から見たら、とんでもない改悪であろう。例えば、カイラス＝マナサロワール地域の地形が、近代の地図ではどのように表現されて来たのかを示す貴重な例が、原典では図版を使って丁寧に跡付けされているのに、訳書ではこれを一切オミットしてしまった。ノンフィクションの出版に力を入れている未来社としては、もう少し原典に忠実な本造りに励んでもらいたいものだ。

この辺で本の内容そのものに話を移そう。十章から成る本書の冒頭の章は、「アジアの水源」、即ち、亜大陸の四大河であるインダス、サトレジ、ガンガ、ブラマプトラとカイラスの関係、古代ヒンドゥの聖典などに、それらの「聖地」はどう反映されているのか、といった精神性、宗教性が解説される。

ついで第二章「イエズス会士のチベット探検」に移り、十七世紀のアンドラーデと十八世紀のデシデリの足跡を追う。特に後者については、ラサに入るまでの経緯を、その手記を紹介しながら描いている。

更に「地図のない巨大な迷路」（三章）では、ヘンリとロバート・コールブルック従兄弟や、ハイダー・ハーゼイらのガンガ水源の探査に始まり、さいごにJ・ホジソン大尉らのヨーロッパ人による最初のガンガ水源の発見（一八一七年六月）を描く。ちなみに、その氷河

で豊富な人脈があった。

そうした利点を駆使して書き上げたのが本書『チベットの山』である。

開口部にそびえるのが、インド有数の難峰シヴリン（シヴァ神のリンガムの意）であり、原典のうら表紙には、この雪嶺の下に立つ著者のカラー写真があるが、訳書にはないのだ。

私が本書で最も面白く読んだのは、四章「東タタールへ」で、イギリス人によるマナサロワール湖発見を描いた部分。一種の謎の人物W・ムーアクロフトとハイダー・ハーゼイによる探検である。前者は東インド会社の種畜場長をしていた行動派で、最後は西トルキスタンのブハラへ行き、そこで殺された。彼は冒険小説の主人公に打ってつけの、波乱に満ちた生涯を送った。「ラグビー校きっての図々しい男」（六章）も面白い。北部インドからチベットへ入ったE・スミスが登場するが、本邦ではほとんど言及されないので、意外性がある。アフリカのナイル水源の発見者J・スピークとのからみがあるから、余計興味がつのる。

第八章では、河口慧海を、最後の九、十章ではスウェン・ヘディンを描いたが、これまでに、ずい分、類書で取り上げられているので、新鮮な感じはしない。「訳者あとがき」で、ヘディンとロングスタッフらの論争に言及しているが、金子民雄氏の先行書がすでにあることを見落としている。

本書の内容が、総体に地味な感じがするのは、カイラス山という主役に対する登場人物に大物が少ないせいであろう。どうしても、中央アジアの探検史やヒマラヤの高峰の登山史にくらべて、華々しさに欠けてしまうのである。著者の記述の仕方も、多くの探検者の足跡を整理するにとどまり、鋭利な批評の冴えに乏しいように見える。

そのことは、カラコルムや中央アジアの探検者を描いた、J・ケイやP・ホップカークの著書にくらべれば明らかであろう。

（一九八九年七月）

ピートの香り高く、切れ味のいい、ややドライなモルト・ウィスキーといった小品二十四篇

ポール・セロー／別宮貞徳・月村澄枝共訳『古きアフガニスタンの思い出』

ポール・セローは、旅をすることで成長しつづけた作家である。出世作『鉄道大バザール』（一九七五年・昭和50刊・邦訳あり）自体が、すでに旅の所産そのものなのであった。ユーラシア大陸を鉄道で周遊したこの痛快な紀行は、かつて本邦でも好評をもって迎えられたものである。

本書は、今やアメリカを代表する中堅作家の一人となったセローが、本格的創作と並行して執筆してきた小品（ピース）集である。

邦訳の書名は、集中の一篇の題を転用したものだが、原書の題は『Sunrise with Seamonsters』（一九八五年＝発表年、以下同様）で、日本版の最終章に「夜明け、海獣たち」として収録されている。

これらの小品執筆についての思いを、セローは次のように記している。

「これらの小品は具体的なものにしようと思った。大地をしっかり踏みしめたうえでの経験への応答。特定の目的を果たすために即興で書いた直接的な文章。紆曲する小説の不

古きアフガニスタンの思い出　一九八九年、心交社刊。

ポール・セロー　一九四一年、アメリカのマサチューセッツに生まれた。メイン大学、マサチューセッツ大学を経て、シラキュース大学の大学院へ進んだが、六三年に平和部隊に入隊、アフリカのウガンダなどで英語教師を務めた。

その間に作家修業に励み、ユーラシア大陸の旅行記『鉄道大バザール』

確実性とはやや性質を異にするもの。そして、息抜きでもあった」と書き、次のようにその効果を打ち明ける。

「しばしば気づいたのは、ときおり小品を執筆することが思いがけなく貴重で、霊感さえ与えてくれることだった。……その過程で自分の考えがそれっきり変わってしまうような発見をすることが貴重なのだ。それこそ作家生活の醍醐味というものだろう」

右の文章は本書の「序文」から引いたものだが、この「序文」はかなりの長文で、セローという作家の文学観や生活態度を知る上で見逃せない。これを読むだけでも、彼が凡庸な作家ではないことが見てとれるのである。

本書に収められた長短二十四篇（原書では五十篇）の小品《ピース》は、いずれも、ウイスキーの味に譬えると、ピートの香り高く、切れ味のいい、ややドライな感じのモルト・ウィスキーといったところ。前述の「序文」をもじると、それこそ読書の醍醐味を、たっぷり堪能させてくれる。

執筆（発表）年代順に配列されたうち、はじめの七章はアフリカ（マラウイとウガンダに数年滞在）で英語教師をつとめていた頃のもの。セローは「良心的反戦主義者」で、一九六三年に平和部隊に入り、アフリカに赴いた頃の、激動期の大陸の生々しい状況に遭遇。「非常事態の国」（一九六六年）は、ウガンダ政変時を詳しく描いたものである。彼は自動小銃の銃声の中で、学生たちの答案の添削をしていたのだ。

第九章目の「マレーシア」（一九七三年）あたりから、アジア、インド亜大陸に移り、本書中では長文の一つ、「古きアフガニスタンの思い出」（一九七四年）が登場する。

（一九七五年）や、中南米に移住した一家の苦闘を描いた『モスキート海岸』（一九八一年）などで作家としての地学を固めた。次いで出版された『古きアフガニスタンの思い出』も、この作家の旅を基軸にすえた自伝的な小説として好評であった。

「アフガニスタンはいまいましい国だ。昔は物価の安い未開国だったので、人々はハシシのかたまりを買いにいき、ヘラトやカブールの不潔なホテルに何週間も居つづけてハイな気分に浸ったものだ」で始まるこの章は、作家としてのキャリアに関係する大事な一章だ。

彼は『鉄道大バザール』の中で、アフガニスタンの部分をことさらに書き流してしまったが、本書では、そのことを詳しく書いている。苦味にあふれた回想記となっているのだ。前者では「アフガニスタンをさっさと抜け、そこで味わった不快さを旅の余談にしてしまおう」という心理が働いていたのだが、その不快さの内実とは何だったのか。

その最大の理由は、彼の知人のヒッピーであるピーターが収容されていたカブールの精神病院を見舞いに行った時の経験によるものだ。さすがのセローもここで手ひどいショックを受け、すっかり落ち込んでしまったのである。本書の後半に出てくる、ニューヨークの地下鉄探訪記「地底の迷宮」(一九八一年)でも味わわなかったような絶望感が流れている。

この地べたを這いずり回ったような経験は、私が六〇年代にパキスタンやアフガンで味わった体験と共通する雰囲気があり、ことさらなつかしさを感じる。楽しいばかりが旅ではない。この地域を旅する人が味わうのは、むしろ苦さの方であろう。なればこそ、人は長い彷徨のさなかに、暁の星の光にも似た、鮮烈な輝きにも遭遇できるのである。

本書で最も楽しく読めるのは、「鉄道王国インド」(一九八〇年)と地図の楽しみを描いた「紙上で見る世界」(一九八一年)。ともに代表作『鉄道大バザール』と『モスキトー海岸』の発想の舞台である。

全篇きわめて読みやすい日本語に訳出されており、そこにかえって訳者の苦心を感じた。

(一九八九年八月)

大谷探検隊（第三回西本願寺西域調査）の一九一〇〜一二年に及ぶ三年間の旅行記

橘　瑞超『中亜探検』

何ということだ、HKT（ヒンズークシュ・カラコルム研究会）の名物男、新貝勲ダンナがこの七月十二日（一九八九年・平成元）に急逝した。

博多どんたくの「追い山ならし」の当日だから、てっきり、山鉾かついで博多の街を走り回っている、とばかり思っていたのに、彼はその数日前から交通事故に遭って入院していたのだ。この数年、五十男ばかりで崑崙へでも行こうというのが、われわれの合言葉だったのに、何ということだ。「雲沙邂逅」の地、中央アジアの広漠たる境を、心ゆくまで走り回ったらどんなに愉快だったろうに、それもかなわぬ夢となってしまった。

この小文は、本欄のよき読者でもあった彼に捧げたい。本書『中亜探検』の舞台は、われわれが共通して知る地でもあったのだから。

本書の初版は、大正元年（一九一二）十二月に博文館から出版されている。もともと原著者の橘瑞超の口述したものを大谷光瑞の側近の一人だった関露香が筆記したものという。

中亜探検　一九八九年、中公文庫刊。

橘　瑞超　一八八九年〜一九六八年。名古屋出身の僧侶。旧制愛知一中から西本願寺法王の大谷光瑞に見出され、その膝下で修行。

一九〇八年、第二次大谷探検隊隊員として天山北路を踏査。一九一〇年第三次隊では、コンロン山脈、タクラマカン砂漠、チベット高原を踏査した。本書『中亜探検』は第三次探検の旅行記である。

口述筆記という成立事情もあるせいか、本書は極めて読みやすい文章になっていて、八十年前の文章とは思われないくらいよくこなれた文章である。当時の探検記といえば、多くは固い漢語や、今となっては古くさい文語体のものが多い中で、これほど自由でとらわれない語り口を伝えているのに一驚する。本書刊行時の瑞超師の年齢は、弱冠二十二歳。

本書は第三回西本願寺西域調査（いわゆる大谷探検隊による）の旅行記で、一九一〇～一二年に及ぶ三年間の記録である。発足時の著者の年齢は、何と二十歳だ。瑞超師がはじめて中アの舞台に登場したのは一九〇八年（第二回大谷探検隊）、十八歳の時。マス・メディアの発達した現代の出来事だったら、その若さがも喧伝され、時代の寵児となっていたはずである。十五歳で大谷光瑞に見いだされ、その名の一字を与えられたほどの英才だから、その資格も十二分に備えていたのに、光瑞失脚とともに彼の名も歴史の表舞台から消えてしまう。

本書の冒頭はこう始まる。

「私はお裏さま（光瑞夫人）をリヴァプール停車場にお見送りして、その翌日ロンドンの一ホテルを出発し、いよいよ中央アジア探検の途につきました。時に明治四十二年八月十六日、太陽は既に没して残の光は薄く天涯の一方に消えなんとしていた。足利瑞義君はベルリンまで私と同行しましたが、同地で分かれて私はただ独りポツネンと露都に向ったのです」

この時、別にホッブスという英国の青年（十八歳）が瑞超の従僕（新聞広告により募集）として、隊荷とともに先行。ペテルスブルグでしばらく滞在、その後、シベリア鉄道でオムスクへ向かう。すでにウラルを越え、アジアの一角だ。ついでながら、瑞超はロンドンでスタイン博士、ストックホルムでヘディン博士に会い、助言と激励を得ている。

オムスクからセミパラチンスクまでは、川蒸気でイルチッシ河を溯行。この河の最上流は中国領イリ地方で、わがショーンバーグの『中央アジア騎馬行』の世界となる。

一行はここから中国側のタルパガタイ（イリのもう一つ北の道筋）へ入り、さらに南下して、十一月十九日ウルムチ着。十二月二日、トルファンで忠実な従者ホッブスと別れ、単身で楼蘭探検に向かう。

ホッブスには、大量の荷物をたくして天山南麓の主道を西へ向かわせ、クチャで落ち合う手はずであった。主従の別れの場面は、淡々とした語り口の続く本書の中にあって、一つの山場となっている。

楼蘭の地を探検したのち、単身、彼は二十二日を費やして、タクラマカン沙漠を南から北へ縦断。「かくて私が天山南麓のブクルという一都会に達したのは払暁であったと覚えていますが、雪の衣を被る天山の朝風は、身に徹《こた》えてりんりん肌をつんざかんばかり」と述懐する。

クチャでは、再会を期していたホッブスの死を知り、移送されていた遺体と隊荷を求めて、カシュガルへ急行することになった。カシュガルでは、英領事として有名なマカトニーの助力を得て、ホッブスを埋葬。「時に明治四十四年三月二十一日午後六時三十分」と瑞超は、この悲しい別れを記している。ロンドン発足以来半年以上経過していた。

以後、再三にわたる入蔵への試み、敦煌での調査などが詳述されている。巻末の金子民雄氏による長文の解説と詳細な年譜が、瑞超の秘められた生涯を伝えている。ここに新しい生命を得て良書がよみがえったことを喜びたい。

（一九八九年九月）

ヒンディ村に定住した山田夫妻が心豊かな四季の折々の生活を描いた画文集

絵　山田純子／文　山田純子・俊一

『ヒンディ村　最後の桃源郷フンザにくらして』

本書『ヒンディ村』の副題となっている桃源郷とは、もともと中国湖南省桃源県の西南、桃源山の桃源洞という実在の地名に基づき、これをモデルにして、晋の陶淵明が「桃花源記」を書いてから、世上に大いに流布した言葉である。この理想郷を描いた文章は、今でも高校一年生の国語教科書に出てくるくらいだから、たいていの人にお馴染みの話だ。

キリスト教の教義を借りれば、人類はその発祥の時からすでに「楽園」（パラダイス）を失い、永遠に苦界をさまよう原罪を背負わされているのだ。だからこそ、人は桃源、パラダイスを夢想したり、この世のどこかにそれを求めて彷徨する。考えてみれば、われわれの山登りも、その「あがき」の肉体的表現と見ることもできよう。

いつの頃だったか、パキスタンのフンザで暮らしている絵かきさんに出会った人の話を聞いた。ＨＫＴ（ヒンドゥ・クシュ・カラコルム研究会）の席だったろう。この会のメンバーの多くは毎年パキスタンのどこかを歩いているから、たいていの目新しいニュースは伝わって

ヒンディ村　一九八九年、石風社刊。

山田純子　一九五〇年、東京の足立区に生まれた。十年間の商社勤務を辞めて、インド亜大陸への旅に出かけ、そこで放浪中の山田俊一（画家）に出会い、生活を共にするようになる。その後、夫と共にパキスタンのフンザ地方に定着、一九八七年に帰国後、夫と共著の本書、画文集『ヒンディ村』に細密なペン画と簡潔な文章を発表して好評を得た。

くる。その絵かきさんこそ本書『ヒンディ村』の著者である山田俊一・純子夫妻なのであった。

別々の、全くの赤の他人として日本を出て、インド・ネパールを放浪していた二人が、ともにパキスタン北辺のフンザ地方にこの世の桃源を見い出し、ヒンディ村に腰をすえる。一九八〇年のことだ。以来四年間も二人はこの村に定住した。

近年、パキスタンの山地の村に定着する人が少しずつ増えている。現地の人びととうまくとけ込んで暮らすことのできる人なら、好ましい現象といえよう。カフィリスタンの人びとの生活をレポートした丸山純君などその代表的存在である。彼のレポートには、単なる通過者と一線を画す深さがあるが、それは滞在者だけが持つ強みをはっきり示している。

今回出版された山田夫妻の画文集にも、この滞在者の持つ強みがよく表現されている。例えば、初めの部分の数枚に麦刈りの絵（本書の絵はすべて細密、克明なペン画）があり、その対ページにこんな文章がある。

「第一夫人が持ってきた茶碗をかかげ、ハミダは歯のない口をあけて笑った。信じられないような話だが、ハミダは六度結婚して息子ができず、離縁された。ショハールも六度嫁を貰って一人の息子も授からなかった。七度目に、ハミダは第二夫人としてショハールに嫁いだ。そんな二人にめでたく、男児が生れた。離婚再婚が珍しくないこの土地でも、なにかと話題になった」（本書二一ページ）。

こうした話は、ふつうの旅人の耳にはなかなか入ってきにくい話題であり、著者が女性で

山田俊一　一九四七年、石川県金沢市に生まれた。一九七〇年、金沢美術工芸大学（日本画科）卒業。

一九七九年に日本を出発し、インド亜大陸の各地を旅する。八〇年にフンザに入域し、そこに定着。妻の純子と数年間この桃源郷で暮らす。純子との共著『ヒンディ村』では妻のペン画に短章を副えた。

一九八七年帰国後、各地で二人展「フンザの山と生活」を開く。

あるからこそ、村人たちも明けすけに話しているのであろう。そういう屈託のなさが、この本の絵にも文にもよく出ている。

著者たちの住んでいたヒンディ村は、バルティット（フンザの中心地）の少し下流、右岸の扇状地に拓かれた村であり、対岸はミナピンの村だ。純子さんの取り上げた画題の春の杏花に始まり、麦の収穫、夏の桑の木かげでその実を拾い、ソバの播種、水車による製粉。やがて雪の季節、人びとはわずかな暖をとりつつ、機織りに精を出す。

このような光景は、実はヒンディ村固有のものではなく、西カラコルムからヒンドゥ・クシュ一帯の村々に共通するものだ。だから、私のようにヒンドゥ・クシュに入りびたっていた者には、この本の「最後の桃源郷」という決めつけ方は気になる。「最後の」という言葉は不要だ。次にやって来る若い世代のためにも、この言葉は使いたくない。

墨のペン画だが、一度でもかの地を踏んだ者なら、ここに描写された村里のたたずまいや、そこに生活する人びとの表情や着衣、さらにその背景となっているフンザ周辺の山々（四四ページにラカポシの大きな絵がある）などは鮮やかな色彩を伴って、胸中に再現されるはずである。この地未見の人にも、貧しくはあるが、心豊かな四季折々の生活を描いた温か味のある文章と絵が、いっときの夢幻の境地へ誘ってくれるはずだ。

末尾の「最後の桃源郷フンザにくらして」（同七七～九三ページ）は急速に近代化してゆく村の現状を語って、もの悲しさを伝える。さればこそ、幼い村娘メヘナーズ・バヌー（同一五ページ）や仔ヤク「ツォク」の純な表情が、ことさら印象的なのである。

（一九八九年一〇月）

三十数年のヒマラヤ研究の成果と実地踏査。チベット探検年表とルート図つき

薬師義美著・撮影
『雲の中のチベット　トレッキングと探検史』

雲の中のチベット　一九八九年、小学館刊。

薬師義美　一八八ページ参照。

人はよく、旅は先入観なしに行くのがよいと言う。たしかに一面の真理を言い得ているが、この言葉に盲従するのも考えものである。

海外旅行がきわめて普通のこととなった昨今、私の職場でも一割強の人が中国、インド亜大陸へ出かけた経験を持つ。しかし、その中身は必ずしも豊かとは言えない。たくさんの事物を見て、おびただしい写真を撮って帰って来るが、そこに写し出された事物の意味するものに、満足できる答えを与えてくれる人はきわめて少数だ。知的無防備状態で出かけて行って、充足感のないまま帰って来るのでは、外貨減らしに躍起になっている為政者を喜ばせるだけのこと。

そこで結論。辺境旅行へ出かける人はできる限り、信頼するに足る書物や地図によって、大いに知的武装をととのえるべし。それによって生じた先入観と現実の落差の修正は、ものを見る確かな眼を持っていれば充分可能なことなのである。

知的武装をととのえて出かけるべき辺境の筆頭はチベットであろう。すでに何冊もの案内書や、かなり多くの登山の記録、写真集が出ているが、チベットに対する知的好奇心を満足させてくれるにふさわしい本は、そうざらにあるものではない。

そのざらにない本がついに出た。薬師義美氏の『雲の中のチベット』である。ざらにない点を中心に紹介していこうと思う。

本書は四〇二㌻から成る大冊で、四つの部分に分かれる。

第一部は書名となった「雲の中のチベット―カトマンズからラサへの旅」。この部分だけで二四二ページある。全日程約二週間のうち、チベットにいたのは八日間である。ものを見る目のある人が書けば、八日間の滞在でも、これだけ豊かな収穫があるというよい手本だ。

この旅は、ヒマラヤ越えのチベット・ツアー解禁の第一陣として一九八五年（昭和60）八月に行われ、日本テレビの取材チームが同行。その映像フィルムが後日放映された。参加費用は一人あたり八十八万円（当時は一ドル二四一円）。本誌「岳人」でお馴染みの山里寿男画伯も参加した。

このチベット紀行には現在の状況と過去の歴史がわかりやすく記述されていて、大いに参考になる。「ザンムーからシェカルまで」の項の、チベットの行政区分や自然地理区分、さらにラサへのルート（インド、ネパール、ブータン、新疆、中国本土からそれぞれ数ルートずつある）などの紹介がそのよい例だ。

この本の第五章「チベット探検小史」は、五〇㌻にわたって初期のキリスト教宣教師やパンディット（インドの学識者）らの探検を紹介。後半には日本人の入蔵を総覧し、河口慧海《えかい》、成田安輝《やすてる》、能海寛《のうみ》、寺本婉雅《えんが》、矢島保治郎、青木文教、多田等観、野元甚蔵、木村肥佐生、西川一三らの足跡を詳しく紹介している。確たる典拠に基づく記述には、著者三十数年のヒマラヤ研究のうんちくの一端がしのばれ、余人の追随を許さない。

各入蔵者への評価については、金子民雄氏との評価のちがいもほの見える。実はこうしたところに行き当たるのも、本を読む楽しみの一つなのだ。

チベット紀行末尾の二章は「ラサにて」と題し、チベット仏教の解説やセラ寺をはじめ、ラサゆかりの各所の現在と過去を描き、チベット歴史紀行の幕が降りる。

なお本書には、この著者の凝り性を発揮した多数の色刷りの入蔵ルート図が別刷りで挿入され、壮観である。並みのルートにあきたらないトレッカーには、利用価値絶大。

第二部「執念の山ティリツォ」では、許可取得まで十五年かかり、しかも、初登を他の外国隊に奪われた挫折の記録を詳しく描いている。ヒマラヤ登山史の上では、著者らはティリツォ・ヒマール（七一三四メートル）の代わりに、グルジャ・ヒマール（七一九三メートル）の初登を手中にするわけだが。著者が言っているように、少なくとも七〇年代までは、ヒマラヤ登山は大なり小なり、ドロドロした人間ドラマの舞台だったのである。

第三部「中部ネパール、タコーラ再遊」は、その人間ドラマの舞台を十四年ぶりにトレッキングした紀行。そして、第四部「チベットの探検　その歴史と資料」で結ぶ。中でも四五ページに及ぶ詳細なチベット探検史年表は、前述のルート図が検索できるよう工夫され、いちいちの入蔵者の足跡の概要が説明されている。著者の面目躍如とした貴重な文献となった。

（一九八九年一一月）

中国のカラコルム・崑崙の調査隊に参加した若手の植物学者が、極限の植物を求めて歩いた

大場秀章『秘境・崑崙を行く——極限の植物を求めて』

崑崙は昔から日本人にとって、はるかな憧憬をかき立てる土地であった。ゴビの彼方コンロンの地にどれほどの青年たちが思いを馳せたことだろうか。

ことに戦前の合言葉「大陸雄飛」を夢みた若者たちにとって、この響きのいい単語は、極めてシンボリックな意味を持って迫ったもののようだ。その理想郷たるべき地の実態を知る日本人は、ほとんど存在しなかったにもかかわらず。

近年になり、コンロンの地を訪れる登山、学術調査隊の入域をしきりに見聞きするようになった。しかし、コンロンの実態が一般に明らかにされるのには、まだまだ時間が必要であろう。ネパールの山地を語る時のような鮮明なイメージをもってコンロンを語る段階には至っていない。コンロンの踏査はまだ点と線を結ぶ段階で、「面」は明らかにされていないからだ。

踏査がくり返し行われる現状をうけて、この中央アジア核心部について語った、さまざま

秘境・崑崙を行く　一九八九年、岩波新書刊。

大場秀章　一九四三年生まれ。東京出身の植物学者。一九六九年東京農業大学農学部を卒業。専門は植物分類学。現在、東京大学教授。

一九八八年に中国の「カラコルム・崑崙総合科学考察隊」に唯一の外国人メンバーとして参加。シルクロード最奥部のユニークな植生を実地踏査した。その成果を『秘境・崑崙を行く』で詳細

の分野の書物が出始めている。ぼくの歌集『崑崙行』（一九八九年・短歌新聞社刊）もまだ出来たてのほやほやだが、この分野では例の少ないもので、一つの試みとして公にした。どんな反応が起こるのか、作者としては、それが秘かな楽しみでもある（同書は二〇〇四年に文庫版として再刊された）。

さて、今月ここで取り上げるのは、『秘境・崑崙を行く』で、若手の植物学者大場氏が、極限の植物を求めてコンロンの核心部、中部崑崙山脈へ入ったユニークな踏査報告である。

大場秀章氏は、中国の「カラコルム・崑崙総合科学考察隊」に唯一の外国人メンバーとして参加した。一九八八年夏の踏査行である。著者はこの踏査隊について、次のように述べている。

「（この調査は）一九八七年に続き今回が二回目を数える。地質学、地形学、自然地理学、氷河学、生物学の専門家からなる五つのチームがあり、その規模は総勢六十三名である」とある。著者の属する生物班は十三名で、そのリーダーは植物学の武素功。この人は昆明植物研究所員で、チベット各地にも足跡が広い。

この調査隊（生物班）の独自の目的としては、「崑崙の生物がどの地域の生物に最も近いかを探る」ことを挙げている。

六月初旬、一行はカシュガルを発ち、同月十五日にイエチェンから、第一の目的地プーチェン（布瓊）に向かった。ここには大変珍しいものがある。「森」である。

トウヒの森と聞かされていた著者が、そこで目撃したものは、ビャクシン（柏槇）の森であった。わが国の古代文学、『万葉集』でうたわれたムロノキはビャクシン説が有力だ。

に述べている。その他にも共著、共編した著書も多い。

今、日本の各地の寺院、例えば鎌倉の建長寺などに見られる巨大な柏槙は、大陸から渡来したはずのものだ。

本書のこのくだりを読んで、鞆の浦で大伴旅人が亡妻と共にムロノキを見たという歌があるのを想起した。そして、コンロンやシルクロード沿いの植物と万葉植物の意外に深い関わりを、改めて認識させられた。

惜しむらくは本書所収の写真では、コンロンと日本のビャクシンが同一のものなのかどうか、素人のぼくにはわかりかねる。結局、著者が中部崑崙で見た「森」は、ここが唯一の例だったという。

次いで第二の目的地ヤーメン（亜門）へ、ホータン（和田）経由で入る。本書では第二章「崑崙の素顔」と題する章に相当。コンロンのステップ地方の植生が論じられ、興味深い。

ここでは二種のイネ科の植物が他を圧倒している。そのひとつは芨芨草《ジージーツアオ》、かつて火種に使われた一《メートル》ほどの背丈の草。敦煌千仏洞内の文書の発見と重要な関係を持つ草だが、詳しくは本書を見られよ。

もう一つは、日本にもあるウシノケグサ。こうしたステップには無数の羊が放牧されるのが常であるが、つい最近の新聞でも、放牧が内陸アジアを乾燥させる砂漠化を促進する元凶と報じていた。

第四章の「アルティン山脈から東崑崙へ」も目新しく読める。数年前に出た周正著『崑崙の秘境探検記』（一九八六年・中公新書）と比べて読むと大いに興味がわく。

不満を言えば、西域紀行に必ず出てくる檉柳《ギョリュウ》（タマリスク）、本書では紅柳（ホンリウ）や胡楊（フーヤン）の記述はもっと豊富に描いて欲しかった。特に前者は、砂漠的風土に咲くスターともいえるからだ。

なお、途中のルートを省略するが、ムズターグ峰（多数ある同名のピークのうち、六九七三メートル峰）に接近したのち、一行はマンナイ鎮を経由して、ルオチアンに八月二十九日に帰着し、約二か月におよぶ貴重な踏査を終えた。

（一九八九年一二月）

［追記］右の文章で、ビャクシン（柏槙）の森のことを取り上げたが、さらに大規模な森が西カラコルムとヒンドゥ・クシュ山系の接点であるカランバール谷の数か所にあることを知った。一九九九年、私はこの谷の源頭のカランバール峠（四三四三メートル）から、谷にそって下降。三日目の昼の休憩地ワルグードでは西伊豆の大瀬崎に現存する樹齢千年の巨木群に匹敵する森林を実見した。その夜の泊り場ヤッシンも柏槙の大樹林の中にあった。地元民の出作り小屋があったが、森は極めて丁寧に保全されている。

（二〇〇四年九月）

ヒマラヤに挑んだ最初の日本人

鹿子木員信『ヒマラヤ行』覆刻・日本の山岳名著・解題

ヒマラヤ行　一九二〇年、政教社刊。

鹿子木員信
一八八四～一九四九年。山梨県甲府生まれの哲学者。海軍機関学校卒。機関中尉の時に、軍籍を離れ、京都大学に学ぶ。アメリカの大学に留学後、ベルリン大学で哲学を修めて帰国。一九一四年慶応大学哲学科教授となる。それ以前にドイツ留学中にアルプス登山を体験し『アルペン行』（一九一四年・政教社刊）を著し、

鹿子木員信のカンチェンジュンガ

本年（一九七七年・昭和52）八月、インド政府はカンチェンジュンガ峰（八五九八メートル）の登山解禁を発表した。また、それとほぼ前後して、ネパール政府も、これまでに登山許可の対象としていた四十数座以外に多くの山座を解放する用意がある旨を公表した。期せずして、ここに、カンチ主峰へ肉迫出来るチャンスが、東南のシッキム側（現在、シッキム王国はインドの一州となり、消滅した）、北西面のネパール側ともども開かれたわけである。一九五五年にネパール側のヤルン氷河からイギリス隊が初登を果たしてから、二十二年目のホット・ニュースである。

カンチェンジュンガは、本書『ヒマラヤ行』の著者、鹿子木《かのこぎ》員信《かずのぶ》とは切っても切れぬ縁の深い山である。鹿子木は慶応義塾山岳会の生みの親であり、その故か、同山岳会は、カンチ登山計画を真剣に練っていた時期があった。カンチ解禁の親は、ヒマルチュリ（七八六四

《メートル》）初登以後さしたる動きをヒマラヤにおいて示していない同会の面々の胸を激しくゆさぶっているに相違なかろう。鹿子木がカンチの山ふところ、タルン氷河に入り、カンチ主峰群を目のあたりにして、実に今年は六十年目をかぞえる。

鹿子木の目ざした山、カンチェンジュンガという山名は、チベット語で「五つの大きな雪の宝庫」、つまり仏教で言う「五大宝蔵」という意だという。そこに鹿子木がカンチに魅かれた最も大きな理由があるにちがいない。カンチェンジュンガは、単にダージリンから五十《キロ》北の彼方に見える荘厳な山ということにとどまらず、プラトンの理想主義やニーチェの超人哲学に共鳴していた彼にとって形而学上の具現としてとらえられていたに相違ない。彼の文章に「山」を規定して次のように述べた箇所がある。

「登山の精神は実に雄健なる向上、克己の精神であつて、その指す所は最高の絶巓、仰げば永遠の空、呼べば応へんが如くその無限の翼を張る所、顧れば一切の生命を超越せる永遠の氷雪蒼白く光る所ー永遠超越の国であります」（『山岳と哲学的精神』「山岳」第十年第一号所収）。

こうした思想をもって山岳に対していた鹿子木にとって、カンチとの出会い、結び付きは必然的なものとしてとらえられていたこと想像に難くない。

日本の登山界に新風をもたらした。一九一五年に槇有恒ら学生たちと共に慶応大山岳部創立。一八年に辞職してヒマラヤへ入域。第二次大戦中は皇国思想を鼓吹し、戦後は戦犯として追放処分を受けた。

『ヒマラヤ行』の周辺

本書『ヒマラヤ行』は鹿子木の前著『アルペン行』（大正3・政教社刊）と一対の姉妹篇をなす。前者は二二三ページ、後者は二五五ページから成るが、B6版の判型、造本、装幀の仕方、活字の大きさなどすべて同一である。なお、表紙の背文字や扉の文字は、どこにも断わりがないが、中村不折の筆跡と思われる。出版元の政教社との関係は、『アルペン行』の前半が明治四十五年七月から掲載された「日本及日本人」誌とのつながりにかかわるものだろう。同じ版元である。

本書には次のような献辞が掲げられている。

「微いさき此の書を／此の行を可能ならしめ玉へる／細川護立侯／に献ず」。

鹿子木晩年の執筆による「山岳とスキーの思ひ出」にも「大正七年の春、私は、慶応大学を辞し細川護立侯の勧誘と後援によつて印度に渡り」とある通り、細川護立の存在は鹿子木の実生活に深くかかわりを持ち、のちに秩父、高松、三笠宮にスキーを指導するようになったのも赤倉の細川家山荘が、その舞台になっている。また、右の文中に「あの大正十二年一月上旬、好青年学者板倉勝宣君の凍死を招来した槇君等の立山スキー行は、過ぐる年の暮、赤倉温泉の細川侯山荘を根城とする、秩父宮のスキー練習に、ともどもお伴して、然る後の、槇、板倉、三田、三君の企画だつたのです」と述懐している箇所なども日本の登山史に興味を持つ者の見逃せぬところである。

さて、ふたたび『ヒマラヤ行』に筆をもどそう。前著『アルペン行』では、ヨーロッパ・

アルプスを目前にして、その美しい自然に感激したものの「当時の苦学生の財布の関係から、まだ、厳密な意味に於ける山岳登攀に出でることができず、頻りに動く食指を抑えて、已むなく暫らくの間、これを割愛せざるを得なかった」という著者は、その八年後、慶応大学教授の職を捨てて、『ヒマラヤ行』の途についた。今日では、本書についての諸家の評価は、「登山の目的で初めてヒマラヤへ入った日本人」の記録という点に力点が置かれている。しかし、この点をあまりに強調することは、この行の実状を誤ることになりはしないだろうか。本書の真価は、聖なる高峰カンチ――文字通り、聖なる山であることは前に述べた如くであって、一九五五年のイギリス隊の初登の折も、地元民との約束で山の最高点を踏むことをはばかっている――の山ふところ深くにいだかれようとした著者が、ヒマラヤ山地の旅の実況、例えばキャラバンの実際、ヒマラヤ高地民の人情、風俗、習慣を活写した点にあるのではないか。

なるほど、彼はインドでテント、ピッケル、ロープを調製し、高度計、晴雨計、寒暖計、磁石などの装備も携行し、タルン氷河を探り、黒カブア山（四八一メートル）にも登った。しかし、それは、あくまでもカンチ山群の山ふところ深くに参入し、カンチ連山の崇高な姿を眼前にしたいという願いを果たすに必要最低限の装備であり、行動であったのだ。したがって近代のスポーツ・アルピニズムとは、ずいぶん色彩が異なり、「ヒマラヤ漂泊」、「ヒマラヤ巡礼」といったニュアンスが強い。いかに鹿子木が、ギリシア哲学の理想主義、精神主義に心酔し、ニーチェの「山岳的哲人」とも言える風貌に強烈な思想的感化を受けたにしても、この乏しい装備と、わずか十五日という短かい期間に限られた旅行許可の条件下では、七〇〇〇メートル、八〇〇〇メートルの山に登ろうという挙に出る余地はなかったのである。

一九一八年（大正７）六月から十月中旬まで、『ヒマラヤ行』の著者は、ダージリンのイヤン・グレンの旅舎に滞在した。著者の言葉を借りれば「夏季のダージリンは、実に雲漬け雨浸り」で、ヒマラヤも滅多に見えぬ「雨苦居」だと辟易している。カンチの呼び声に応じ、彼は雨期の明けるのを待ちかねるように、ダージリンの寓居を飛び出す。河口慧海師の旧僕プンツォの周旋で、ラサ生まれのインジュンをポーター頭に雇った。Dと本書で仮称されているベンガル人が同行することになる。このDの密告によって、著者は印度独立運動の嫌疑を受け、印度追放処分、さらにシンガポールの牢獄に幽閉されることになるが、それはしばらく後の話である。

本書の内容は「ヒマラヤ」、「シッキム国」、「準備」、「シッキム旅券」などの導入部を経て、それ以降は、十五日間の出来事をその日その日の日録のかたちをとって記述したものである。そのせいか、叙述がやや直線的、即物的で、硬い感じの文体である。口語体の文章なのだが、用語には漢語が多く使われ、「壮士風」「国士風」というか、「さむらい的」な感じがぬぐい切れない。彼の他の文章もほぼ同様であり、そこには国粋主義に傾斜を深めて行く彼の後半生の思想や行動が暗示されているのかも知れぬ。

こうした鹿子木の文章の特徴は、彼の『アルペン行』の数年後に同じくアルプスを経験した、日本山岳会の創期会員の一人である辻村伊助の『スウィス日記』（大正11・初刊）と比較するとき、きわめて明瞭になる。鹿子木の、衆を去り、俗を超えようとする、突兀とした厳のような文章と、たおやかな、まるで雅文を思わせる味わいの辻村伊助の文章。この二人の文章の相違は、後者の『スウィス日記』がいく度か版を変え、愛すべき書として多数の読者に迎えられたのに反し、鹿子木の『アルペン行』も『ヒマラヤ行』も山岳書中の古典としてその価値を尊ばれながら、実情は少数の読者を得たにとどまったという事実に表われている。筆者の周辺の岳友たちも、辻村の文章は読んでいても、鹿子木の文章は知らぬという場合がはるかに多い。現に、今年になって、或る出版社が『スウィス日記』を文庫本のかたちで出版したのも、その辺の事情をよく物語っている。

カブル峰登攀

次に『ヒマラヤ行』の行程を簡単にまとめ、若干の私見を述べよう。

十月十七日ダージリンを出立、シングラ、ガイジンを経由、二十日にはラトン渓谷に下り、ヨクスンの村へ到着。この高原地帯を著者は「ヒマラヤの関門」としている。ここで旅装をととのえ直した一行二十七人は、いよいよ奥地へ向かう。二十三日ゾングリ高原（約四〇〇〇メートル）を進み、翌日にはオクラタンの高原に達し、二十五日パンディム（六六九一メートル）の山裾、オクラタン氷河の堆石帯で野営、初めてヒマラヤの氷河に触れた。夜は吹雪となる。翌二十六日は本書の山場の一つ、グイチャ・ラ（五〇三〇メートル）の峠越えを果たす。さらに北方のヤンボック平に下り、そこを露営の場と定め、彼はあらたにタルン氷河を探った。当時この氷河へ入った例は少なく、カンチ山群を一周した先蹤者Ｄ・フレッシュフィールドも一八九九年のやはり十月にグイチャ・ラまで達したが、北のタルン氷河まで足を伸ばすことをしなかった。但し、フレッシュフィールドは晴天にめぐまれ、鹿子木の場合は悪天候続きで、激しい降雪の中を退路のグイチャ・ラを再び越えたのであった。あれ程熱望していたカンチの峰々を心ゆくまで眺めるチャンスも少なかったのである。

タルン氷河を後髪ひかれる思いで立ち去って行く著者は、次のようなことも書き残している。「ヤンボックは僕一行の発見と云つても寛大な読者は、僕等の僭越を追咎しないであらう。此の事が最後の目的を達せずして退却するに当つての、僕のせめてもの心遣りであつた。」なお、この行で鹿子木は、フレッシュフィールドの著書『カンチェンジュンガ周遊』の附図（ガーウッドが作成した）を携帯したと明記している。

二十八日はダージリン発足以来初めての快晴でカンチやパンディムの朝焼けの山姿に見とれる。「カンチェンジャンガの全き姿を見たのは、此の行、此の時が始めてゞあつた」と記している。さらにこの日、もう一つの目的、黒カブア（四八一九メートル）の登攀を試みようとしたが、曇天のため中止。ゾングリ高原ラプチュの頂に達した。

翌二十九日も午前中は快晴。黒カブア登攀を敢行する。その途上、カブル（七三三八メートル）山塊の南面の大観に接した。黒カブアでは岩壁を登るのに手を焼いたが、従者スングルの活躍で、この難関を通過。ある時は素足になり、頭のターバンを解いてロープの代用にするなどして、九時四十五分、山頂に立った。期待していたカンチやカブルの高峰群は雲に隠れていた。

一八九九年のフレッシュフィールドらも黒カブアに登ったが、その山頂からの眺めを次のように記している。

「眺望はもちろん雄大ですばらしく、近くの峰々の上に、カンチェンジュンガのかわった姿がよく見える。すなわち、南面の全体と未探検のヤルン氷河の源頭の、巨大なカールの上部が見えるのである。ゲイチャ・ラの向うにシムブの三つの頂、ヒマラヤのピッツ・パル、クラウド・ギャップが見えていた。南にはシッキムの山と谷が眼下に地図のように広がっている。」（『カンチェンジュンガ一周』薬師義美訳）

その後、帰路につき、ベンガル人Dは往路をヨクスンへ、鹿子木はシッキムとネパールの分水嶺を南下。オマ・ラを越え、ヤムプン高地へ、十一月一日ミンゴタン高原、シンガリラ山稜を経て、サンダクフ（三六三六メートル）で三十四歳の誕生日を迎えた。さらにドングルユを経て十一月五日ダージリンへ帰着した。なお、このあたりへは、一九六〇年に東京大学インド植物調査隊が入り、立派な報告書も出したが、その中の踏査報告文中には、先蹤者鹿子木について一言も触れていない。

本書には十九ページにおよぶ「あとがき」が付され、『ヒマラヤ行』の意図、実践の後の評価、「失敗」と感じたいくつかの理由、旅行後、イギリス官憲の手により、インド追放となった経緯、その原因を作ったベンガル人Dのことなどをこまごまと記している。

この『ヒマラヤ行』を鹿子木自身は「元来僕の計画してゐた、本来の大ヒマラヤ行の瀬踏み、その準備行に過ぎなかつた……。第二第三ヒマラヤ行は、既に僕の念頭にあつた」とし、さらに「も早、カラコルム連山の大雪山の集団の間に立ちて、ダブサン、マッシャブルム、ムスダグ塔等の尖峯雄姿を仰ぎ得ないのであるか――我が黒き眸は、永久に、インダスの岸に、懸崖二万三千呎の側面を誇示するナンガ・パルバットの崇高、妖艶、雄健の美に酔ふことは出来ないのか……思へば、心に永への恨は残る。」と記している。この「永への恨」の大部分は、十年後の昭和二年（一九二七）長谷川伝次郎によってみごとに晴らされている。

さて、鹿子木は、自身の「ヒマラヤ行」を失敗と断じたが、その最大の理由に「天候不良といふ自然の不可抗力に基く失敗」および「同伴者選択の失敗」を挙げている。一八九九年のフレッシュフィールド隊が同じ季節を選び、カンチ山群一周の旅に成功したのは、好天に恵まれたことも大いに幸いした。鹿子木にとって不運なシーズンに巡り合せたとしかいいようがない。

もし、鹿子木が天候に恵まれ、良き同伴者に出会っていたら、長谷川伝次郎が後年成し遂げた、マナサロワール湖やカイラス（六七一四メートル）周遊の旅を始めとする大部分のコースを踏んでいたかも知れない。「西蔵の高原、マナサルワル阿耨達池の湖畔に、蓮華八葉の姿すと伝えらるるヒマラヤ氷雪の連嶺を仰ぎ見ること」（『ヒマラヤ行』あとがき）は彼の憧憬の一つであったのだから。

『ヒマラヤ行』の価値とその後

鹿子木員信は、ヒマラヤの山そのものを対象にし、小なりといえども、その一ピークに立った最初の日本人である。この「ヒマラヤの山そのもの」を相手にしたということに、本書『ヒマラヤ行』のユニークな価値がある。

無論、著者以前の日本人でも、中央アジアやヒマラヤ山域の高地を越えた人は数多い。高さを問題にするなら、鹿子木の経験したよりもはるかに高い地点に立った日本人もいる。一九〇〇年の七月、河口慧海はネパールのダウラギリの北、ティゼ・ラ（五二〇〇メートル）を越えて、チベット入りした。一九〇一年の秋、成田安輝は、アッサムのタン・ラ（四六三九メートル）を越えて、ラサへ向かっている。翌一九〇二年には、大谷探検隊が中央アジアから、ミンタカ峠（四七三〇メートル）を越え、インドに出た。一九〇六年、日野強は、やはり、トルキスタンのヤルカンドからカラコルム峠（五六五五メートル）を越えてスリナガールへ出た。一九〇九年にも大谷探検隊（第二次隊）が同じくカラコルム峠を越えている。

右に挙げた例でもはっきりしているように鹿子木以前にヒマラヤの高所を体験した人々のそれぞれの目的は、チベット語の仏典の入手や仏教東漸の経路をたどること、中央アジアの考古品の収集、さらには軍事的な立場からの辺境視察といったものであり、ヒマラヤは副次的な目標でしかなかったのである。それらの先蹤者の中に鹿子木の『ヒマラヤ行』を置くとき、ヒマラヤそのものに参入しようとした彼のユニークな位置が明瞭になる。

本人自身は、この行を「失敗」と断じたが、本書には随所にヒマラヤの旅の実行する上での重要な知見が披露されている。例えば、実際に著者が身を以て味わった現地食での生活――マルワ（秦和）や紅茶を飲料にし、ツァンバ（麦こがし）を主食にした――や、原住民との接触、風俗、習慣への注目、更に氷河や峠などの踏査や地形に対する観察、ヒマラヤの天候の体験等々。後続のヒマラヤ志願者に貴重な情報を与えている。鹿子木の『ヒマラヤ行』は、日本人のヒマラヤ登山に貴重な種を蒔いたことになるのだが、この「種」はすぐには育たなかった。欧州大戦の動揺とそれにひき続く、第二次大戦への足音が、「ヒマラヤ登山」の夢をふき消してしまったからである。

鹿子木の蒔いた種が、大きな実を結んだのは、第二次大戦後である。前後三たびにわたるマナスル登山がそれである。母体となった日本山岳会の中枢には、鹿子木の薫陶を受け、慶応大学山岳会を創設した槇有恒や、その後輩の三田幸夫がいた。三田は第一次隊、槇は第三次隊の隊長をつとめた。ことに第三次隊は文部省からの補助金、国民各層からの募金をはじめとして、国家的事業のような性格さえ帯び、登山の分野では空前絶後のイベントとなったのである。この時、兵站の役を一手に引き受けた早川種三もまた慶応山岳会ＯＢで、彼等はカナディアン・ロッキーのアルバータ峰のザイル仲間でもあった。

その思想的遍歴

槇有恒の『わたしの山旅』（昭和43・岩波新書刊）の中に「慶応義塾山岳会と鹿子木先生」の一項目がある。その中に語られている秀れた青年指導者としての鹿子木の面影と、後年、日本帝国主義の歩みと軌を一にする彼の行動の間の大きな落差をどう理解すべきか。この二つをふくめて、鹿子木の全体像をとらえた文章は未だ書かれていないようだ。

「昭和二年ベルリン大学客員教授として日本学講座を担当、同十六年ナチス・ドイツに招かれて『皇学』を講じ、大平洋戦争中は言論報国会の専務理事兼事務局長。終戦の十一月Ａ級戦犯として捕われ、のち追放処分を受けた」（『大人名辞典』昭和28・平凡社刊）というような記述で彼を理解するかぎり、「狂信的ファシスト」、「狂信的国粋主義者」と多くの評者が指摘するレッテルしか彼に冠せられないことになる。彼がどのようにして、かくの如き思想曲線を描くに至ったか。その内面の過程を説明出来ぬかぎり、鹿子木の全体像に迫ることは不可能なのではないか。レッテルだけを貼ればすむほど、彼の生涯の思想的遍歴は単純ではない。

三田博雄の『山の思想史』（岩波新書）のあとがきに次のような文がある。「『人民の中へ《ヴ・ナロード》』という合言葉が李大釗を通じて毛沢東に、またクロポトキンやトルストイなどを通じて山の草分けたちに、どのように影響を及ぼしたかはわからないけれども、革命目的という点を除けば、両者はともに同じ東洋の国民派《ナロドニキ》であったのである」。大正十年ごろの話だが、鹿子木が「はたらけど、はたらけど」の啄木の歌をひいて現代社会の不合理をなげき、プラトンの「哲人政治」にふれたときに、「みたまえ、レーニンのロシアにはこのプラトン的哲人政治がはじまろうとしている！」と叫んだという彼に「人民の中へ《ヴ・ナロード》」の相言葉への共感がなかったと誰が言い切れるだろうか。いや、彼ばかりではない。彼の薫陶を受け交流のあった、大島亮吉、板倉勝宣、松方三郎など、若い世代の登山家たちには、もっと色濃く、この相言葉への共感があった。

鹿子木についての最良の論文と思われるものに哲学者古在由重の「あるロマンティストの路――鹿子木員信のこと」（『思想とは何か』岩波新書）がある。いまその一節を引き、この稿を閉じよう。

「その最後の講義がおわりかかっていたころ（一九二二年二月のすえ）のさむい夜、わたしは友人のMとともにかれの家を訪問したのをおもいだす。……ざしきに案内されたわれわれは、鹿子木さんの左右に円座をえがいている七、八人のたくましそうな青年たちに紹介された。……かれらの話題はもっぱら社会問題であり、とくにわが国の農村の窮乏についてだった。……かれらが一足さきにかえったあとで、鹿子木さんはいった――『このごろようやく農村の青年もめざめてきた。かれらはみな夜学にかよいながら懸命に勉強しているのです。』もちろんわたしは、この『勉強』が自分のめざしている勉強とはすこしちがっていることを、感じないではいられなかった。……それはとにかくも印象的な夜だった。興奮した頬につめたい夜気を感じながら、わたしは友人Mにいった——『まるでアルツィバーシェフの小説のなかの場面のようだね。』」

（一九七六年・昭和51・大修館書店刊『日本の山岳名著』解題）

あとがき

かつて「岳人」誌に十一年間にわたって連載した書評を一冊に集成したこの『岳書縦走』をとりまとめる仕事は、予想をはるかに越えて三年がかりの大仕事となった。

初めのうちは、連載時の切り抜きが揃っていることだし、一年もあれば何とかなると考えていたが、脚注がわりの「著者紹介」や「書影」を入れる段になって、いくら時間があっても足りないという状況になった。何しろ相手は古くは二十五年前、新しくとも十五年前に出た本である。著者の方々も高齢の人が多く、鬼籍に入られた例も増えてきた。かつての出版元に問い合わせても、著者とのコンタクトが絶えている場合が多く、それをフォローするのは、なかなか難しかった。

「書影」は、今回すべてを撮り直すことにした。しかし、現在の私の書斎は本の山に埋没していて、当時の書物を探し出すのに、多くの日数を要した。

手を尽くしても見つからぬものは、著者の肖像写真や黄冑の場合のように「絵」を使用した例もある。原著そのものも外箱付きの場合には、全くの無地の表紙でそこに書名や著者名が入れてない書物が意外に多かった。その場合には、外箱や中扉の写真を使用した。

長い年月、交遊のあった山岳写真の風見武秀さんや深田久弥の書誌で知られる堀込靜香女史の、思いも寄らぬ逝去の報に接したのも今年の初めのことだった。ヒマラヤ研究の先進の一人、望月達夫氏も一昨年亡くなった。そうした人々に叱咤激励される思いで、本書の完成につとめ、上梓にこぎ着ける目途が立つに至った次第である。

本書に取り上げた本には、広義のヒマラヤや、中央アジアに関するものが多い。それもひと通りの数ではない。これには筆者の好みが反映されているばかりではなく、もっと客観的な当時の状況も存在する。

一九七〇年代は日本の海外登山（トレッキングも含む）が最高潮に達した時代である。ヒマラヤ、中央アジアばかりではなく、全地球的な規模で、日本の登山者たちは大移動を行っていたのである。ヒマラヤ（広義の）だけでも、年に一〇〇隊を超えるチームが登山活動を行ったシーズンもあった。一九八〇年代にそれらの体験が書物として一気に世に現れたのであった。

自分の書いた文章を何年もたってから読み直すのは、なかなか気恥ずかしい行為である。ここに収めた文章の中にも、丸ごと書き直したいような類いも数篇あるが、明らかな誤り以外は、文章の改変は殆ど行なわなかった。いずれにしろ、どの文章も書物に接した時の、自分の正直な感想であることに間違いなく、かなり長く記した「枕」の部分にも、その時代の状況を反映させたいという私なりの強い思いが表れていると言ってよい。

私は「登山」という行為を単なるスポーツの一分野だとは思ってはいない。文学が人間の「精神」や「実存」を言語によって表現したものと規定すれば、「登山」はその肉体的表現を主としたものということになろうか。

その根拠として、一つの例を上げてみよう。「登山」や「自然」に関わる書物の出版点数は、明治このかた、他のスポーツの分野をすべて加えたよりもはるかに多い。広義のヒマラヤだけでも、薬師義美氏の『ヒマラヤ文献目録』（増訂第三版・一九九四年・白水社刊）には、約一万点の単行本のリストが収載されている。このこと自体すでに、「山」や「山の書物」が独自の「文化」を形成している証左であろう。こうした筆者の考えに読者諸氏の賛意を得られれば誠に幸いなことである。

本書には普及版のほかに特装版（百部限定）の二種が存在し、装幀は年来の友人、小泉弘氏に工夫していただいた。有りがたいことである。

さいごになったが、本書の刊行に力強い支援を与えて下さった(株)ナカニシヤ出版社長、中西健夫氏と編集万端に辛抱強く取り組まれた林達三氏に厚く感謝の意を表したい。

また、東京新聞出版局ならびに本書所収の文章の掲載誌「岳人」の歴代の編集長諸氏に、文章転載その他さまざまの便宜を受けた。とくに前編集長の永田秀樹氏には入手しにくい細貝栄『限りなき山行』、小松義夫『K２に挑む』の書影を提供していただいた。ここに御礼申し上げる。

なお、本書のカット（木版）を提供してくれた妻の輝子は、筆者の手許にない書物を借り受けるために、杉並中央図書館に幾度も足を運んでくれた。息子の楼蘭は書影を調整し、そのCD化を行ってくれた。二人の協力に改めて、「ありがとう」と記し、筆をおくことにしよう。

雁部　貞夫

平成十六年十月二十日　東京・阿佐ヶ谷にて記す

雁部　貞夫（かりべ　さだお）

一九三八年（昭和一三年）東京生まれ。一九六一年早稲田大学卒業。ヒマラヤン・クラブ、日本山岳会会員。一九六六年夏、ヒンドゥ・クシュ主稜にパキスタン側（東面）から、日本人として最初の登山活動を行ない、サラグラール峰（七三四九m）北面とブニ・ゾム（六五五一m）北面の試登を行なった。さらに一九六八年夏、当時未踏のまま残されていたヒンドゥ・ラジ山脈の最高峰コヨ・ゾム（六八八九m）に試登し、同峰の東の未踏峰イシュペル・ドーム（約六二〇〇m）とフラッテロ・ゾム（約六二〇〇m）に初登。その後十数度これらの山域を踏査した。

近年はコヨ・ゾムよりもさらに東の奥へ入り、ヤルフーン河源流域の踏査につとめ、一九九七年と二〇〇三年の夏、ヒンドゥ・クシュ山系の最大の氷河で、一九六七年にドイツ登山隊が活動した以外は入山例のないチアンタール氷河（全長約三五km）を縦断した。その折に未踏の六〇〇〇m峰多数のピークを撮影することに成功、多くの資料をもたらした。なお、帰路は二度とも北面のズンデハーラム氷河を登り、東西交渉史上有名なダルコット峠（四五七五m）を越えて南へ下り、キルギットへ至った。

ヒマラヤの踏査、研究の傍ら、学生時代から「アララギ」会員として作歌活動を続け、一九九七年「アララギ」終刊に伴い、後継誌「新アララギ」の編集委員、選者として現在に至る。

主要な著書、編著に次のものがある。深田久弥『ヒマラヤの高峰』（一九七三年、白水社）、『新岳人講座』（全九巻、一九八二年、東京新聞出版局）、諏訪多栄蔵『ヒマラヤ山河誌』（一九九四年、ナカニシヤ出版）、『ヒマラヤ名峰事典』（一九九六年、平凡社）、『カラコルム・ヒンズークシュ登山地図』（二〇〇一年、ナカニシヤ出版）ほか。訳書にR・ショーンバーグ『異教徒と氷河』（一九七六年、白水社）、同『中央アジア騎馬行』（一九八六年、白水社）、S.ヘディン『カラコルム探検史』（一九八〇年、白水社）などがある。歌集に『崑崙行』（一九九〇年、短歌新聞社、文庫版、二〇〇三年）、『辺境の星』（一九九七年、短歌新聞社）がある。

岳書縦走（がくしょじゅうそう）

二〇〇五年三月二五日　初版第一刷発行

著　者　雁部　貞夫
発行者　中西　健夫
発行所　株式会社　ナカニシヤ出版
〒六〇六—八一六一　京都市左京区一乗寺木ノ本町一五番地
電話（〇七五）七二三—〇一一一
ファックス（〇七五）七二三—〇〇九五
振替　〇一〇三〇—〇—一三一二八
URL　http://www.nakanishiya.co.jp/
e-mail　iihon-ippai@nakanishiya.co.jp

装　幀　小泉　弘
版　画　雁部　輝子
印刷所　ファインワークス
製本所　兼文堂

ISBN4-88848-945-9　C0026